Ensayo

Actualidad

Nicholas Carr (1959) es un reconocido escritor estadounidense que ha publicado libros y artículos sobre tecnología. Es autor de *Las tecnologías de la información. ¿Son realmente una ventaja competitiva?* (2004), *El gran interruptor. El mundo en red, de Edison a Google* (2008), *Superficiales. ¿Qué está haciendo Internet con nuestras mentes?* (2010) y Atrapados. Cómo las máquinas se apoderan de nuestras vidas (2014. Asimismo, ha escrito para *The Atlantic*, *The New York Times*, *The Wall Street Journal*, *Wired*, *The Guardian*, *The Times of London*, *The New Republic*, *The Financial Times* y *Die Zeit*, entre otras muchas publicaciones.

www.nicholasgcarr.com
www.theshallowsbook.com

Nicholas Carr

Superficiales
¿Qué está haciendo Internet con nuestras mentes?

Traducción de
Pedro Cifuentes

DEBOLS!LLO

Papel certificado por el Forest Stewardship Council®

MIXTO
Papel procedente de
fuentes responsables
FSC® C117695
www.fsc.org

Título original: *The Shallows. What the Internet is Doing to Our Brains*,
publicado por W. W. Norton.

Primera edición en Debolsillo: septiembre de 2018

Printed in Spain – Impreso en España

ISBN: 978-84-663-4428-9
Depósito legal: B-10.913-2018

Impreso en Novoprint
Sant Andreu de la Barca (Barcelona)

P 3 4 4 2 8 9

Penguin
Random House
Grupo Editorial

A mi madre
y a la memoria de mi padre

ÍNDICE DE CONTENIDOS

Y en medio de esta amplia quietud
un santuario rosáceo vestiré
con el enrejado interminable de un cerebro activo...

JOHN KEATS, «Oda a Psyche»

Prólogo

El perro guardián y el ladrón

En 1964, justo cuando los Beatles preparaban su invasión del espectro radiofónico estadounidense, Marshall McLuhan publicó *Comprender los medios de comunicación: las extensiones del ser humano* y se transformó de académico desconocido a estrella. Profético, aforístico y alucinante, el libro era un producto perfecto de los años sesenta, esa década ya distante de viajes lisérgicos y expediciones lunares, de viajes interiores y exteriores. *Comprender los medios de comunicación* fue en realidad una profecía, y lo que profetizaba era la disolución de la mente lineal. McLuhan declaraba que los «medios eléctricos» del siglo xx —teléfono, radio, cine, televisión— estaban resquebrajando la tiranía del texto sobre nuestros pensamientos y sentidos. Nuestras mentes aisladas y fragmentadas, encerradas durante siglos en la lectura privada de páginas impresas, se estaban completando de nuevo, fusionándose en el equivalente global de una aldea tribal. Estábamos acercándonos a «la simulación tecnológica de la consciencia, cuando el proceso creativo de conocer será extendido colectiva y corporativamente a la totalidad de la sociedad humana»[1].

Incluso en la cima de su fama, *Comprender los medios de comunicación* fue un libro más debatido que leído. Hoy se ha convertido en una reliquia cultural, reservada a cursos universitarios sobre comunicación. Pero McLuhan, que tenía tanto de *showman* como de erudito, era un maestro en el arte de acuñar frases, y una de ellas, surgida de las páginas del libro, pervive en forma de refrán popular: «El medio es el mensaje». Lo que se ha olvidado en nuestra repetición de este aforismo enigmático es que McLuhan no estaba sólo reconociendo (y celebrando) el poder transformador de las nuevas tecnologías de la comunicación. También estaba emitiendo un aviso sobre la amenaza que plantea ese poder, y el riesgo de no prestar atención a esa amenaza. «La tecnología eléctrica está a las puertas —escribió— y estamos entumecidos, sordos, ciegos y mudos sobre su encuentro con la tecnología Gutenberg, aquella sobre y a través de la cual se formó el *American way of life*»[2].

McLuhan comprendió que siempre que aparece un nuevo medio, la gente queda naturalmente atrapada en la información —el «contenido»— que lleva. Le importan las noticias del periódico, la música de la radio, los programas de la televisión, las palabras pronunciadas por la persona que habla al otro lado del teléfono. La tecnología del medio, por muy deslumbrante que pueda ser, desaparece detrás de todo aquello que fluya por él —datos, entretenimiento, educación, conversación—. Cuando la gente empieza a debatir (como siempre hace) sobre si los efectos del medio son buenos o malos, discuten sobre el contenido. Los entusiastas lo celebran; los escépticos lo denuncian. Los términos de la discusión han sido prácticamente iguales para cada medio informativo nuevo, retrotrayéndose al menos hasta los libros salidos de la imprenta de Gutenberg. Los entusiastas, con motivo, alaban el torrente de contenido nuevo que libera la tecnología, y lo ven como una señal de «democratización» de la cultura. Los escépticos, con motivos igualmente válidos, condenan la pobreza del contenido, observándolo como una señal de «decadencia» de la cultura. El Edén abundante de una parte es la inmensa tierra baldía de la otra.

Internet ha sido el último medio en suscitar este debate. El choque entre entusiastas web y escépticos web, desarrollado durante las dos últimas décadas a través de docenas de libros y artículos, y miles de posts, vídeos y *podcasts*, se ha polarizado como nunca, con los primeros que anuncian una nueva era dorada de acceso y participación y los segundos que presagian una nueva era oscura de mediocridad y narcisismo. El debate ha sido importante —el contenido sí importa—, pero al bascular sobre ideologías y gustos personales ha llegado a un callejón sin salida. Las opiniones se han vuelto extremistas; los ataques, personales. «¡Luditas!», acusa el entusiasta. «¡Filisteos!», rezonga el escéptico. «¡Casandra!». «¡Pollyanna!».

Lo que no ven ni los entusiastas ni los escépticos es lo que McLuhan sí vio: que, a largo plazo, el contenido de un medio importa menos que el medio en sí mismo a la hora de influir en nuestros actos y pensamientos. Como ventana al mundo, y a nosotros mismos, un medio popular moldea lo que vemos y cómo lo vemos —y con el tiempo, si lo usamos lo suficiente, nos cambia, como individuos y como sociedad—. «Los efectos de la tecnología no se dan en el nivel de las opiniones o los conceptos», escribió McLuhan. Más bien alteran «los patrones de percepción continuamente y sin resistencia»[3]. El *showman* exagera en aras de enfatizar su argumento, pero el argumento es válido. Los medios proyectan su magia, o su mal, en el propio sistema nervioso.

Nuestro foco en el contenido de un medio puede impedirnos ver estos efectos profundos. Estamos demasiado ocupados, distraídos o abrumados por la programación como para advertir lo que sucede dentro de nuestras cabezas. Al final, acabamos fingiendo que la tecnología en sí misma no tiene mayor importancia. Nos decimos que lo que importa es cómo la utilizamos. La presunción, reconfortante en su arrogancia, es que controlamos. La tecnología sólo es una herramienta, inerte hasta que la tomamos e inerte de nuevo cuando la soltamos.

McLuhan citó un pronunciamiento autocomplaciente de David Sarnoff, el magnate mediático pionero de la radio en la RCA y de la televisión en la NBC. En un discurso en la Universidad de Notre Dame en 1955, Sarnoff desechó las críticas sobre los medios de masas con los que había construido su imperio y su fortuna. Retiró toda culpa sobre los efectos secundarios de las tecnologías y los adjudicó a los oyentes y espectadores: «Somos demasiado propensos a convertir los instrumentos tecnológicos en chivos expiatorios por los pecados de aquellos que los cometen. Los productos de la ciencia moderna no son en sí mismos buenos o malos; es el modo en que se usan el que determina su valor». McLuhan se burlaba de esa idea, reprochando a Sarnoff que hablara con «la voz del sonambulismo actual»[4]. Cada nuevo medio, entendía McLuhan, nos cambia. «Nuestra respuesta convencional a todos los medios, en especial la idea de que lo que cuenta es cómo se los usa, es la postura adormecida del idiota tecnológico», escribió. El contenido de un medio es sólo «el trozo jugoso de carne que lleva el ladrón para distraer al perro guardián de la mente»[5].

Ni siquiera McLuhan podría haber anticipado el banquete que nos ha proporcionado Internet: un plato detrás de otro, cada uno más apetecible que el anterior, sin apenas momentos para recuperar el aliento entre bocado y bocado. A medida que los ordenadores conectados han menguado de tamaño hasta convertirse en iPhones y BlackBerrys, el banquete se ha vuelto móvil, disponible siempre y en cualquier lugar. Está en casa, en el coche, en clase, en la cartera, en nuestro bolsillo. Incluso la gente que sospecha de la influencia irreprimible de la Red pocas veces permite que su preocupación interfiera con el uso y disfrute de la tecnología. El crítico de cine David Thomson observó que «las dudas pueden considerarse débiles ante la certidumbre del medio»[6]. Hablaba sobre el cine y cómo proyecta sus sensaciones y sensibilidades no sólo sobre la pantalla, sino sobre nosotros, la audiencia absorta y complaciente. Su comentario se aplica incluso con mayor fuerza a la Red. La pantalla del ordenador aniquila nuestras dudas con sus recompensas y comodidades. Nos sirve de tal modo que resultaría desagradable advertir que también es nuestra ama.

1. HAL Y YO

Detente, Dave. Detente, por favor… Dave, detente. ¿Puedes parar?». Así suplica la supercomputadora HAL al implacable astronauta Dave Bowman en una secuencia célebre y conmovedora hacia el final de la película *2001: una odisea en el espacio*, de Stanley Kubrick. Bowman, a quien la máquina averiada casi ha enviado a una muerte interestelar, está desconectando calmada y fríamente los circuitos de memoria que controlan su cerebro artificial. «Dave, mi mente se está yendo —dice HAL con tristeza—. Puedo sentirlo. Puedo sentirlo».

Yo también puedo sentirlo. Durante los últimos años he tenido la sensación incómoda de que alguien, o algo, ha estado trasteando en mi cerebro, rediseñando el circuito neuronal, reprogramando la memoria. Mi mente no se está yendo —al menos, que yo sepa—, pero está cambiando. No pienso de la forma que solía pensar. Lo siento con mayor fuerza cuando leo. Solía ser muy fácil que me sumergiera en un libro o un artículo largo. Mi mente quedaba atrapada en los recursos de la narrativa o los giros del argumento, y pasaba horas surcando vastas extensiones de prosa. Eso ocurre pocas veces hoy. Ahora mi concentración empieza a disiparse después de una página o dos. Pierdo el sosiego y el hilo, empiezo a pensar qué otra cosa hacer. Me siento como si estuviese siempre arrastrando mi cerebro descentrado de vuelta al texto. La lectura profunda que solía venir naturalmente se ha convertido en un esfuerzo.

Creo que sé lo que pasa. Durante más de una década ya, he pasado mucho tiempo *online,* buscando y navegando y a veces añadiendo contenido a las grandes bases de datos de Internet. La Web ha sido un regalo del cielo para mí como escritor. Investigaciones que anteriormente requerían días por las estanterías de hemerotecas o bibliotecas pueden hacerse ahora en cuestión de minutos. Unas pocas búsquedas en Google, algunos clics rápidos en hipervínculos, y ya tengo el dato definitivo o la cita provechosa que estaba buscando. No podría ni empezar a contabilizar las horas o los litros de gasolina que me ha ahorrado la Red. Resuelvo la mayoría de mis trámites bancarios y mis compras en la Web. Utilizo mi explorador para pagar facturas, organizar mis reuniones, reservar billetes de avión y habitaciones de hotel, renovar mi carné de conducir, enviar invitaciones y tarjetas de felicitación. Incluso cuando no estoy trabajando, es bastante posible que me encuentre escarbando en la espesura informativa de la Web: leyendo y escribiendo *e-mails,* analizando titulares y posts, siguiendo actualizaciones de Facebook, viendo vídeos en *streaming,* descargando música o sencillamente navegando sin prisa de enlace a enlace. La Web se ha convertido en mi medio universal, el conducto para la mayoría de la información que fluye por mis ojos y oídos hacia mi mente. Las ventajas de tener acceso inmediato a una fuente de información tan increíblemente rica y fácilmente escrutable son muchas, y han sido ampliamente descritas y justamente aplaudidas. «Google —dice Heather Pringle, redactora de la revista *Archaeology*— es un don asombroso para la humanidad, que reúne y concentra información e ideas que antes estaban tan ampliamente diseminadas por el mundo que prácticamente nadie podía beneficiarse de ellas»[1]. Según Clive Thompson, de *Wired,* «la memoria perfecta del silicio puede ser un don enorme para el pensamiento»[2].

Los beneficios son reales. Pero tienen un precio. Como sugería McLuhan, los medios no son sólo canales de información. Proporcionan la materia del pensamiento, pero también modelan el proceso de pensamiento. Y lo que parece estar haciendo la Web es debilitar mi capacidad de concentración y contemplación. Esté *online* o no, mi mente espera ahora absorber información de la manera en la que la distribuye la Web: en un flujo veloz de partículas. En el pasado fui un buzo en un mar de palabras. Ahora me deslizo por la superficie como un tipo sobre una moto acuática.

Quizá soy una aberración, un caso extraordinario. Pero no parece que sea el caso. Cuando menciono mis problemas con la lectura a algún amigo, muchos dicen que sufren de aflicciones similares. Cuanto más usan Internet, más tienen que esforzarse para permanecer concentrados en textos largos. Algunos están preocupados por convertirse en despistados crónicos. Bastantes de los blogueros que conozco han mencionado el fenómeno. Scott Karp, que solía trabajar en una revista y ahora escribe un blog sobre medios *online,* confiesa que ha dejado de leer libros completamente. «Estudié Literatura en la universidad, y era un lector voraz de libros —escribe—. ¿Qué ha pasado?». Especula con la respuesta: «¿Y si toda mi lectura es *online* no tanto porque ha cambiado el modo en el que leo, es decir, por pura conveniencia, sino porque el modo en el que PIENSO ha cambiado?»[3].

Bruce Friedman, que bloguea sobre el uso de ordenadores en la medicina, también ha descrito cómo Internet está alterando sus hábitos mentales. «He perdido casi completamente la capacidad de leer y absorber un artículo largo en pantalla o en papel», reconoce[4]. Patólogo de la facultad de Medicina de la Universidad de Míchigan, Friedman desarrolló este comentario en una conversación telefónica conmigo. Su pensamiento, dijo, ha adquirido una cualidad *stacatto,* que refleja el modo en el que capta rápidamente fragmentos cortos de texto desde numerosas fuentes *online.* «Ya no puedo leer *Guerra y paz* —admite—. He perdido la capacidad de hacerlo. Incluso un post de más de tres o cuatro párrafos es demasiado para absorber. Lo troceo».

Philip Davis, un doctorando en Comunicación por la Universidad de Cornell que colabora en el blog de la Sociedad de

Publicaciones Académicas, recuerda un tiempo, allá por los años noventa, en el que enseñó a una amiga a usar un explorador de Internet. Dice que se quedaba «alucinado» y «hasta irritado» cuando la mujer se detenía para leer el texto en las páginas que se encontraban. «¡No se supone que debes leer las páginas web, sino simplemente hacer clic en las palabras con hipervínculo!», la regañaba. Ahora, escribe Davis, «leo mucho, o al menos debería estar leyendo mucho, pero no lo hago. Acorto. Hago *scrolling*. Tengo muy poca paciencia para los argumentos largos, trabajados, matizados, a pesar de que acuse a otros de dibujar un mundo demasiado sencillo»[5].

Karp, Friedman y Davis —todos hombres educados con vocación de escribir— se muestran relativamente animados sobre el declive de su capacidad para leer y concentrarse. Después de todo, dicen, los beneficios que obtienen de usar la Web —acceso rápido a montones de información, herramientas potentes de búsqueda y filtrado, una forma fácil de compartir sus opiniones con un público pequeño pero interesado— compensan la pérdida de su capacidad para sentarse tranquilamente y pasar las páginas de un libro o una revista. Friedman me dijo, en un *e-mail*, que «nunca ha sido tan creativo» como en los últimos tiempos, y que lo atribuye a «su blog y la posibilidad de revisar/escanear "toneladas" de información en la Web». Karp está convencido de que leer muchos fragmentos pequeños e interconectados de información en Internet es una forma más eficiente de expandir su mente que leer «libros de 250 páginas», aunque señala que «no podemos reconocer todavía la superioridad de este proceso interconectado de pensamiento porque estamos midiéndolo a partir de nuestro antiguo proceso lineal de pensamiento»[6]. Davis reflexiona: «Internet puede haber hecho de mí un lector menos paciente, pero creo que en muchos aspectos me ha hecho más inteligente. Más conexiones a documentos, artefactos y personas implican más influencias externas en mi pensamiento y, por tanto, en mi escritura»[7]. Los tres saben que han sacrificado algo importante, pero no regresarían al estado anterior de las cosas.

Para algunas personas, la mera idea de leer un libro se ha vuelto anticuada, incluso algo tonta —como coser tus propias camisas o descuartizar una vaca—. «No leo libros», dice Joe O'Shea, ex presidente del cuerpo de estudiantes en la Universidad de Florida State y beneficiario de la beca Rhodes en 2008. «Acudo a Google, donde puedo absorber información relevante rápidamente». O'Shea, diplomado en Filosofía, no ve razón alguna para atravesar capítulos de texto cuando lleva un minuto o dos escoger los pasajes pertinentes a través de Google Book Search. «Sentarse y leer un libro de cabo a rabo no tiene sentido —afirma—. No es un buen uso de mi tiempo, ya que puedo tener toda la información que quiera con mayor rapidez a través de la Web». Cuando aprendes a ser «un cazador experimentado» en Internet, explica, los libros son superfluos[8].

O'Shea parece ser más la regla que la excepción. En 2008, una firma de investigación y consultoría llamada nGenera publicó un estudio sobre los efectos de Internet en la población joven. La compañía entrevistó a unos seis mil miembros de lo que llama «generación Web» (niños que han crecido usando Internet). «La inmersión digital —escribió el investigador principal— ha afectado incluso al modo en el que absorben información. Ya no leen necesariamente una página de izquierda a derecha y de arriba a abajo. Puede que se salten algunas, buscando información pertinente»[9]. En una charla de una reciente reunión Phi Beta Kappa, la profesora de la Universidad de Duke Katherine Hayles confesó: «Ya no puedo conseguir que mis alumnos lean libros enteros»[10]. Hayles enseña inglés; los estudiantes de los que habla son estudiantes de Literatura.

La gente usa Internet de muchas maneras diferentes. Algunas personas han adoptado ansiosa, incluso compulsivamente, las últimas tecnologías. Mantienen cuentas con una docena, o más, de servicios *online*, y están suscritas a multitud de *feeds* de

información. Bloguean y etiquetan, mandan mensajes y *tweets*.
A otras no les importa mucho estar a la última, pero de todas
formas están *online* la mayor parte del tiempo, tecleando en su
ordenador de sobremesa, su portátil, su teléfono móvil. La
Web se ha convertido en una parte esencial de su trabajo, sus
estudios o su vida social, y muchas veces de los tres. Todavía hay
gente que se conecta sólo algunas veces al día —para comprobar su correo, seguir alguna noticia, investigar sobre algún
tema de interés o hacer alguna compra—. Y hay, por supuesto,
muchas personas que no utilizan Internet para nada, ya sea
porque no pueden permitírselo o porque no quieren. Lo que
está claro, sin embargo, es que para la sociedad en su conjunto
la Web se ha convertido, en tan sólo los veinte años transcurri-
dos desde que el programador de *software* Tim Berners-Lee es-
cribiera el código para la World Wide Web, en el medio de comunicación e información preferido. La magnitud de su uso
no tiene precedentes, ni siquiera según los estándares de los
medios de comunicación de masas del siglo XX. El ámbito de
su influencia es igualmente amplio. Por elección o necesidad,
hemos abrazado su modo característicamente instantáneo de
recopilar y dispensar información.

Pareciera que hemos llegado, como anticipó McLuhan, a un
momento crucial en nuestra historia intelectual y cultural,
una fase de transición entre dos formas muy diferentes de
pensamiento. Lo que estamos entregando a cambio de las riquezas de Internet —y sólo un bruto se negaría a ver esa riqueza— es lo que Karp llama «nuestro viejo proceso lineal de
pensamiento». Calmada, concentrada, sin distracciones, la
mente lineal está siendo desplazada por una nueva clase de mente que quiere y necesita recibir y diseminar información en es-
tallidos cortos, descoordinados, frecuentemente solapados
—cuanto más rápido, mejor—. John Battelle, ex editor de una
revista y profesor de Periodismo que dirige ahora una agencia
de publicidad *online,* ha descrito la fascinación intelectual que
experimenta cuando navega por páginas web: «Cuando hago
bricolaje en tiempo real durante varias horas, "siento" cómo

se enciende mi cerebro, "siento" que se vuelve más inteligente»[11]. La mayoría de nosotros ha experimentado sensaciones similares cuando está *online*. Los sentimientos son intoxicadores, tanto que pueden distraernos de las consecuencias cognitivas más profundas que tiene la Web.

Durante los últimos cinco siglos, desde que la imprenta de Gutenberg hiciese de la lectura un afán popular, la mente lineal y literaria ha estado en el centro del arte, la ciencia y la sociedad. Tan dúctil como sutil, ha sido la mente imaginativa del Renacimiento, la mente racional de la Ilustración, la mente inventora de la Revolución Industrial, incluso la mente subversiva de la modernidad. Puede que pronto sea la mente de ayer.

La computadora HAL 9000 fue alumbrada, o «hecha operativa», como el propio HAL decía con humildad, el 12 de enero de 1992, en una ficticia fábrica de ordenadores de Urbana, Illinois. Yo nací exactamente 33 años antes, en enero de 1959, en otra ciudad del Medio Oeste, Cincinnati, Ohio. Mi vida, como las vidas de la mayoría de los *baby boomers* y miembros de la generación X, se ha desarrollado como una obra en dos actos. Empezó con la Juventud Analógica y después, tras una revolución rápida pero exhaustiva, entró en la Adultez Digital.

Cuando me vienen imágenes de mis años infantiles, resultan a la vez reconfortantes y ajenas, como primeros planos de una película para todos los públicos de David Lynch. Está el aparatoso teléfono color amarillo mostaza pegado a la pared de nuestra cocina, con su disco de marcado y su cable largo y enrollado. Veo a mi padre manoseando las antenas encima del televisor, intentando en vano hacer desaparecer la niebla que oscurece el partido de los Reds. El periódico de la mañana, enrollado y húmedo, yace en el porche empedrado. Hay un aparato de alta fidelidad en el salón, unas cuantas cubiertas de discos (algunas pertenecientes a álbumes de los Beatles de mis hermanos mayores) diseminadas sobre la alfombra que lo rodea. Y abajo, en la habitación mohosa del sótano, hay libros en las estanterías —muchos libros— con sus lomos multicolores, cada uno con su título y el nombre de un escritor.

En 1977, el año en que apareció *La guerra de las galaxias* y nació la empresa Apple Computer, me fui a New Hampshire para ir a la Universidad de Dartmouth. No lo sabía cuando hice la matrícula, pero Dartmouth llevaba mucho tiempo siendo líder en informática académica, jugando un papel fundamental al acercar el poder de las máquinas procesadoras de datos a estudiantes y profesores. El presidente de la universidad, John Kemeny, era un respetado científico informático que en 1972 había escrito un libro influyente llamado *El hombre y la computadora*. También había sido, una década antes de eso, uno de los inventores de BASIC, el primer lenguaje de programación que usara palabras comunes y sintaxis cotidiana. Cerca del centro de los terrenos universitarios, justo detrás de la georgiana Biblioteca Baker, con su campanario imponente, se acurrucaba el Centro de Computación Kiewit, un edificio de hormigón sin atractivo, vagamente futurista, de una sola altura, que alojaba los dos enormes ordenadores General Electric GE-635 que poseía la universidad. Las computadoras utilizaban el revolucionario Sistema de Reparto de Tiempo de Dartmouth, un tipo primario de Red que permitía a docenas de personas usar las computadoras simultáneamente. El reparto de tiempo fue la primera manifestación de lo que hoy llamamos ordenador personal. Hizo posible, como escribió Kemeny en su libro, «una relación verdaderamente simbiótica entre el hombre y la computadora»[12].

Yo estudiaba Literatura y hacía lo imposible por esquivar las clases de matemáticas y ciencias, pero Kiewit ocupaba un lugar estratégico en el campus, a medio camino entre mi habitación y la fraternidad, y los fines de semana pasaba una o dos horas por la tarde ante una terminal del recinto público de escritura a máquina mientras esperaba a que se montara alguna fiesta. Normalmente me entretenía con uno de los juegos ridículamente primitivos para varias personas que los estudiantes de programación —*sysprogs* se hacían llamar— habían logrado completar. Pero llegué a comprender cómo usar el programa muy básico de procesamiento de textos e incluso algunos comandos de BASIC.

Fue únicamente un flirteo digital. Por cada hora que pasé en Kiewit, debí de pasar dos docenas al lado, en Baker. Me encerraba, para preparar los exámenes, en la cavernosa sala de lectura de la biblioteca, buscaba información en los pesados volúmenes de las estanterías de consulta y trabajaba a tiempo parcial ingresando y retirando libros del mostrador principal. La mayor parte de mi tiempo de biblioteca, sin embargo, transcurrió paseando por los pasillos largos y estrechos de las estanterías. A pesar de estar rodeado de decenas de miles de libros, no recuerdo sentir la ansiedad sintomática de lo que hoy llamamos «exceso de información». Había algo tranquilizador en la reticencia de todos aquellos libros, su disposición a esperar años, incluso décadas, hasta que llegara el lector adecuado y lo retirara de sus espacios asignados. *Tómate tu tiempo,* me susurraban los libros con sus voces polvorientas. *No nos vamos a ir a ninguna parte.*

Fue en 1986, cinco años después de dejar Dartmouth, cuando los ordenadores entraron en mi vida de verdad. Ante el estupor de mi mujer, gasté casi todos nuestros ahorros, unos 2.000 dólares, en uno de los primeros Macintosh de Apple, un Mac Plus provisto de un solo megabyte de RAM, un disco duro de 20 megabytes y una pequeña pantalla en blanco y negro. Todavía recuerdo la emoción que sentí cuando saqué la pequeña máquina beis de su caja. La coloqué en mi escritorio, enchufé el teclado y el ratón y presioné la tecla de encendido. Se encendió, emitió un tono de bienvenida y me sonrió mientras ejercitaba las misteriosas rutinas que le daban vida. Me enamoré.

El Plus hacía doble turno como ordenador de casa y de oficina. Todos los días lo llevaba hasta las oficinas de la empresa consultora donde trabajaba como editor. Usaba Microsoft Word para revisar propuestas, informes y presentaciones, y a veces abría Excel para añadir revisiones a la hoja de cálculo de un consultor. Todas las noches lo traía de vuelta a casa, donde lo usaba para llevar registro de las finanzas familiares, escribir cartas, jugar (todavía ridículo, pero menos primitivo) y —lo más divertido de todo— unir bases de datos simples usando la ingeniosa aplicación HyperCard que por aquel entonces venía con cada Mac. Creada por Bill Atkinson, uno de los programadores más creativos de Apple, HyperCard incorporaba un sistema de hipertexto que anticipaba el aspecto de la World Wide Web. Donde en la Web haces clic en vínculos de páginas, en HyperCard hacías clic en botones de tarjetas, pero la idea, y su capacidad de seducción, era idéntica.

El ordenador, empecé a entender, era más que una mera herramienta que hacía lo que tú le pedías. Era una máquina que, de modos sutiles pero inconfundibles, ejercía una influencia sobre ti. Cuanto más lo usaba, más alteraba la manera en la que trabajaba. Al principio me había parecido imposible editar nada en la pantalla. Imprimiría un documento, lo señalaría con un lápiz y teclearía las revisiones de nuevo en la versión digital. Después lo imprimiría de nuevo y le daría otra pasada con el lápiz. A veces repetiría el ciclo una docena de veces por día. Pero en algún momento —y de repente— mi hábito de edición cambió. Ya no podía escribir o revisar nada en papel. Me sentía perdido sin la tecla «borrar», el *scroll*, las funciones de «cortar» y «pegar», el comando «deshacer». Tenía que editar todo en pantalla. Al usar el procesador de textos, yo mismo me había convertido en una especie de procesador de textos.

Cambios mayores vinieron después de que me comprase un módem, allá por 1990. Hasta entonces, el Plus había sido una máquina contenida, sus funciones limitadas al *software* que instalaras en su disco duro. Cuando se conectaba a otros ordenadores a través del módem, adquiría una nueva identidad y un nuevo rol. Ya no era sólo una navaja suiza de alta tecnología. Era un medio de comunicación, un dispositivo para buscar, organizar y compartir información. Probé todos los servicios *online* —CompuServe, Prodigy, incluso el efímero eWorld de Apple—, pero me quedé con America Online. Mi

suscripción original a AOL me limitaba a cinco horas *online*
por semana, y repartiría a duras penas esos minutos preciosos para intercambiar correos electrónicos con un pequeño
grupo de amigos que también tenían cuentas, para seguir las
conversaciones en algunos foros y para leer artículos impresos
de periódicos y revistas. Llegó a gustarme el sonido de mi módem conectándose con los servidores AOL a través de las líneas telefónicas. Escuchar los *bleeps* y *clangs* era como seguir
una discusión amistosa entre dos robots. A mediados de los
noventa estaba atrapado, sin quejarme, en el «ciclo de actualizaciones». Jubilé el viejo Plus en 1994, reemplazándolo con
un Macintosh Performa 550 con pantalla a color, unidad CD-
ROM, un disco duro de 500 megabytes y lo que parecía en
aquel tiempo un procesador milagrosamente veloz de 33 me-
gahercios. El ordenador nuevo requería versiones actualiza-
das de la mayoría de los programas que usaba, y me dejaba
utilizar toda clase de aplicaciones nuevas con las prestaciones
multimedia más recientes. Cuando hube instalado todo el *software* nuevo, mi disco duro ya estaba repleto. Tuve que salir y
comprar un disco externo suplementario. Añadí también un
disco Zip, y después una grabadora de CD. En un par de años
ya había comprado un nuevo ordenador de mesa, con un monitor mucho mayor y un chip mucho más rápido, así como un
modelo portátil que podía usar cuando viajaba. Mi emplea-
dor, mientras tanto, había prohibido los Mac en favor de los
PC, así que estaba usando dos sistemas diferentes, uno en la
oficina y otro en casa.

Fue alrededor de esa época cuando empecé a oír hablar de
algo llamado Internet, una misteriosa «red de redes» que prometía, según personas al tanto, «cambiarlo todo». Un artículo
publicado en *Wired* en 1994 declaraba a mi amada AOL «súbi-
tamente obsoleta». Un invento nuevo, el «explorador gráfi-
co», prometía una experiencia digital mucho más excitante:
«Al seguir los vínculos —haga clic, y el documento vinculado
aparece— puede viajar a través del mundo *online* por los caminos del capricho y la intuición»[13]. Primero estaba intrigado;

después me atrapó. Para finales de 1995 había instalado el
nuevo explorador Netscape en mi ordenador de trabajo y lo
estaba usando para visitar las páginas aparentemente infinitas
de la World Wide Web. Pronto tendría una cuenta ISP en casa
también, y un módem mucho más veloz para acompañarla.
Cancelé mi servicio AOL.

Ya saben el resto de la historia porque probablemente también es su historia. Chips cada vez más veloces. Módems cada
vez más rápidos. DVD y grabadoras de DVD. Discos duros con
capacidades de gigabytes. Yahoo, Amazon, eBay. MP3. Vídeos
en *streaming*. Banda ancha. Napster y Google. BlackBerrys e
iPods. Redes wi-fi. YouTube y Wikipedia. *Blogging* y *microblogging*. *Smartphones*, *pen drives*, *netbooks*. ¿Quién podía resistirse?
Ciertamente, yo no.

Cuando la Web se hizo 2.0, allá por 2005, yo también me
volví 2.0. Me volví un activo participante de las redes sociales y
un generador de contenido. Registré un dominio, «roughtype.
com», y abrí un blog. Fue muy estimulante, al menos durante
el primer par de años. Había estado trabajando como periodista *freelance* desde el inicio de la década, escribiendo principalmente sobre tecnología, y sabía que publicar un artículo o un
libro era un asunto lento, comprometido y con frecuencia frus-
trante. Te esclavizabas con un manuscrito, se lo mandabas a
una editorial y, asumiendo que no fuera rechazado y enviado
de vuelta, atravesaba rondas de edición, comprobación de datos y revisiones varias. El producto acabado no aparecería hasta
semanas o meses después. Si era un libro, podrías tener que
esperar más de un año hasta verlo impreso. Los blogs acababan con el tradicional aparato editorial. Tecleabas algo, codifi-
cabas algunos vínculos, dabas al botón «publicar» y tu obra ya
estaba ahí fuera, inmediatamente, para todo el mundo. También obtenías algo raro en la escritura más formal: respuestas
directas de lectores, en forma de comentarios o, si los lectores
tenían sus propios blogs, vínculos. Era nuevo y liberador.

La lectura *online* también era nueva y liberadora. Los hipervínculos y los motores de búsqueda proporcionaban una ofer-

ta interminable de palabras, imágenes, sonidos y vídeos en mi pantalla. Cuando las empresas editoras retiraban sus modelos de pago, el flujo de contenido gratuito se convirtió en un ciclón. Los titulares se agolpaban a todas horas en mi página de inicio Yahoo y mi lector de flujos RSS. Un clic en un vínculo llevaba a una docena o un centenar de clics más. Nuevos correos aparecían en mi bandeja de entrada cada minuto. Registré cuentas en MySpace, Facebook, Digg y Twitter. Comencé a cancelar mis suscripciones a periódicos y revistas. ¿Quién las necesitaba? Cuando llegaban las ediciones impresas, húmedas o no, sentía que ya había visto todas las historias.

En algún momento de 2007, un mar de dudas se deslizó por mi infoparaíso. Empecé a ver que la Red estaba ejerciendo una influencia mucho mayor sobre mí que la que había tenido mi viejo ordenador de mesa. No era sólo que estuviera empleando tantísimo tiempo en mirar una pantalla de ordenador. No era sólo que muchos de mis hábitos y rutinas estaban transformándose mientras me acomodaba cada vez más a, y hacía dependiente de, las páginas y servicios de la Red. El modo mismo en que mi cerebro funcionaba parecía estar cambiando. Fue entonces cuando empecé a preocuparme sobre mi incapacidad para prestar atención a una sola cosa durante más de dos minutos. Al principio pensé que el problema era un síntoma de degradación mental propia de la madurez. Pero mi cerebro, comprendí, no estaba sólo disperso. Estaba hambriento. Exigía ser alimentado de la manera en que lo alimentaba la Red, y cuanto más comía, más hambre tenía. Incluso cuando estaba alejado de mi ordenador, sentía ansias de mirar mi correo, hacer clic en vínculos, *googlear*. Quería estar *conectado*. Al igual que Microsoft Word me había convertido en un procesador de textos de carne y hueso, Internet, me daba cuenta, estaba convirtiéndome en algo parecido a una máquina de procesamiento de datos de alta velocidad, un HAL humano.

Echaba de menos mi viejo cerebro.

2. LOS CAMINOS VITALES

Friedrich Nietzsche estaba desesperado. Enfermizo de niño, nunca se había recuperado totalmente de las lesiones que sufriera a los veintipocos años, cuando se cayó de un caballo mientras servía en una unidad montada de artillería del ejército prusiano. En 1879 sus problemas de salud empeoraron, obligándole a renunciar a su cátedra de Filología en la Universidad de Basilea. Con sólo 34 años, comenzó a vagar por Europa en busca de alivio a sus muchas dolencias. Llegado el frío del otoño, se dirigía hacia el sur, hasta las costas del Mediterráneo, para regresar por primavera al norte, a los Alpes suizos o a casa de su madre, cerca de Leipzig. A finales de 1881 alquiló una buhardilla en la ciudad portuaria italiana de Génova. La vista le fallaba; y mantener la mirada fija en una página se había convertido en una tarea agotadora y dolorosa, a menudo causa de fuertes dolores de cabeza e incontenibles vómitos. Se había visto obligado a reducir sus escritos, y se temía que pronto tendría que renunciar a ellos por completo.

Aguzando su ingenio, encargó una máquina de escribir danesa —una Writing Ball Malling-Hansen— que le fue entregada en su domicilio durante las primeras semanas de 1882. Inventada unos años antes por Hans Rasmus Johan Malling-Hansen, director del Instituto Real de Sordomudos de Copenhague, la bola de tipos móviles era un instrumento de extraña belleza. Se parecía a un acerico adornado de alfileres de oro.

Cincuenta y dos teclas para las letras mayúsculas y minúsculas, los números y los signos de puntuación, sobresalían por la parte superior de la bola en una disposición concéntrica científicamente diseñada para permitir la escritura más eficiente posible. Justo debajo de las teclas tenía una placa curvada que contenía la hoja de papel. Mediante un ingenioso sistema de engranajes, la placa avanzaba como un reloj con cada golpe de tecla. Con la práctica suficiente, el mecanógrafo podía escribir hasta ochocientos caracteres por minuto con aquel aparato, lo que lo convertía en la más rápida máquina de escribir fabricada hasta entonces[1].

Esta máquina rescató a Nietzsche, al menos por un tiempo. Una vez hubo aprendido a usar el teclado, fue capaz de escribir con los ojos cerrados, usando sólo la punta de los dedos. Sus palabras volvían a pasar de su mente a la página. Estaba tan prendado de la creación de Malling-Hansen, que le escribió una oda:

> Como yo, estás hecha de hierro
> mas eres frágil en los viajes.
> Paciencia y tacto en abundancia,
> con dedos diestros, exigimos.

En marzo, un periódico de Berlín informó de que Nietzsche se «encuentra mejor que nunca» y, gracias a su máquina de escribir, «ha reanudado su actividad escritora». Pero el dispositivo surtió un efecto más sutil sobre su obra. Uno de los mejores amigos de Nietzsche, el escritor y compositor Heinrich Köselitz, notó un cambio en el estilo de su escritura. La prosa de Nietzsche se había vuelto más estricta, más telegráfica. También poseía una contundencia nueva, como si la potencia de la máquina —su «hierro»—, en virtud de algún misterioso mecanismo metafísico, se transmitiera a las palabras impresas en la página. «Hasta puede que este instrumento os alumbre un nuevo idioma», le escribió Köselitz en una carta, señalando que, en su propio trabajo, «mis pensamientos, los musicales y los verbales, a menudo dependen de la calidad de la pluma y el papel».

«Tenéis razón —le respondió Nietzsche—. Nuestros útiles de escritura participan en la formación de nuestros pensamientos»[2].

Mientras Nietzsche aprendía a escribir a máquina en Génova, unos ochocientos kilómetros al noreste de allí un joven estudiante de Medicina llamado Sigmund Freud estaba trabajando como investigador en un laboratorio de neurofisiología vienés. Su especialidad era la disección de los sistemas nerviosos de peces y crustáceos. A través de sus experimentos dio en suponer que el cerebro, al igual que otros órganos del cuerpo, está formado por muchas células diferentes. Más adelante amplió su teoría sugiriendo que los huecos intercelulares —las «barreras de contacto», como él las llamaba— desempeñaban un papel esencial en el gobierno de las funciones de la mente, dando forma a nuestra memoria y nuestros pensamientos. En aquel entonces los postulados de Freud quedaban al margen de la opinión científica mayoritaria. La mayoría de los médicos e investigadores creían que el cerebro no era celular en su construcción, sino que más bien constaba de un tejido único y continuo de fibras nerviosas. E incluso entre quienes compartían la opinión de Freud de que el cerebro estaba formado por células, pocos prestaron atención a lo que pudiera estar sucediendo en los espacios entre ellas[3].

Comprometido en matrimonio y necesitado de aumentar sus ingresos, Freud abandonó tempranamente su carrera como investigador para pasar consulta privada como psicoanalista. Sin embargo, estudios posteriores confirmaron sus especulaciones juveniles. Armados con microscopios cada vez más poderosos, los científicos confirmaron la existencia de células nerviosas específicas del cerebro. También descubrieron que esas células —nuestras neuronas— son a la vez iguales y diferentes respecto de las demás células de nuestros cuerpos.

Las neuronas tienen núcleos centrales, o somas, que desempeñan funciones comunes a todas las células, pero también tienen dos tipos de apéndices a modo de tentáculos —los axones y las dendritas— que transmiten y reciben impulsos eléctricos. Cuando una neurona se activa, un impulso fluye del soma a la punta del axón, donde se desencadena la liberación de unas sustancias químicas llamadas neurotransmisores. Estos neurotransmisores afluyen a la «barrera de contacto» de la que hablaba Freud —lo que hoy llamamos sinapsis— y se adhieren a una dendrita de la neurona vecina, provocando (o suprimiendo) un nuevo impulso eléctrico en esa celda. Este flujo de los neurotransmisores en las sinapsis es la forma en que las neuronas se comunican entre sí, dirigiendo la transmisión de señales eléctricas a lo largo de complejos canales celulares. Nuestros pensamientos, recuerdos y emociones nacen de las interacciones electroquímicas entre las neuronas, con mediación de las sinapsis.

Durante el siglo XX, neurólogos y psicólogos llegaron a apreciar más plenamente la asombrosa complejidad del cerebro humano. Dentro de nuestros cráneos, descubrieron, hay unos cien mil millones de neuronas, que tienen muchas formas diferentes y varían en longitud desde unas pocas décimas de milímetro a casi un metro[4]. Una sola neurona normalmente tiene muchas dendritas (aunque sólo un axón), y tanto las dendritas como los axones pueden tener una gran cantidad de ramas y terminales sinápticas. La neurona promedio establece alrededor de mil conexiones sinápticas, y algunas neuronas pueden multiplicar este número por cien. Los miles de billones de sinapsis que se producen dentro de nuestros cráneos atan las neuronas entre sí en una densa malla de circuitos que, en formas que todavía estamos lejos de entender, provocan lo que pensamos, cómo nos sentimos, lo que somos.

Aunque nuestro conocimiento del funcionamiento físico del cerebro avanzó durante el siglo pasado, una vieja presunción se mantuvo invariable: la mayoría de los biólogos y neurólogos siguieron creyendo, como habían hecho durante siglos, que la estructura del cerebro adulto nunca cambiaba. Nuestras neuronas se conectarían a los circuitos durante la infancia, cuando nuestros cerebros son maleables; y al llegar a la madurez el trazado del circuito quedaría fijado. El cerebro, según la opinión dominante, era algo así como una estructura de hormigón. Una vez irrigado y conformado en nuestra juventud, se endurecería rápidamente alcanzada su forma final. Tras cumplir los veinte años de edad, no se creaban neuronas nuevas ni se forjaban nuevos circuitos. Ni que decir tiene que seguiríamos almacenando nuevos recuerdos a lo largo de nuestras vidas (y perdiendo algunos de los antiguos), pero el único cambio estructural por el cual pasaría el cerebro en la edad adulta sería un lento proceso de descomposición a medida que el cuerpo envejece y van muriendo las células nerviosas.

A pesar de que esta creencia en la inmutabilidad del cerebro adulto era profunda y generalizada, hubo algunos herejes. Un puñado de biólogos y psicólogos vio, en el cuerpo cada vez mayor de investigaciones sobre el cerebro, indicaciones de que incluso el cerebro adulto era maleable, o «plástico». Podía constituir nuevos circuitos neuronales a lo largo de nuestras vidas; y los antiguos podían tanto fortalecerse como debilitarse, así como extinguirse por completo. El biólogo británico J. Z. Young, en una serie de conferencias difundidas por la BBC en 1950, sostuvo que la estructura del cerebro podría de hecho estar en un estado de flujo constante, adaptándose a cualquier tarea que se le encomendase. «Hay pruebas de que las células de nuestro cerebro literalmente se desarrollan y aumentan de tamaño con el uso, así como se atrofian o consumen por falta de uso —dijo—. Puede ser, pues, que cada acción deje cierta impresión permanente en el tejido nervioso»[5].

Young no fue el primero en proponer esta idea. Setenta años antes, el psicólogo estadounidense William James había expresado una intuición similar acerca de la adaptabilidad del cerebro. «El tejido nervioso —escribió en su sobresaliente

The Principles of Psychology [Principios de psicología]— parece dotado de un extraordinario grado de plasticidad». Al igual que ocurre con cualquier otro compuesto físico, «tanto las fuerzas externas como las tensiones internas pueden, de una hora para otra, convertir la estructura en algo diferente de lo que era». James citaba, con aprobación, una analogía trazada por el científico francés Léon Dumont en un ensayo anterior sobre las consecuencias biológicas de la costumbre; los efectos de una corriente de agua en la tierra son como los efectos de la experiencia en el cerebro: «Las aguas que fluyen abren un cauce por el que fluir, lo van haciendo más ancho y profundo; y cuando vuelvan a fluir, seguirán el mismo camino que trazaron antes. Asimismo, las impresiones de los objetos externos van diseñándose caminos cada vez más apropiados en el sistema nervioso; y estos caminos vitales se reabren con similar estimulación externa, incluso aunque hayan estado cortados algún tiempo»[6]. También Freud terminó adoptando la posición contraria. En su *Proyecto de psicología científica*, un trabajo inédito de 1895, argumenta que el cerebro, y en particular las barreras de contacto entre las neuronas, podría cambiar en respuesta a las experiencias de una persona[7].

Tales especulaciones fueron desestimadas, a menudo con desprecio, por la mayoría de los neurólogos y los médicos. Seguían convencidos de que la plasticidad del cerebro terminaba con la infancia, que, una vez establecidos, los «caminos vitales» no podían ampliarse ni reducirse, mucho menos desviarse. Fue el caso de Santiago Ramón y Cajal, eminente neuroanatomista español, premio Nobel de Medicina, quien en 1913 declaraba, con tono que dejaba poco espacio para el debate: «En los centros del [cerebro] adulto, las vías nerviosas son algo fijo, acabado, inmutable. Todo puede morir, nada puede regenerarse»[8]. En su juventud, don Santiago había expresado sus dudas sobre esta visión ortodoxa, sugiriendo, en 1894, que «el órgano del pensamiento es, dentro de ciertos límites, maleable, así como perfectible por un ejercicio mental bien dirigido»[9]. Pero al final abrazó la sabiduría convencional para convertirse en uno de sus defensores más elocuentes y autorizados.

La concepción del cerebro adulto como aparato físico inmutable se apoyaba en una metáfora de la era industrial que representa el cerebro como un artefacto mecánico. Al igual que una máquina de vapor o una dinamo eléctrica, el sistema nervioso se compone de muchas partes, cada una de las cuales sirve a un propósito específico, contribuyendo de alguna manera esencial al buen funcionamiento del conjunto. Las partes no podían cambiar de forma ni función, pues ello, inmediata e inexorablemente, daría al traste con la máquina. Las diferentes regiones del cerebro, y sus circuitos, incluso individualmente considerados, desempeñaban papeles definidos con precisión en el procesamiento de los estímulos sensoriales, dirigiendo los movimientos de los músculos y conformando recuerdos y pensamientos; y estos papeles, fijados en la infancia, no eran susceptibles de alteración. Cuando se trataba del cerebro, el niño era de hecho, como había escrito Wordsworth, el padre del hombre.

Esta concepción mecánica del cerebro reflejaba y refutaba la famosa teoría del dualismo postulada por René Descartes en sus *Meditaciones* de 1641. Descartes afirmaba que el cerebro y la mente existen en dos esferas separadas: una material y otra etérea. El cerebro físico, como el resto del cuerpo, era un instrumento puramente mecánico que, como un reloj o una bomba hidráulica, actuaba de acuerdo a los movimientos de sus componentes. Ahora bien, este funcionamiento del cerebro, argumentaba Descartes, no explicaba el funcionamiento de la mente consciente. Como esencia del yo, la mente existe fuera del espacio, más allá de las leyes de la materia. Mente y cerebro se influían mutuamente (a través, según Descartes, de alguna acción misteriosa de la glándula pineal), pero seguían siendo sustancias totalmente independientes. En una época de rápido avance científico y agitación social, el dualismo de Descartes servía de consuelo. La realidad tenía un aspecto material, que era el reino de la ciencia, pero también un lado espiritual, reino de la teología; y los dos nunca se encontraban.

La idea de una mente inmaterial fuera del alcance de la observación y la experimentación parecía cada vez más endeble en un siglo, el de las Luces, que había adoptado la razón como una nueva religiosidad. Los científicos rechazaban la mitad «mental» del dualismo cartesiano, aun cuando abrazaran su noción del cerebro como máquina. El pensamiento, la memoria y la emoción, en lugar de emanaciones de un mundo espiritual, llegaron a considerarse resultados lógicos y predeterminados de las operaciones físicas del cerebro. La conciencia era simplemente un subproducto de estas operaciones. «La palabra *mente* está obsoleta», declaró en última instancia un eminente neurofisiólogo[10]. La metáfora de la máquina se amplió y reforzó aún más con la llegada del ordenador —la «máquina pensante»— a mediados del siglo XX. Fue entonces cuando científicos y filósofos empezaron a referirse a los circuitos de nuestro cerebro, e incluso a nuestro comportamiento, como a «cableados», comparables a los circuitos grabados en el sustrato de silicio de un microprocesador de computadora.

A medida que la idea de la inmutabilidad del cerebro adulto se endurecía con la consistencia de un dogma, derivó en una especie de «nihilismo neurológico», en palabras del psiquiatra Norman Doidge. Debido a que creó «la sensación de que el tratamiento de muchos problemas cerebrales era ineficaz o estaba injustificado», explica Doidge, dejaba a las víctimas de enfermedades mentales o lesiones cerebrales pocas esperanzas de tratamiento, y mucho menos de cura. Y cuando la idea «se fue difundiendo por nuestra cultura», terminó por «afectar a nuestra visión global de la naturaleza humana. Dado que el cerebro no puede cambiar, la naturaleza humana, que surge de él, parecía necesariamente fija e inalterable»[11]. No había regeneración; sólo decadencia. También nosotros estábamos atrapados en el congelado cemento de nuestras células cerebrales... O al menos en el congelado cemento de la sabiduría recibida.

1968. Tengo nueve años. Soy un niño normal y corriente de urbanización de clase media. Estoy jugando en un pequeño bosque cercano a la casa de mi familia. Marshall McLuhan y Norman Mailer, en horario de máxima audiencia televisiva, debaten las implicaciones intelectuales y morales de lo que Mailer describe como «la precipitación del hombre en un mundo hipertecnológico»[12]. Se estrena 2001: *una odisea en el espacio,* dejando a los espectadores perplejos, desconcertados o simplemente molestos. Y en un tranquilo laboratorio de la Universidad de Wisconsin en Madison, Michael Merzenich está haciéndole la trepanación a un mono.

A sus veintiséis años de edad, Merzenich acaba de recibir un doctorado en Fisiología por la Universidad Johns Hopkins, donde ha estudiado con Vernon Mountcastle, pionero de la neurología. Está en Wisconsin para hacer investigaciones de posdoctorado en cartografía cerebral. Durante años se ha sabido que todas las áreas del cuerpo de una persona están representadas por un área correspondiente en la corteza cerebral, la arrugada capa externa del cerebro. Cuando ciertas células nerviosas de la piel reciben un estímulo físico —por ejemplo, un pellizco—, envían un impulso eléctrico a través de la médula espinal a un grupo particular de neuronas situadas en la corteza, las cuales traducen el pellizco en sensación consciente. En la década de 1930, el neurocirujano canadiense Wilder Penfield había utilizado sondas eléctricas para dibujar los primeros mapas sensoriales del cerebro de las personas. Sin embargo, las sondas de Penfield eran instrumentos demasiado primarios; y sus mapas, aunque innovadores en su época, carecían de precisión. Merzenich estaba utilizando un nuevo tipo de sonda, el microelectrodo, fino como un pelo, para crear mapas mucho más exactos, con la esperanza de que le ofrecieran una nueva visión de la estructura del cerebro.

Después de retirar parte del cráneo de un mono, exponiendo una pequeña porción de su cerebro, Merzenich le introduce un microelectrodo en el área de la corteza que registra las sensaciones de una de las manos del animal. Comienza tocando la mano en diferentes lugares hasta activar la neurona junto a la punta del electrodo. Después de insertar y reinsertar metódicamente el electrodo miles de veces en el transcurso de unos días, obtiene un «micromapa» que le muestra el más mínimo detalle, hasta las células nerviosas individuales, de cómo el cerebro del mono procesa lo que siente su mano. Repite el exhaustivo ejercicio con cinco monos más.

Merzenich procede a la segunda fase de su experimento. Con un bisturí hace incisiones en las manos de los animales, seccionándoles el nervio sensorial. Quiere averiguar cómo reacciona el cerebro cuando un sistema nervioso periférico está dañado y luego se le deja sanar. Lo que descubre le sorprende. Los nervios en las manos de los monos vuelven a crecer, según lo esperado; y su cerebro, también según lo esperado, acusa la confusión. Cuando, por ejemplo, Merzenich toca la articulación inferior de un dedo de la mano, el cerebro le dice al animal que la sensación viene de la punta del dedo. Las señales se han cruzado, el mapa del cerebro está revuelto. Pero cuando Merzenich lleva a cabo las mismas pruebas sensoriales unos meses más tarde, descubre que se ha aclarado la confusión mental. Lo que sus cerebros les dicen a los monos que les está pasando a sus manos vuelve a coincidir con lo que realmente está sucediendo. Sus cerebros, se da cuenta Merzenich, se han reorganizado. Sus vías neuronales han tejido un nuevo mapa que corresponde a la nueva disposición de los nervios de sus manos.

Al principio, no puede creer lo que ha visto. Como a todos los demás neurólogos, le han enseñado que la estructura del cerebro adulto es fija. Sin embargo, en su laboratorio acaba de ver, en el cerebro de los seis monos, una reestructuración a nivel celular rápida y exhaustiva. «Yo sabía que se trataba de una reorganización asombrosa, pero no podía explicarla —recordará Merzenich más tarde—. Mirando hacia atrás, ahora me doy cuenta de que acababa de ver la prueba de la neuroplasticidad. Pero en ese momento no lo sabía. Simplemente no sabía lo que estaba viendo. Dentro de la corriente principal de la neurología, nadie iba a creerse que la plasticidad se diera a tamaña escala»[13].

Merzenich publica los resultados de su experimento en una revista académica[14]. Nadie le presta mucha atención, pero él sabe que ha dado con algo. En el transcurso de las próximas tres décadas lleva a cabo muchas más pruebas en muchos monos más. Todas apuntan a la existencia de una amplia plasticidad en el cerebro de los primates adultos. En un trabajo de 1983 que documenta uno de estos experimentos, Merzenich declara rotundamente: «Estos resultados son completamente contrarios a la visión de los sistemas sensoriales como una serie de máquinas conectadas mediante cables»[15]. Rechazado al principio, el meticuloso trabajo de Merzenich comienza por fin a merecer la atención de la comunidad neurológica. Acabará por impulsar un replanteamiento en profundidad de las teorías comúnmente aceptadas sobre cómo funcionan nuestros cerebros. Los investigadores descubren una senda de experimentos, que se remonta a la época de William James y Sigmund Freud, que registran ejemplos de plasticidad. Largo tiempo desoída, la vieja investigación se toma por fin en serio.

A medida que las ciencias del cerebro continúan avanzando, la evidencia de su plasticidad se fortalece. Mediante nuevos equipos de exploración del cerebro, que incluyen microelectrodos y otras sondas más sensibles, los neurocientíficos realizan más experimentos, no sólo con animales de laboratorio, sino también en personas. Todos confirman el descubrimiento de Merzenich. También revelan algo más: la plasticidad del cerebro no se limita a su corteza somatosensorial, el área que gobierna nuestro sentido del tacto. Es universal. Prácticamente todos nuestros circuitos neuronales, ya se ocupen de sentir, ver, oír, moverse, pensar, aprender, percibir o recordar, están sometidos a cambios. La sabiduría recibida se ha superado.

Resulta que el cerebro adulto no sólo es plástico, sino que, como dice James Olds, catedrático de Neurología y director del Instituto Krasnow para Estudios Avanzados de la Universidad George Mason, es «muy plástico»[16]. O, como dice el propio Merzenich, «tremendamente plástico»[17]. Esta plasticidad disminuye a medida que envejecemos —el cerebro tiene querencia por los caminos viejos—, pero nunca desaparece. Las neuronas nunca dejan de romper viejas conexiones y establecer otras nuevas, y nunca dejan de crearse nuevas células nerviosas. «El cerebro —señala Olds— tiene la capacidad de reprogramarse sobre la marcha, alterando la forma en que funciona».

Todavía no conocemos todos los detalles de cómo se reprograma el cerebro, pero ha quedado claro que, como proponía Freud, el secreto radica principalmente en el rico caldo químico de nuestras sinapsis. Lo que sucede en los microscópicos espacios situados entre nuestras neuronas es excesivamente complicado, pero en términos simples implica diversas reacciones químicas que registran experiencias en las vías neuronales. Cada vez que se realiza una tarea o se experimenta una sensación, ya sea física o mental, se activa un conjunto de neuronas en nuestro cerebro. Si están próximas unas de otras, estas neuronas se unen mediante el intercambio de neurotransmisores sinápticos como el aminoácido glutamato[18]. A medida que la misma experiencia se repite, los enlaces sinápticos entre las neuronas se hacen más fuertes y más abundantes, mediante cambios fisiológicos, como la liberación de altas concentraciones de neurotransmisores, y también anatómicos, como la generación de nuevas neuronas o el desarrollo de nuevas terminales sinápticas en los axones y dendritas ya existentes. Los enlaces sinápticos también pueden debilitarse en respuesta a experiencias, de nuevo como resultado de alteraciones fisiológicas y anatómicas. Lo que aprendemos mientras vivimos está incrustado en las conexiones celulares, siempre

cambiantes, de nuestras cabezas. Las cadenas de neuronas conectadas forman verdaderos «caminos vitales» en nuestras
mentes. Hoy en día los científicos resumen la dinámica esencial de la neuroplasticidad con un dicho conocido como la
regla de Hebb: «*Cells that fire together wire together*» («Las neuronas cuyas sinapsis están unidas permanecen unidas»).

Una de las manifestaciones más simples pero más elocuentes de cómo cambian las conexiones sinápticas se produjo en
una serie de experimentos que el biólogo Eric Kandel realizó
en la década de 1970 con una especie de babosa marina grande llamada *Aplysia* (las criaturas marinas son particularmente
apropiadas para las pruebas neurológicas, ya que tienden a
poseer sistemas nerviosos sencillos y células nerviosas grandes). Kandel, que ganaría un Premio Nobel por su trabajo,
descubrió que si se tocan las branquias de una babosa, aunque sea muy ligeramente, éstas se retraen de manera inmediata, como si se tratase de un acto reflejo. Pero si al animal se le
tocan las branquias repetidamente, sin causarle ningún daño,
este instinto irá dejando de manifestarse. La babosa se habi-
túa al contacto y aprende a hacerle caso omiso. Examinando
los sistemas nerviosos de las babosas, Kandel descubrió que
«este cambio de comportamiento aprendido venía acompa-
ñado por un progresivo debilitamiento de las conexiones sinápticas» entre las neuronas sensoriales que «sienten» el contacto y las neuronas motrices que le indican a la branquia que
se retraiga. En el estado normal de una babosa, más del 90 por
ciento de las neuronas sensoriales de sus branquias tienen conexiones con las neuronas motrices. Pero después de tocarle
las branquias nada más que cuarenta veces, sólo el 10 por
ciento de sus células sensoriales mantienen vínculos con las
células motrices. La investigación «mostró de manera especta-
cular —escribe Kandel— que las sinapsis pueden experimentar cambios grandes y duraderos que sólo requieren una cantidad relativamente pequeña de entrenamiento»[19].

Esta plasticidad de nuestras sinapsis armoniza dos filosofías
de la mente que hace siglos estaban en conflicto: el empiris-

mo y el racionalismo. Según los empiristas, como John Locke, la mente con la que nacemos es una pizarra en blanco, una tábula rasa. Todo lo que sabemos proviene de nuestras experiencias, de lo que aprendemos mientras vivimos. Dicho en términos más familiares, son producto de la cultura, no de la naturaleza. Según los racionalistas, como Immanuel Kant, nacemos con una «plantilla» mental incorporada que determina la forma en que percibimos e interpretamos el mundo. Todas nuestras experiencias se filtran a través de estas plantillas innatas. Predomina la naturaleza.

Los experimentos con la *Aplysia* revelaron, según informa Kandel, «que ambos puntos de vista eran correctos; de hecho, se complementaban entre sí». Nuestros genes «especifican» muchas de «las conexiones entre neuronas; esto es, qué neuronas forman conexiones sinápticas con qué otras neuronas y cuándo». Esas conexiones genéticamente determinadas forman las plantillas innatas de Kant, la arquitectura básica del cerebro. Sin embargo, nuestras experiencias regulan el vigor o «eficacia a largo plazo» de las conexiones, lo que permite, como sostenía Locke, la remodelación de la mente y «la expresión de nuevos patrones de comportamiento»[20]. Las filosofías opuestas de empiristas y racionalistas encuentran sus puntos de contacto en la sinapsis. El neurólogo de la Universidad de Nueva York Joseph LeDoux explica en su libro *Synaptic Self* cómo naturaleza y crianza «hablan, en realidad, el mismo idioma, y en última instancia ambas surten efectos en la mente y el comportamiento mediante la conformación de la organización sináptica del cerebro»[21].

El cerebro no es la máquina que antaño pensábamos que era. Aunque sus diferentes regiones se asocien con diferentes funciones mentales, los componentes celulares no forman estructuras permanentes ni desempeñan papeles rígidos. Son flexibles. Ellos cambian con la experiencia, las circunstancias y la necesidad. Algunos de los cambios más extensos y notables se llevarán a cabo en respuesta a daños en el sistema nervioso. Los experimentos demuestran, por ejemplo, que si una persona pierde la vista, la parte de su cerebro que se había dedicado al procesamiento visual —la corteza visual— no se apaga sin más, sino que es rápidamente absorbida por los circuitos utilizados para el procesamiento auditivo. Y si la persona aprende a leer en braille, la corteza visual se redistribuirá para procesar la información recibida a través del sentido de tacto[22]. «Las neuronas parecen "querer" recibir datos», explica Nancy Kanwisher, del Instituto McGovern para la Investigación Cerebral, dependiente del MIT: «Cuando pierden su fuente habitual, comienzan a responder a lo que mejor la sustituya»[23]. Gracias a la inmediata capacidad de adaptación de las neuronas, los sentidos del oído y el tacto pueden ganar en nitidez para mitigar los efectos de haber perdido la vista. Alteraciones similares ocurren en el cerebro de las personas que pierden el oído: sus otros sentidos se fortalecen para ayudar a compensar la pérdida de audición. El área del cerebro que procesa la visión periférica, por ejemplo, se agranda, lo cual permite ver lo que antes escuchaba.

Las pruebas con personas que han perdido brazos o piernas en accidentes también revelan hasta qué punto el cerebro puede reorganizarse. Las áreas de los cerebros de las víctimas que se habían ocupado de registrar sensaciones en sus extremidades ahora perdidas quedan rápidamente absorbidas por los circuitos que registran las sensaciones de otras partes de sus cuerpos. En el estudio de un adolescente que había perdido su brazo izquierdo en un accidente automovilístico, el neurólogo V. S. Ramachandran, que dirige el Centro para el Cerebro y la Cognición de la Universidad de California en San Diego, descubrió que cuando pedía al joven que cerrase los ojos y luego le tocaba en diferentes partes de la cara, el paciente creía que le estaba tocando en el brazo que había perdido. En un momento dado, Ramachandran tocó al chico debajo de la nariz y le preguntó: «¿Dónde te estoy tocando?». El muchacho respondió: «En el meñique de la mano izquierda. Me hace cosquillas». El cerebro de este muchacho estaba en pleno proceso de reorganización, redistribuyendo sus neuronas para nuevos usos[24]. Como resultado de dichos experimentos, ahora se cree que las sensaciones de tener «una extremidad fantasma» que relatan los amputados son en gran medida producto de cambios neuroplásticos en el cerebro.

Nuestra creciente comprensión de esta capacidad de adaptación del cerebro ha llevado al desarrollo de nuevas terapias para enfermedades que antes se consideraban incurables[25]. En su libro de 2007 *El cerebro se cambia a sí mismo*, Doidge cuenta la historia de un hombre llamado Michael Bernstein que tuvo un derrame cerebral grave a la edad de cincuenta y cuatro años, por el cual sufrió daños en la mitad derecha del cerebro, que regula los movimientos del lado izquierdo del cuerpo. A través de un programa tradicional de terapia física, recuperó algunas de sus habilidades motrices, pero su mano izquierda quedó paralizada y tenía que usar un bastón para caminar. Hasta hace poco, ése habría sido el final de la historia. Pero Bernstein se inscribió en un programa de terapia experimental, dirigido en la Universidad de Alabama por un investigador pionero de la neuroplasticidad llamado Edward Taub. Durante ocho horas diarias, seis días a la semana, Bernstein utilizó su mano izquierda y la pierna izquierda para realizar tareas de rutina una y otra vez. Un día limpiaría el vidrio de una ventana. Al día siguiente trazaría las letras del alfabeto. Las acciones repetidas eran un medio de persuadir a sus neuronas y a las sinapsis de que formaran nuevos circuitos que se hicieran cargo de las funciones antes al cargo de los circuitos de la zona dañada de su cerebro. En cuestión de semanas, recuperó casi todo el movimiento de la mano y la pierna, lo que le permitió volver a su rutina diaria y deshacerse del bastón. Muchos otros pacientes de Taub han experimentado recuperaciones similares.

Gran parte de la evidencia temprana de la neuroplasticidad llegó a través del estudio de la reacción del cerebro a las lesiones, como el corte de los nervios en las manos de los monos (Merzenich) o la pérdida de la vista, el oído o una extremidad por seres humanos. Ello llevó a algunos científicos a preguntarse si la maleabilidad del cerebro adulto no se limitaría a las situaciones extremas. ¿Y si la teoría de la plasticidad fuera esencialmente un mecanismo de curación, provocado por un trauma en el cerebro u otros órganos de los sentidos? Experimentos posteriores han demostrado que ése no es el caso, documentando una plasticidad extensa, perpetua, en sistemas nerviosos sanos, que funcionan con normalidad, lo que ha llevado a los neurólogos a concluir que nuestro cerebro está siempre en constante cambio, adaptándose incluso a pequeñas alteraciones en nuestras circunstancias y comportamiento. «Hemos aprendido que la neuroplasticidad no sólo es posible, sino que está constantemente en acción», escribe Mark Hallett, jefe de la división médica de Neurología de los Institutos Nacionales de Sanidad estadounidenses. «Es la manera en que nos adaptamos a las condiciones cambiantes, la forma en que aprendemos nuevos datos y la forma en que desarrollamos nuevas habilidades»[26].

«La plasticidad —dice Álvaro Pascual-Leone, sobresaliente neurólogo de la Escuela de Medicina de Harvard— es el estado normal del sistema nervioso durante el curso de toda la vida». Nuestros cerebros están en constante cambio como respuesta a nuestras experiencias y nuestra conducta; reorganizan sus circuitos «con cada entrada sensorial, acto motor, asociación, señal de recompensa, plan de acción o [cambio de] conciencia». La neuroplasticidad, afirma Pascual-Leone, es uno de los productos más importantes de la evolución, un rasgo que permite al sistema nervioso «escapar a las restricciones de su propio genoma y adaptarse así a presiones ambientales, cambios fisiológicos y cualesquiera otras experiencias»[27]. La genialidad del diseño de nuestro cerebro no consiste en que contenga una gran cantidad de cableado, sino precisamente en el hecho de que no lo tiene. La selección natural, escribe el filósofo David Buller en su *Adapting Minds* [Adaptar las mentes], una crítica de la psicología evolutiva, «no ha diseñado un cerebro compuesto de numerosas adaptaciones prefabricadas», sino uno capaz de «adaptarse a las demandas de un entorno cambiante durante toda la vida de un individuo y, a veces en el plazo de días, formar estructuras especializadas para hacer frente a esas demandas»[28]. La evolución nos ha dotado de un cerebro que literalmente puede cambiar de forma de pensar una y otra vez.

Porque ahora sabemos que nuestras formas de pensar, percibir y actuar no están del todo determinadas por nuestros genes. Tampoco vienen totalmente determinadas por las experiencias de nuestra niñez. Las vamos variando en función del modo en que vivimos y, tal como percibió Nietzsche, a través de las herramientas que utilizamos. Años antes de que Edward Taub abriera su clínica de rehabilitación en Alabama, realizó un famoso experimento con un grupo de violinistas diestros. Mediante una máquina que controla la actividad neuronal, midió las áreas de la corteza sensorial que procesaban las señales de su mano izquierda, la que usaban para pulsar las cuerdas de sus instrumentos. También midió las mismas áreas corticales en un grupo de voluntarios diestros que nunca habían tocado un instrumento musical. Descubrió que esas áreas en el cerebro de los violinistas eran significativamente mayores que las de los no músicos. A continuación midió el tamaño de las áreas corticales que procesan las sensaciones de la mano derecha de los sujetos. En este caso no encontró diferencias entre músicos y no músicos. Tocar un instrumento musical como el violín había dado lugar a importantes cambios físicos en el cerebro. Eso se cumplía incluso para los músicos que habían cogido por primera vez sus instrumentos siendo ya adultos.

Cuando los científicos han enseñado a primates y otros animales a usar herramientas simples, han descubierto cuán profundamente puede influir la tecnología en el cerebro. A los monos, por ejemplo, se les enseñó cómo utilizar rastrillos y pinzas para agarrar alimentos que de otro modo habrían quedado fuera de su alcance. Cuando los investigadores supervisaron la actividad neuronal de los animales a lo largo de su proceso de aprendizaje, se encontraron con un crecimiento significativo en las áreas visuales y motrices relacionadas con el control de las manos que sostenían las herramientas. Pero también descubrieron algo aún más sorprendente: los rastrillos y pinzas habían llegado a incorporarse, de hecho, a los mapas cerebrales de las manos de los simios. Las herramientas, por lo que concernía a los cerebros de los animales, se habían convertido en partes de su cuerpo. Como informaron los investigadores que habían realizado el experimento con las pinzas, el cerebro de los monos comenzó a actuar «como si las pinzas fueran dedos de la mano»[29].

La mera repetición de acciones físicas no es lo único que puede reorganizar nuestros cerebros. Una actividad puramente mental también puede alterar nuestros circuitos neuronales, a veces de forma profunda. A finales de la década de 1990, un grupo de investigadores británicos escaneó los cerebros de dieciséis taxistas de Londres que tenían entre dos y cuarenta y dos años de experiencia detrás del volante. Cuando compararon sus escáneres con los de un grupo de control, encontraron que la parte posterior del hipocampo de los taxistas, una parte del cerebro que desempeña un papel clave en el almacenamiento y la manipulación de representaciones espaciales en el entorno de una persona, era mucho más grande de lo normal. Además, cuanto más tiempo llevara un taxista en ese trabajo, mayor tendía a ser su hipocampo posterior. Los investigadores también descubrieron que la parte anterior del hipocampo de los conductores era menor al promedio, al parecer a consecuencia de la necesidad de acomodar la ampliación de la zona posterior. Pruebas posteriores indicaron que la disminución del hipocampo anterior podría haber reducido la aptitud de los taxistas para otras tareas de memorización. El constante procesamiento espacial necesario para moverse por la intrincada red viaria de Londres, concluyeron los investigadores, «se asocia con una redistribución relativa de materia gris en el hipocampo»[30].

Otro experimento, llevado a cabo por Pascual-Leone cuando era investigador de los Institutos Nacionales de Sanidad, proporciona pruebas aún más evidentes de la manera en que nuestros patrones de pensamiento afectan a la anatomía de nuestros cerebros. Pascual-Leone reclutó a voluntarios que no tenían experiencia en tocar el piano y les enseñó una melodía simple que constaba de una corta serie de notas. A continuación los participantes se dividieron en dos grupos. Pidió a los miembros de uno de los grupos que practicaran la melodía en un piano dos horas al día durante los próximos cinco. Luego pidió a los miembros del otro grupo que se sentaran delante del piano durante la misma cantidad de tiempo, pero que se limitaran a imaginar que tocaban la melodía, sin llegar siquiera a tocar las teclas. Mediante una técnica llamada estimulación magnética transcraneal, o TMS, Pascual-Leone registró la actividad cerebral de todos los participantes antes, durante y después de la prueba. Encontró que la gente que sólo había imaginado tocar las notas presentaba exactamente los mismos cambios en su cerebro que los que de hecho las habían tocado al piano[31]. Su cerebro había cambiado en respuesta a acciones que sólo se habían producido en su imaginación; es decir: como respuesta a sus pensamientos. Puede que Descartes se equivocara con su dualismo, pero parece haber acertado al creer que nuestros pensamientos pueden ejercer una influencia física sobre nuestros cerebros, o al menos provocar una reacción física en ellos. Neurológicamente, acabamos siendo lo que pensamos.

Michael Greenberg, en un ensayo publicado en 2008 en *New York Review of Books,* encontró la poesía de la neuroplasticidad cuando señalaba que nuestro sistema neurológico, «con sus ramificaciones, transmisores y lagunas ingeniosamente distribuidas, tiene una virtud de improvisación que parece reflejar el carácter imprevisible del pensamiento mismo». Es «un lugar efímero que cambia con nuestra experiencia»[32]. Hay muchas razones para estar agradecidos al hecho de que nuestro *hardware* mental sea capaz de adaptarse tan fácilmente a la experiencia, que incluso a los cerebros de más edad se les puedan enseñar trucos nuevos. El conocimiento de la adaptabilidad del cerebro no sólo ha dado lugar a nuevos tratamientos (y con ellos una nueva esperanza) para aquellos que sufren de lesiones o enfermedades cerebrales. Nos dota a todos de una flexibilidad mental, una esbeltez intelectual, que nos permite adaptarnos a las situaciones nuevas, aprender nuevas habilidades y en general ampliar nuestros horizontes.

Pero no todo son buenas noticias. Aunque la neuroplasticidad proporcione una escapatoria al determinismo genético, un resquicio para el pensamiento independiente y el libre albedrío, también impone su propia forma de determinismo a nuestro comportamiento. En particular, los circuitos del cerebro se fortalecen mediante la repetición de una actividad física o mental, que comienza a transformar dicha actividad en un hábito. La paradoja de la neuroplasticidad, observa Doidge, es que, con toda la flexibilidad mental que nos otorga, puede llegar a encerrarnos en «comportamientos rígidos»[33]. Las sinapsis químicamente provocadas que enlazan nuestras neuronas nos programan, en efecto, para querer mantener en ejercicio los circuitos que han formado. Una vez que hemos cableado un nuevo circuito en nuestro cerebro, escribe Doidge, «anhelamos mantenerlo activo»[34]. Ésta es la forma en que el cerebro afina sus operaciones. Las actividades rutinarias se llevan a cabo de manera cada vez más rápida y eficiente, mientras que los circuitos no utilizados se van agostando.

Plástico no significa *elástico*, en otras palabras. Nuestros lazos neuronales no se ciñen a su estado anterior como una cinta de goma, sino que persisten en su nuevo estado. Y nada dice que ese nuevo estado tenga que ser el deseable. Los malos hábitos pueden arraigar en nuestras neuronas con tanta facilidad como los buenos. Pascual-Leone observa que «los cambios plásticos no necesariamente representan una mejora en el comportamiento de un sujeto dado». Además de «mecanismo del desarrollo y el aprendizaje», la plasticidad puede ser «una de las causas de la patología»[35].

No es de extrañar que la neuroplasticidad se haya relacionado con afecciones mentales que van desde la depresión al trastorno obsesivo-compulsivo, pasando por el tínitus. Cuanto más se concentra en sus síntomas una persona que sufre, más se le graban los síntomas en sus circuitos neuronales. En el peor de los casos, la mente en esencia se entrena para la enfermedad. También muchas adicciones se ven reforzadas por el fortalecimiento de esas vías plásticas en el cerebro. Incluso dosis muy pequeñas de drogas adictivas pueden alterar drásticamente el flujo de los neurotransmisores en las sinapsis de una persona, dando lugar a alteraciones duraderas en los circuitos del cerebro y su función. En algunos casos, la acumulación de ciertos tipos de neurotransmisores como la dopamina, una prima placentera de la adrenalina, parece realmente impulsar el encendido o apagado de ciertos genes particulares, lo que fortalece aún más la ansiedad por la sustancia. Los caminos vitales se vuelven letales.

También existe potencial para adaptaciones neuroplásticas no deseadas en el funcionamiento cotidiano y normal de nuestras mentes. Los experimentos demuestran que, al igual que el cerebro puede crear nuevos circuitos o fortalecerlos a través de la práctica física o mental, a los circuitos puede debilitarlos o disolverlos la negligencia. «Si dejamos de ejercer nuestra capacidad mental —escribe Doidge—, el cerebro no se limita a olvidar: el espacio que dedicaba a las viejas habilidades se entrega a las nuevas habilidades que se practican en su lugar»[36]. Jeffrey Schwartz, catedrático de Psiquiatría en la facultad de Medicina de la UCLA, ha definido este proceso como «la supervivencia de los más activos»[37]. Las habilidades mentales que sacrificamos pueden ser tan valiosas, o incluso más, que las ganadas. Cuando se trata de la *calidad* de nuestro pensamiento, nuestras neuronas y las sinapsis son completamente indiferentes. La posibilidad de deterioro intelectual es inherente a la plasticidad de nuestro cerebro. Eso no significa que no podamos esforzarnos una vez más en redirigir nuestras señales neuronales para reconstruir las habilidades perdidas.

Sí significa que las trayectorias vitales de nuestro cerebro serán, como entendía Monsieur Dumont, los caminos de menor resistencia. Serán los caminos que la mayoría de nosotros tome la mayoría de las veces; y cuanto más avancemos por ellos, más difícil nos será dar marcha atrás.

SOBRE QUÉ PIENSA EL CEREBRO CUANDO PIENSA ACERCA DE SÍ MISMO

La función del cerebro, creía Aristóteles, era impedir que el cuerpo se sobrecalentara. «Compuesta de tierra y agua», la materia cerebral «atempera el calor hirviente del corazón», escribió en *Las partes de los animales*, un tratado de anatomía y fisiología. La sangre se eleva desde el «fuego» que hay en la región del pecho hasta llegar a la cabeza, donde el cerebro reduce su temperatura «a la moderación». La sangre así enfriada fluye luego hacia abajo por el resto del cuerpo. El proceso, sugiere Aristóteles, era similar al que «se da en la producción de lluvias. Pues cuando el vapor asciende de la tierra llevado por efecto del calor a las regiones superiores, tan pronto como llega al aire frío que está por encima de la tierra, se condensa de nuevo en agua debido a la refrigeración, y vuelve a la tierra en forma de lluvia». La razón por la cual el hombre tiene «el mayor cerebro en proporción al tamaño de su cuerpo» es que «la región del corazón y del pulmón es más caliente y más rica en sangre en el hombre que en cualquier otro animal». Parecía obvio a Aristóteles que el cerebro no podía ser «el órgano de la sensación», como había conjeturado Hipócrates, entre otros, ya que «cuando se lo toca, no se produce ninguna sensación». En su insensibilidad «se parece —escribió— a la sangre de los animales y a sus excrementos».

Es fácil, hoy en día, reírse del error de Aristóteles. Pero también es fácil entender cómo el gran filósofo fue llevado tan lejos del buen camino. El cerebro, embalado cuidadosamente en la caja de hueso que es el cráneo, no nos da ninguna señal sensorial de su existencia. Sentimos latir nuestro corazón, expandirse nuestros pulmones, revolvérsenos el estómago; pero nuestro cerebro, a falta de movilidad y terminaciones nerviosas sensoriales, sigue siendo imperceptible para nosotros. El origen de la conciencia está más allá del alcance de la conciencia. Los médicos y los filósofos, desde los tiempos clásicos, pasando por la Ilustración, tuvieron que deducir la función del cerebro mediante el examen y disección de las acumulaciones de tejido gris encontradas en los cráneos de los cadáveres y otros animales muertos. Lo que veían reflejaba, por lo general, sus suposiciones sobre la naturaleza humana o, más generalmente, la naturaleza del cosmos. Como describe Robert Martensen en *The Brain Takes Shape* [El cerebro toma forma], encajarían la estructura visible del cerebro en su metáfora metafísica preferida, organizando las partes físicas del órgano «a fin de representar la similitud de acuerdo a sus propios términos»[1].

Escribiendo casi dos mil años después de Aristóteles, Descartes evocaba otra metáfora líquida para explicar la función del cerebro. Para él, el cerebro era un componente de una compleja «máquina» hidráulica cuyo funcionamiento se parecía al de las «fuentes de los jardines reales». El corazón bombea sangre al cerebro, donde, en la glándula pineal, se transformaría, por medio de la presión y el calor, en «espíritus animales», que a su vez viajarían a través de «las tuberías» de los nervios. «Las cavidades y los poros» del cerebro servían de «aberturas» para regular el flujo de los espíritus animales en el resto del cuerpo[2]. La explicación de Descartes del papel del cerebro se ajustaba perfectamente a su cosmología mecanicista, en la que, como escribe Martensen, *«todos* los órganos funcionaban de forma dinámica obedeciendo a propiedades ópticas y geométricas» dentro de sistemas autónomos[3].

Nuestros microscopios, escáneres y sensores modernos nos han desengañado de la mayoría de las nociones viejas y fantasiosas sobre el funcionamiento del cerebro. Pero la cualidad extrañamente remota del cerebro —el modo en que parece a la vez formar parte de nosotros y estar apartado de nosotros— sigue influyendo de manera sutil en nuestras percepciones. Tenemos la sensación de que nuestro cerebro existe en un estado de espléndido aislamiento, que su naturaleza fundamental es inmune a los caprichos de nuestro día a día. Si bien sabemos que nuestro cerebro es un monitor exquisitamente sensible de la experiencia, queremos creer que está más allá de la influencia de la experiencia. Queremos creer que las impresiones que nuestro cerebro registra como sensaciones y almacena como recuerdos no dejan huella física en su propia estructura. Creer lo contrario, nos parece, pone en tela de juicio la integridad del yo.

Eso fue sin duda lo que sentí yo cuando me empecé a preocupar porque mi uso de Internet pudiera estar cambiando la forma en que mi cerebro procesaba la información. Me resistí a la idea en un principio. Parecía absurdo pensar que jugando con un ordenador, una simple herramienta, pudiera alterar de ninguna manera profunda o duradera lo que estaba pasando dentro de mi cabeza. Pero me equivocaba. Como han descubierto los neurólogos, el cerebro —y la mente que alumbra— es una tarea en constante progreso. Esto no sólo se cumple para cada uno de nosotros como individuos. Se cumple para todos nosotros como especie.

3. Las herramientas de la mente

Una niña toma un lápiz de colores de una caja y garabatea un círculo amarillo en la esquina de un papel: es el sol. Coge otro lápiz y dibuja una línea ondulada verde a través del centro de la página: es el horizonte. Luego dibuja dos líneas marrones que confluyen en un pico irregular: se trata de una montaña. Al lado de la montaña, dibuja un desigual rectángulo negro coronado por un triángulo rojo: su casa. La niña crece. Va a la escuela. Dibuja de memoria la silueta del mapa de su país. Lo divide, a grandes rasgos, en un conjunto de formas que representan sus divisiones administrativas. Y dentro de una de ellas dibuja una estrella de cinco puntas para marcar su pueblo. La niña sigue creciendo. Estudia para agrimensora. Compra un conjunto de precisos instrumentos que utiliza para medir los límites y contornos de una propiedad. Con la información que se procura, traza un plano preciso de la parcela, que luego se convertirá en un modelo para que otros puedan tasarla.

Nuestra madurez intelectual como personas puede remontarse a la forma en que trazamos dibujos o mapas de nuestro entorno. Comenzamos con representaciones primitivas y literales del terreno que vemos a nuestro alrededor, y vamos avanzando hacia representaciones, cada vez más precisas y abstractas, del espacio geográfico y topográfico. Es decir, avanzamos de la representación de lo que vemos a la elaboración de lo que sabemos. Vincent Virga, experto en cartografía afiliado a la Biblioteca del Congreso, ha observado que las etapas del desarrollo de nuestras habilidades cartográficas son muy similares a las etapas generales del desarrollo cognoscitivo infantil establecidas por el psicólogo suizo Jean Piaget en el siglo xx. Pasamos de la percepción egocéntrica, puramente sensorial, que el niño tiene del mundo al análisis más abstracto y objetivo de la experiencia en la juventud. «Al principio —escribe Virga al describir cómo va avanzando la pericia de los niños en el trazado de mapas— las percepciones no se corresponden con las capacidades de representación; y sólo se presentan las más simples relaciones topográficas, sin tener en cuenta perspectivas ni distancias. A continuación evoluciona cierto "realismo" intelectual que representa todo lo conocido con crecientes relaciones proporcionales. Y, por último, aparece una representación visual "realista", [que emplea] cálculos científicos para su consecución»[1].

Al pasar por este proceso de maduración intelectual, cada uno de nosotros representa toda la historia de la cartografía. Los primeros mapas de la humanidad se trazaron en tierra con un palo o se tallaron en piedra con otra piedra; eran tan rudimentarios como los garabatos de los chiquillos. Con el tiempo los dibujos se hicieron más realistas, describiendo las proporciones reales de un espacio que a menudo se extendía mucho más allá de lo que podría ver el ojo. Más avanzado el tiempo, el realismo se convirtió en ciencia, tales eran su precisión y su abstracción. El cartógrafo comenzó a utilizar herramientas sofisticadas, como la brújula y el teodolito, para medir ángulos, confiando en cómputos y fórmulas de género matemático. Finalmente, en un salto intelectual más, los mapas llegaron a utilizarse no sólo para representar en minucioso detalle vastas regiones de la Tierra o del firmamento, sino también para expresar ideas: un plan de batalla, el análisis de la propagación de una epidemia, una previsión del crecimiento de la población. «El proceso intelectual de transformar la experiencia *en* el espacio en una abstracción *del* espacio representa una revolución de los modos de pensar», escribe Virga[2].

Los avances históricos en cartografía no se limitaron a reflejar el desarrollo de la mente humana. Además ayudaron a impulsar y orientar los mismos avances intelectuales que documentaban. El mapa es un medio que no sólo almacena y transmite información, sino que también incorpora un modo particular de ver y pensar. A medida que progresaba la cartografía, la difusión de los mapas difundía a su vez la manera distintiva que un cartógrafo tenía de percibir y dar sentido al mundo. Cuanto más consultaba la gente aquellos mapas, más entrenaba su mente para comprender la realidad basándose en ellos y en su lenguaje. La influencia de los mapas iba mucho más allá de su empleo práctico en el establecimiento de límites de propiedad y el trazado de rutas. «El uso de un espacio reducido para sustituir al de la realidad —explica el historiador de la cartografía Arthur Robinson— es un acto impresionante en sí mismo». Pero aún más impresionante es que el mapa «impulsara la evolución del pensamiento abstracto» en toda la sociedad. «La combinación de la reducción de la realidad con la construcción de un espacio analógico es un logro de un orden muy elevado en el pensamiento abstracto —escribe Robinson— porque permite descubrir estructuras que se desconocerían si no fueran asignadas»[3]. La tecnología del mapa dotó al hombre de una mente nueva y más comprensiva, más apta para entender las fuerzas invisibles que dan forma a su entorno y su existencia.

Lo que hizo el mapa con el espacio —traducir un fenómeno natural a una concepción artificial e intelectual de dicho fenómeno— lo hizo otra tecnología, el reloj mecánico, con el tiempo. Durante la mayor parte de la historia humana, las personas experimentaban el tiempo como un flujo continuo y cíclico. En la medida en que el tiempo «se tenía en cuenta», esta cuenta se llevaba con instrumentos que hacían hincapié en este proceso natural: relojes de sol alrededor de los cuales se desplazaban las sombras, relojes de arena por donde se deslizaba la arena, clepsidras a través de las que corría el agua. No había ninguna necesidad especial de medir el tiempo con precisión ni de fragmentar un día en pedacitos. Para la mayoría de las personas, los movimientos del Sol, la Luna y las estrellas eran el único reloj que necesitaban. La vida, en palabras del medievalista francés Jacques Le Goff, «transcurría dominada por los ciclos de la agricultura, indiferente a la exactitud, despreocupada por la productividad»[4].

Esto comenzó a cambiar en la segunda mitad de la Edad Media. Las primeras personas en exigir una medición más precisa del tiempo fueron los monjes cristianos, cuya vida giraba en torno a un riguroso horario de oración. En el siglo VI, san Benito había ordenado a sus seguidores celebrar siete misas de oración en momentos específicos del día. Seiscientos años después los cistercienses dieron un nuevo énfasis a la puntualidad, dividiendo el día en una secuencia de actividades reglamentadas y considerando cualquier retraso o pérdida de tiempo como una afrenta a Dios. Impulsados por una necesidad de exactitud temporal, los monjes tomaron la iniciativa en el interés por la relojería. Fue en los monasterios donde empezaron a montarse los primeros relojes mecánicos, que regían sus movimientos mediante un balanceo de contrapesos; y en los campanarios donde primero sonaron las horas en que la gente daría en parcelar sus vidas.

El deseo de medir el tiempo con precisión se difundió fuera de los monasterios. Las cortes reales y principescas de Europa, cuyas riquezas premiaban los dispositivos más recientes e ingeniosos, empezaron a codiciar los relojes e invertir en su perfeccionamiento y fabricación. A medida que la gente se trasladaba del campo a la ciudad y comenzaba a trabajar en los mercados, talleres y fábricas en lugar de arar los campos, sus días iban rebajándose en segmentos cada vez más finamente divididos, anunciado cada uno de ellos por el tañido de una campana. Como describe David Landes en *Revolución en el tiempo,* su historia de la relojería, «las campanas marcaban el inicio de las labores, las pausas para comer, el fin del trabajo, el cierre de las puertas, la apertura y el cierre del mercado, las reuniones y asambleas, las situaciones de emergencia, las

sesiones del concejo, el cierre de las tabernas, las horas de lim-
pieza urbana, el toque de queda y así sucesivamente, mediante una extraordinaria variedad de repiques especiales en cada
pueblo y ciudad»[5].

La necesidad de una estricta planificación y sincronización
del trabajo, el transporte, la devoción e incluso el ocio impul-
saron rápidos avances en la tecnología del reloj. Ya no bastaba
con que cada pueblo o parroquia siguiera su propio reloj. La
hora tenía que ser la misma en todas partes, en interés del comercio y la industria. Las unidades de tiempo se estandariza-
ron —segundos, minutos, horas— y los mecanismos del reloj
se ajustaron para medir esas unidades con una precisión mucho mayor. Para el siglo XIV el reloj mecánico se había convertido en algo común, una herramienta casi universal para coordinar el complejo funcionamiento de la nueva sociedad
urbana. Las ciudades competían entre sí para instalar los relojes más elaborados en las torres de sus ayuntamientos, iglesias
o palacios. «Ninguna comunidad europea —ha señalado el
historiador Lynn White— se sentía capaz de mantener la cabeza alta a menos que en su centro urbano los planetas gira-
sen en ciclos y epiciclos, los ángeles tocasen sus trompetas, los
gallos cantasen y los apóstoles, reyes y profetas marcharan y
contramarcharan al compás de las horas»[6].

Los relojes no sólo ganaron en precisión y ornamento.
También se volvieron más pequeños y económicos. Los avances de la miniaturización condujeron al desarrollo de relojes
asequibles que la gente pudiera meter en las habitaciones de
sus casas o incluso llevarse puestos consigo. Si la proliferación
de relojes públicos les cambió la forma de trabajar, comprar,
actuar y por lo demás comportarse como miembros de una
sociedad cada vez más regulada, la propagación de herramientas más personales para el seguimiento del tiempo —ca-
rillones, relojes de bolsillo y, más tarde, de pulsera— tendría
consecuencias más íntimas. El reloj personal se convirtió, escribe Landes, en «un compañero y vigilante, siempre visible y
audible». Al recordar permanentemente a su propietario «el

tiempo utilizado, el tiempo pasado, el tiempo malgastado o perdido», se volvió «un acicate clave para la realización personal y la productividad». La «personalización» de la medición precisa del tiempo «fue un importante estímulo para el individualismo, aspecto sobresaliente de la civilización occidental»[7].

El reloj mecánico cambió nuestra forma de vernos. Y al igual que el mapa, cambió la forma en que pensamos. Una vez que el reloj había redefinido el tiempo como una serie de unidades de igual duración, en nuestra mente comienza a destacar el metódico trabajo mental de la división y la medición. Empezamos a ver, en todas las cosas y fenómenos, las piezas que componen el conjunto, y luego empezamos a mirar los componentes de que constaban estas piezas. Nuestro pensamiento se volvió aristotélico en su énfasis en discernir patrones abstractos detrás de las superficies visibles del mundo material. El reloj desempeña un papel crucial en la salida de la Edad Media y la entrada en el Renacimiento y la Ilustración. En *Técnica y civilización*, meditación de 1934 sobre las consecuencias de la tecnología sobre la vida humana, Lewis Mumford describió cómo el reloj «ayudó a crear la creencia en un mundo independiente, que obedece a secuencias matemáticamente mensurables». El «marco abstracto del tiempo dividido» se convirtió en «punto de referencia para la acción y el pensamiento»[8]. Independiente de las cuestiones prácticas que inspiraron la creación de una máquina para registrar el tiempo y regir su curso cotidiano, el metódico tictac del reloj alumbró el espíritu moderno de la mente científica y el hombre de ciencia.

Toda tecnología es expresión de la voluntad humana. Con nuestras herramientas buscamos ampliar nuestro poder y control sobre nuestra circunstancia —sobre la naturaleza, sobre el tiempo y la distancia, sobre el prójimo—. Nuestras tecnologías se pueden dividir, a grandes rasgos, en cuatro categorías, según su forma de complementar o ampliar nuestras capacidades innatas. Un primer conjunto, que abarca el arado, la aguja de zurcir y el avión de combate, aumenta nuestra fuerza y resistencia físicas, nuestra destreza y nuestra capacidad de recuperación. Un segundo grupo, que incluye el microscopio, el amplificador y el contador Geiger, extiende el alcance o la sensibilidad de nuestros sentidos. Un tercer grupo, que abarca tecnologías como el embalse hidráulico, la píldora anticonceptiva y la planta de maíz genéticamente modificada, nos permite remodelar la naturaleza para servir mejor a nuestras necesidades o deseos.

El mapa y el reloj pertenecen a la cuarta categoría, la que podríamos llamar, por usar un término utilizado en sentido ligeramente diferente por el antropólogo Jack Goody y el sociólogo Daniel Bell, «tecnologías intelectuales». Éstas incluyen todas las herramientas que utilizamos para ampliar o apoyar nuestra capacidad mental: para encontrar y clasificar la información, para formular y articular ideas, para compartir métodos y conocimientos, para tomar medidas y realizar cálculos, para ampliar la capacidad de nuestra memoria. La máquina de escribir es una tecnología intelectual. Lo mismo ocurre con el ábaco y la regla de cálculo, el sextante y el globo terráqueo, el libro y el periódico, la escuela y la biblioteca, la computadora e Internet. Aunque el uso de cualquier tipo de herramienta puede influir en nuestros pensamientos y perspectivas —el arado cambió la perspectiva del agricultor, el microscopio abrió nuevos mundos a la exploración mental de los científicos—, nuestras tecnologías intelectuales ejercen el poder más grande y duradero sobre qué y cómo pensamos. Son nuestras herramientas más íntimas, las que utilizamos para la autoexpresión, para dar forma a la identidad personal y pública, para cultivar nuestras relaciones con los demás.

Lo que Nietzsche sintió al teclear sus palabras sobre el papel sujeto en su máquina de escribir —que las herramientas que usamos para escribir, leer y manipular la información trabajan nuestra mente tanto como nuestra mente trabaja con ellas— es un tema clave de nuestra historia intelectual y cultural. Como ejemplifican las historias del mapa y el reloj mecánico, las tecnologías intelectuales, cuando alcanzan un uso generalizado, a menudo fomentan nuevas formas de pensar o extienden a la población en general formas establecidas de pensamiento que antes se habían limitado a una pequeña élite. Toda tecnología intelectual, por decirlo de otra manera, encarna una ética intelectual, un conjunto de supuestos acerca de cómo funciona o debería funcionar la mente humana. El mapa y el reloj compartían una ética similar. Ambos ponían un nuevo énfasis en la medición y la abstracción, en la percepción y la definición de formas y procesos, que iban más allá de lo evidente a los sentidos.

La ética intelectual de una tecnología rara vez es reconocida por sus inventores. Por lo general están tan concentrados en resolver un problema particular o desenredar algunos espinosos dilemas científicos o de ingeniería, que no ven las consecuencias más amplias de su trabajo. Los usuarios de la tecnología también son generalmente ajenos a su ética. También ellos están más centrados en los beneficios prácticos que adquieren al emplear la herramienta. Nuestros antepasados no desarrollaron o utilizaron los mapas con el fin de aumentar su capacidad de pensamiento conceptual o de sacar a la luz las estructuras ocultas del mundo. Tampoco fabricaron relojes mecánicos para estimular la adopción de un modo más científico de pensar. Ésos fueron subproductos de sus tecnologías. Pero ¡menudos subproductos! En última instancia, la ética intelectual de una invención es lo que surte el efecto más profundo sobre nosotros. La ética intelectual es el mensaje que transmite una herramienta o medio a las mentes y la cultura de sus usuarios.

Durante siglos, historiadores y filósofos han trazado y debatido el papel de la tecnología en la formación de la civilización. Algunos han identificado en ella lo que el sociólogo Thorstein Veblen denominaba «determinismo tecnológico», argumentando que el progreso tecnológico, que ellos veían como fuerza autónoma externa al control del hombre, ha sido el principal factor que determina el curso de la historia humana. Karl Marx dio voz a este punto de vista cuando escribió: «El molino de viento produce una sociedad con señores feudales; el telar de vapor produce una sociedad con capitalismo industrial»[9]. Ralph Waldo Emerson fue más delicado: «Las cosas están en la silla / donde la humanidad cabalga»[10]. En la expresión más extrema de esta visión determinista, los seres humanos se convierten en poco más que «órganos sexuales de un mundo mecanizado», como memorablemente escribió McLuhan en el capítulo sobre el amante de los artilugios de *Comprender los medios de comunicación*[11]. Nuestra función esencial es producir máquinas cada vez más sofisticadas —«fecundar» a las máquinas como las abejas fecundan a las plantas— hasta que la tecnología haya desarrollado la capacidad de reproducirse por sí misma. En ese momento, llegamos a ser prescindibles.

En el otro extremo del espectro están los instrumentalistas, personas que, como David Sarnoff, minimizan el poder de la tecnología, en la creencia de que las herramientas son artefactos neutrales, totalmente subordinados a los deseos conscientes de sus usuarios. Nuestros instrumentos son los medios que usamos para lograr nuestros fines, y como tales, carecen de fines propios. El instrumentalismo es la opinión más extendida sobre la tecnología, entre otras cosas porque es la opinión que preferiríamos ver confirmada. La idea de que estamos de alguna manera controlados por nuestras herramientas es anatema para la mayoría de la gente. «La tecnología es tecnología —declaró el crítico de medios de comunicación James Carey—; es un medio de comunicación y transporte en el espacio, y nada más»[12].

El debate entre deterministas e instrumentalistas es esclarecedor. Ambas partes esgrimen argumentos de peso. Si nos fijamos en una determinada tecnología en un momento dado, ciertamente parece que, como aseguran los instrumentalistas, nuestras herramientas están firmemente bajo nuestro control. Todos los días cada uno de nosotros debe tomar decisiones conscientes sobre qué herramientas usar y cómo. También las sociedades adoptan decisiones deliberadas acerca de cómo implementar diferentes tecnologías. Los japoneses, para conservar la cultura samurái tradicional, prohibieron el uso de armas de fuego en su país durante dos siglos. Algunas comunidades religiosas, como las viejas comunidades amish que viven en Norteamérica, rechazan los coches de motor y otras tecnologías modernas. Todos los países imponen restricciones legales o de otro tipo sobre el uso de ciertas herramientas.

Pero si uno adopta una perspectiva histórica o social más amplia, los postulados deterministas ganan credibilidad. Que individuos y comunidades puedan adoptar decisiones muy diferentes acerca de las herramientas que utilizan no significa que, como especie, hayamos ejercido mucho control sobre el rumbo o el ritmo del progreso tecnológico. Cuesta mucho sostener el argumento de que «elegimos» usar mapas y relojes (como si alguien hubiera podido optar por no hacerlo). Aún más difícil resulta aceptar que «elegimos» los efectos secundarios de gran cantidad de esas tecnologías, muchos de los cuales, como hemos visto, resultaban totalmente inesperados cuando las tecnologías se empezaron a usar. «Si algo demuestra nuestra experiencia de la sociedad moderna —observa el politólogo Langdon Winner— es que las tecnologías no son sólo ayudas a la actividad humana, sino también fuerzas poderosas que actúan para cambiar la forma de esa actividad y su significado»[13]. Aun cuando rara vez seamos conscientes de esta realidad, muchas rutinas de nuestra vida siguen caminos establecidos por tecnologías que se empezaron a usar mucho antes de que naciéramos. Es una exageración decir que la tecnología avanza de forma autónoma —nuestra adopción y uso de herramientas están muy influenciados por consideraciones económicas, políticas y demográficas—, pero no es descabellado decir que el progreso tiene su propia lógica, y que ésta no siempre es coherente con las intenciones o deseos de los fabricantes y los usuarios de la herramienta. A veces nuestras herramientas hacen lo que les decimos. Otras somos nosotros quienes nos adaptamos a las necesidades de nuestros instrumentos.

El conflicto entre deterministas e instrumentalistas nunca se resolverá. Después de todo, se trata de dos puntos de vista radicalmente diferentes sobre la naturaleza y el destino de la humanidad. El debate atañe tanto a la fe como a la razón. Pero hay una cosa en la que deterministas e instrumentalistas se ponen de acuerdo: los avances tecnológicos a menudo marcan puntos de inflexión en la historia. Las nuevas herramientas para la caza y la agricultura trajeron consigo cambios en los patrones de crecimiento de la población, los asentamientos y el trabajo. Los nuevos medios de transporte expandieron y reorganizaron el comercio. Los nuevos armamentos alteraron el equilibrio de poder entre los Estados. Otros avances, en campos tan diversos como la medicina, la metalurgia y el magnetismo, cambiaron de innumerables formas la vida de las personas y continúan haciéndolo a fecha de hoy. En gran medida, la civilización ha asumido su forma actual como resultado de las tecnologías que ha acabado utilizando.

Más difícil de discernir es la influencia de las tecnologías, en particular las intelectuales, sobre el funcionamiento del cerebro de las personas. Podemos ver los productos del pensamiento —obras de arte, descubrimientos científicos, símbolos conservados en documentos—, pero no el pensamiento mismo. Hay un montón de organismos fosilizados, pero no hay mentes fosilizadas. «Con mucho gusto desarrollaría en gradual calma una historia natural de la inteligencia —escribió Emerson en 1841—, pero ¿qué hombre ha sido capaz de marcar los pasos y los límites de tan transparente esencia?»[14].

Hoy, por fin, la niebla que ha oscurecido la interacción entre la tecnología y la mente está empezando a disiparse. Los recientes descubrimientos sobre la neuroplasticidad hacen más visible la esencia del intelecto, y más fácil de marcar sus pasos y límites. Nos dicen que las herramientas que el hombre ha utilizado para apoyar o ampliar su sistema nervioso —aquellas tecnologías que a través de la historia han influido en cómo encontramos, almacenamos e interpretamos la información, en cómo dirigimos nuestra atención y empleamos nuestros sentidos, en cómo recordamos y cómo olvidamos— han conformado la estructura física y el funcionamiento de la mente humana. Su uso ha fortalecido algunos circuitos neuronales y debilitado otros, ha reforzado ciertos rasgos mentales, dejando que otros se desvanezcan. La neuroplasticidad proporciona el eslabón perdido que nos faltaba para comprender cómo los medios informativos y otras tecnologías intelectuales han ejercido su influencia sobre el desarrollo de la civilización, ayudando a orientar, a nivel biológico, la historia de la conciencia humana.

Sabemos que la forma básica del cerebro humano no ha cambiado mucho en los últimos 40.000 años[15]. La evolución a nivel genético se desarrolla con una lentitud exquisita, al menos en relación con la medida humana del tiempo. Pero también sabemos que a través de los milenios los seres humanos han cambiado de formas de pensar y actuar casi más allá de lo reconocible. Como observa H. G. Wells a propósito de la humanidad en su obra *El cerebro del mundo* (1938), «su vida social, sus costumbres, han cambiado por completo, incluso se han visto revertidas e invertidas, mientras que su herencia genética parece haber cambiado muy poco o nada desde finales de la Edad de Piedra»[16]. Nuestros nuevos conocimientos acerca de la neuroplasticidad desentrañan este enigma. Las barreras intelectuales y conductuales establecidas por nuestro código genético no son nada estrechas; y el volante lo llevamos nosotros. A través de lo que hacemos y cómo lo hacemos —momento a momento, día a día, consciente o inconscientemente— alteramos los flujos químicos de nuestras sinapsis, cambiando efectivamente nuestros cerebros. Y cuando pasamos nuestros hábitos de pensamiento a nuestros hijos, a través del ejemplo que les damos, la educación que les proporcionamos y los medios de comunicación a que están expuestos, también les estamos pasando las modificaciones en la estructura de nuestros cerebros.

Aunque el funcionamiento de nuestra materia gris aún está fuera del alcance instrumental de los arqueólogos, hoy sabemos no sólo que probablemente el uso de tecnologías intelectuales formula y reformula los circuitos de la cabeza, sino que además tenía que ser así. Tanta experiencia repetida influye en nuestras sinapsis; y las transformaciones provocadas por el uso recurrente de herramientas que amplían o complementan nuestro sistema nervioso deben de ser particularmente pronunciadas. Y aunque no se puedan documentar, a nivel físico, los cambios en el pensamiento que se produjeron en el pasado distante, siguen pudiendo encontrarse en el presente. Tenemos, por ejemplo, evidencia directa del continuo proceso de regeneración y degeneración cerebrales que se produce cuando un ciego aprende a leer en braille, que después de todo es una tecnología, un medio de información.

Sabiendo lo que sabemos de los taxistas de Londres, podemos afirmar que a medida que la gente se volvió más dependiente de los mapas, en lugar de fiar a sus propios recuerdos la navegación de su entorno, experimentó casi con toda seguridad cambios anatómicos y funcionales en el hipocampo y otras áreas del cerebro relacionadas con la representación espacial y la memoria. Es muy probable que se redujeran los circuitos dedicados al mantenimiento de las representaciones del espacio, mientras que las áreas empleadas para descifrar la información visual compleja y abstracta probablemente se ampliaran o reforzaran. También sabemos ahora que los cambios cerebrales que estimula el uso de mapas pueden desplegarse para otros fines, lo que ayuda a explicar cómo el pensamiento abstracto, en general, podría verse favorecido por la difusión de la cartografía.

Nuestra adaptación mental y social a las nuevas tecnologías intelectuales se refleja y refuerza en el cambio de las metáforas que usamos para describir y explicar el funcionamiento de la naturaleza. Una vez que los mapas se habían convertido en algo común, la gente comenzó a imaginar cartográficamente todo tipo de relaciones naturales y sociales, como un conjunto de convenciones fijas, limitadas al espacio real o figurado. Empezamos a «proyectar» nuestras vidas, nuestras esferas sociales, incluso nuestras ideas. Bajo la influencia del reloj mecánico, la gente comenzó a pensar en el funcionamiento de sus cerebros, de sus cuerpos, de todo el universo, como en el de un reloj. En los engranajes bien interconectados del reloj, que giran de acuerdo con las leyes de la física y conforman una larga y verificable cadena de causas y efectos, nos encontramos con una metáfora mecanicista que parecía explicar el funcionamiento de todas las cosas, así como las relaciones entre ellas. Dios se convirtió en el Gran Relojero. Su creación ya no era un misterio que había que aceptar. Era un rompecabezas que resolver. Descartes escribió en 1646: «Sin duda, cuando las golondrinas llegan en primavera, es que funcionan como relojes»[17].

El mapa y el reloj cambiaron indirectamente el idioma, al sugerir nuevas metáforas para describir los fenómenos naturales. Otras tecnologías intelectuales cambiaron el idioma de forma más directa, y más profundamente, alterando de hecho nuestra forma de hablar y escuchar o de leer y escribir. Podían ampliar o comprimir nuestro vocabulario, modificar las normas de la dicción o el orden de las palabras, fomentar que la sintaxis sea más sencilla o más compleja. Puesto que el lenguaje es, para los seres humanos, el principal vaso de su pensamiento consciente, en particular las formas superiores de pensamiento, las tecnologías que reestructuran el lenguaje tienden a ejercer la mayor influencia sobre nuestra vida intelectual. Como explica el investigador clásico Walter J. Ong, «las tecnologías no son meras ayudas exteriores, sino también transformaciones interiores de la conciencia, y nunca más que cuando afectan a la palabra»[18]. La historia de la lengua es también una historia de la mente.

El lenguaje en sí mismo no es una tecnología. Es innato a nuestra especie. Nuestros cuerpos y cerebros han evolucionado para hablar y escuchar palabras. Un niño aprende a hablar sin instrucción, como un polluelo aprende a volar. Como la lectura y la escritura se han vuelto tan consustanciales a nuestra identidad y nuestra cultura, es fácil suponer que también son talentos innatos. Pero no es así. Leer y escribir son actos contra natura, sólo posibles por el desarrollo a propósito del alfabeto y de muchas otras tecnologías. Nuestras mentes tienen que aprender a traducir los caracteres simbólicos que vemos al lenguaje que entendemos. Lectura y escritura requieren educación y práctica, una conformación deliberada del cerebro.

Las pruebas de este proceso de conformación son visibles en muchos estudios neurológicos. Los experimentos han revelado que el cerebro de los alfabetizados se diferencia del de los analfabetos de varias maneras; no sólo por su forma de entender el lenguaje, sino también por cómo procesan las señales visuales, cómo razonan y cómo forman los recuerdos. «Se ha demostrado que aprender a leer —informa la psicóloga mexicana Feggy Ostrosky-Solís— conforma poderosamente el sistema neuropsicológico del adulto»[19]. Las exploraciones del cerebro también han revelado que las personas cuya lengua escrita emplea símbolos logográficos o ideogramas, caso del chino, trazan unos circuitos mentales de lectura que difieren considerablemente de los circuitos que se encuentran en personas cuya lengua escrita emplea el alfabeto fonético. Como explica la psicóloga de la Universidad de Tufts, Maryanne Wolf, en su libro sobre la neurociencia de la lectura *Cómo aprendemos a leer*, «aunque toda lectura hace uso de algunas partes de los lóbulos frontales y temporales para la planificación y el análisis de los sonidos y los significados de las palabras, los sistemas logográficos parecen activar partes muy distintivas de estas áreas, en particular las regiones que participan en habilidades de la memoria motriz»[20]. Se han documentado diferencias en la actividad cerebral incluso entre lectores de diferentes lenguas alfabéticas. Los lectores de inglés, por ejemplo, elaboran más en las áreas del cerebro asociadas con descifrar las formas visuales que los lectores en lengua italiana. La diferencia radica, según se cree, en el hecho de que las palabras inglesas a menudo presentan una forma que no hace evidente la predicción de su sonido, mientras que las palabras italianas tienden a escribirse exactamente como se pronuncian[21].

Los ejemplos más tempranos de escritura se remontan muchos miles de años. Ya hacia el 8000 a. C. la gente utilizaba fichas de arcilla grabadas con símbolos sencillos para llevar el cómputo de sus reses y otros bienes. Incluso la interpretación de estas rudimentarias marcas requirió el desarrollo de nuevas y extensas vías neuronales en los cerebros de la gente, conectar la corteza visual con las cercanas áreas del cerebro que interpretan los símbolos. Los estudios modernos demuestran que, cuando nos fijamos en símbolos significativos, la actividad neuronal a lo largo de estas vías se duplica o triplica en relación con la que presenta ante garabatos sin sentido. Como describe Wolf, «nuestros antepasados sabían leer estas tablillas porque sus cerebros eran capaces de conectar sus regiones visuales básicas con las regiones adyacentes dedicadas a un procesamiento visual y conceptual más sofisticado»[22]. Estas conexiones, que la gente legó a sus hijos cuando les enseñó a utilizar las tablillas, formaron el cableado básico de la lectura.

La tecnología de la escritura dio un paso importante hacia finales del cuarto milenio antes de Cristo. Fue entonces cuando los sumerios, que vivían entre los ríos Tigris y Éufrates, en lo que hoy es Irak, comenzaron a escribir con un sistema de símbolos en forma de cuña, llamado cuneiforme, mientras que no tan lejos al oeste los jeroglíficos egipcios desarrollaban formas cada vez más abstractas para representar objetos e ideas. Los sistemas de escritura cuneiforme y jeroglífica incorporaban muchos caracteres logosilábicos, denotando no sólo cosas, sino también sonidos del habla. Éstos exigían al cerebro un esfuerzo mucho mayor que un simple símbolo de contabilidad. Para que el lector pudiera interpretar el significado de un carácter dado, antes tenía que analizarlo a fin de averiguar cómo se estaba utilizando. Los sumerios y los egipcios tuvieron que desarrollar circuitos neuronales que, según Wolf, literalmente «entrecruzan» la corteza para enlazar áreas relacionadas no sólo con ver y dar sentido, sino también con la audición, el análisis espacial y la adopción de decisiones[23]. Cuando estos sistemas logosilábicos se ampliaron a cientos de caracteres, su memorización e interpretación llegó a ser tan exigente que su uso probablemente estaba restringido a una élite intelectual con una disponibilidad de tiempo y una capacidad mental privilegiadas. Para que la tecnología de escritura avanzara más allá de los modelos sumerios y egipcios, para que se convirtiera en una herramienta utilizada por los más antes que por unos pocos, tenía que simplificarse mucho.

Ello no ocurrió hasta fecha relativamente reciente —hacia el 750 a. C.—, cuando los griegos inventaron el primer alfabeto fonético completo. El alfabeto griego tuvo muchos precursores, especialmente el sistema de letras desarrollado por los fenicios unos siglos antes, pero los lingüistas están de acuerdo en que fue el primero en incluir caracteres que representaran sonidos de vocales así como consonantes. Los griegos analizaron todos los sonidos o fonemas que se utilizan en el lenguaje hablado, y fueron capaces de representarlos todos con sólo veinticuatro caracteres, lo que hacía de su alfabeto un sistema completo y eficiente para la escritura y la lectura. La «economía de caracteres», escribe Wolf, reducía «el tiempo y la atención necesarios para un reconocimiento rápido» de los símbolos y por lo tanto consumía «menos recursos a la percepción y a la memoria». Recientes estudios han revelado que el cerebro necesita activarse mucho menos en la lectura de palabras formadas por letras fonéticas que al interpretar logogramas o símbolos pictóricos[24].

El alfabeto griego se convirtió en el modelo para la mayoría de los alfabetos occidentales posteriores, incluido el latino que todavía utilizamos hoy en día. Su llegada marcó el inicio de una de las revoluciones más trascendentales de la historia intelectual: el cambio de una cultura oral, en la que el conocimiento se intercambiaba sobre todo mediante el habla, a una cultura literaria, en la que la escritura se convirtió en el principal medio de expresión del pensamiento. Fue una revolución que con el tiempo cambiaría la vida y el cerebro de casi toda la humanidad, pero la transformación no fue bien recibida por todos, al menos al principio.

Ya a principios del siglo IV a. C., cuando la práctica de la escritura todavía era una polémica novedad en Grecia, Platón escribió *Fedro*, su diálogo sobre el amor, la belleza y la retórica. En el cuento, el personaje del título, ciudadano ateniense, pasea por el campo con el gran orador Sócrates. Los dos amigos se sientan bajo un árbol junto a un arroyo y mantienen una conversación larga y tortuosa. Debaten de oratoria, de la naturaleza del deseo, de las variedades de la locura, del viaje del alma inmortal, antes de volver su atención a la palabra escrita. «Queda la cuestión —musita Sócrates— de la propiedad e impropiedad de la escritura». Fedro está de acuerdo, y Sócrates se embarca en la narración de un encuentro entre el polifacético dios egipcio Tot, cuyas muchas invenciones incluyen el alfabeto, y uno de los reyes de Egipto, Thamos.

Tot describe a Thamos el arte de la escritura y argumenta que se debe permitir a los egipcios compartir sus bendiciones. Hará, dice, «al pueblo de Egipto más sabio y mejorará su memoria al proporcionarle una receta para el recuerdo y la sabiduría». Thamos discrepa. Le recuerda al dios que un inventor no es el juez más confiable del valor de su invención: «¡Oh, gran artesano! A unos les es dado el crear objetos de arte y a otros el juzgar qué grado de daño y de beneficio tendrán para quienes los empleen. Y es así que, debido a la tierna solicitud por la escritura que está en tu crianza, has declarado lo contrario a su verdadero efecto». En caso de que los egipcios aprendieran a escribir, continúa Thamos, «se implantará el olvido en su alma: dejarán de ejercitar la memoria, porque se basarán en lo escrito; invocarán las cosas a la memoria, ya no desde dentro de sí mismos, sino por medio de marcas exteriores». La palabra escrita no es «una receta para la memoria, sino un recordatorio. Y no es verdadera sabiduría lo que ofrecerás a tus discípulos, sino sólo su apariencia». Quienes se basen en la lectura para su conocimiento «parecerá que saben mucho, pero la mayoría de ellos no sabrán nada». Estarán llenos «no de sabiduría, sino del orgullo de parecer sabios».

Sócrates, está claro, comparte la opinión de Thamos. «Sólo un simple», le dice a Fedro, pensaría que un relato escrito «es mejor en absoluto que el conocimiento y recuerdo de las mismas cuestiones». Mucho mejor que una palabra escrita en el «agua» de la tinta es «una palabra grabada por la inteligencia en el alma del que aprende» a través del discurso hablado. Sócrates reconoce que registrar los pensamientos por escrito tiene beneficios prácticos —«así como los recordatorios sirven a un anciano olvidadizo»—, pero sostiene que la dependencia de la tecnología alfabética altera la mente de una persona, y no para mejor. Mediante la sustitución de la memoria interna por símbolos externos, la escritura amenaza, dice él, con convertirnos en pensadores menos profundos, lo que nos impide alcanzar la profundidad intelectual que conduce a la sabiduría y la felicidad verdaderas.

A diferencia del orador Sócrates, Platón era escritor; y aunque cabe suponer que compartiera la preocupación socrática de que la lectura pudiera sustituir al recuerdo, acarreando una pérdida de profundidad interior, también está claro que reconoce las ventajas de la palabra escrita sobre la hablada. En un famoso y revelador pasaje al final de *La República*, un diálogo que se cree escrito alrededor de la misma época que el *Fedro*, Platón hace lanzar a Sócrates un ataque contra la «poesía»: declara a los poetas excluidos de su idea perfecta del Estado. Hoy pensamos en la poesía como parte de la literatura, una forma de escritura, pero tal no era el caso en la época de Platón. Declamada en lugar de escrita, escuchada en vez de leída, la poesía representaba la antigua tradición de la expresión oral, que seguía siendo el centro del sistema educativo griego y de la cultura griega en general. La poesía y la literatura representaban ideales opuestos al de la vida intelectual. La argumentación de Platón a propósito de los poetas, canalizada a través de la voz de Sócrates, no iba contra el verso, sino contra la tradición oral —la del bardo Homero y también la del mismo Sócrates— y las mentalidades que reflejaba y alentaba. El «estado oral de la mente», escribió el erudito británico Eric Havelock en su *Prefacio a Platón,* era el principal enemigo de Platón[25].

En la crítica de Platón a la poesía subyacía implícita, como han demostrado Havelock y Ong entre otros clasicistas, una defensa de las nuevas tecnologías de la escritura y el estado de ánimo que alentaba en el lector: lógico, riguroso, autosuficiente. Platón vio los grandes beneficios intelectuales que el alfabeto podría traer a la civilización, pues no en vano ya eran evidentes en su propia escritura. «El pensamiento filosófico analítico de Platón —escribe Ong— sólo fue posible debido a los efectos que la escritura estaba empezando a tener en los procesos mentales»[26]. En la sutil polémica sobre el valor de la escritura que se desarrolla en *Fedro* y *La República* tenemos la prueba de las tensiones creadas por la transición de una cultura oral a otra literaria. Fue, como Platón y Sócrates reconocían de diferente manera, un cambio que se puso en marcha por la invención de una herramienta, el alfabeto, que tendría profundas consecuencias para nuestro idioma y nuestras mentes.

En una cultura puramente oral, el pensamiento se rige por la capacidad de la memoria humana. El conocimiento es lo que se recuerda, por tanto está limitado a lo que se puede retener en la mente[27]. A través de los milenios anteriores a la escritura, en la Prehistoria del hombre, el lenguaje había evolucionado para ayudar a conservar información compleja en la memoria individual y para simplificar el intercambio de información con otras personas a través del habla. «El pensamiento serio —escribe Ong— está necesariamente entrelazado con los sistemas de la memoria»[28]. La dicción y la sintaxis se convirtieron en algo altamente rítmico, grato al oído; y la información se codificó en giros y frases comunes —lo que hoy llamaríamos clichés— al servicio de la memorización. El conocimiento se había incrustado en la «poesía», según la definición platónica; y una casta especializada de poetas académicos se había convertido en el dispositivo humano, la tecnología intelectual de carne y hueso, para el almacenamiento, la recuperación y la transmisión de información. Como dice Havelock, en las culturas orales las leyes, registros, transacciones, decisiones y tradiciones —todo cuanto hoy estaría «documentado»— tenían que «componerse en verso formulario y divulgarse mediante la declamación o el canto en voz alta»[29].

El mundo oral de nuestros antepasados bien pudiera haberse caracterizado por una profundidad emocional e intuitiva que ya no podemos ni apreciar. McLuhan creía que los pueblos anteriores a la escritura habían gozado de una «implicación sensible» con el mundo especialmente intensa. Cuando aprendimos a leer, decía, sufrimos un «desprendimiento considerable de los sentimientos y la implicación emocional que se experimentaban en la sociedad analfabeta»[30]. Pero intelectualmente la cultura oral de nuestros antepasados era en muchos sentidos menos profunda que la nuestra. La palabra escrita liberó el conocimiento de los límites de la memoria individual, y el idioma de las estructuras rítmicas y fórmulas necesarias para apoyar la memorización recitada. Abrió la mente a nuevas y amplias fronteras de pensamiento y expresión. «Es obvio que los logros del mundo occidental atestiguan el enorme valor de la alfabetización», escribe McLuhan[31].

Ong, en su influyente estudio de 1982 *Oralidad y escritura,* tuvo una visión similar. «Las culturas orales —observó— podían producir obras verbales de gran poder y belleza, con un alto valor artístico y humano, que ya ni siquiera son posibles, ahora que la escritura ha tomado posesión de la psique». Sin embargo, la alfabetización «es indispensable para el desarrollo no sólo de la ciencia, sino también de la historia, la filosofía, la comprensión explicativa de la literatura y de cualquier arte, y de hecho, para la explicación del propio lenguaje (incluido el oral)»[32]. La capacidad de escribir es «absolutamente inestimable y de hecho esencial para la realización completa del potencial humano», asegura Ong, quien concluye: «Escribir eleva la conciencia»[33].

En la época de Platón, y durante siglos después, esta conciencia superior estaba reservada a una élite. Para que los beneficios cognoscitivos del alfabeto pudieran extenderse a las masas, habría que inventar otro conjunto de tecnologías intelectuales relacionadas con la transcripción, la producción y la distribución de obras escritas.

4. LA PÁGINA PROFUNDIZADA

Cuando la gente comenzó a escribir, lo hacía grabando marcas en lo primero que encontraban: cantos lisos, tablillas de madera, tiras de corteza, trozos de tela, fragmentos de hueso, pedazos de cerámica rota. Tan efímeros soportes fueron los medios de comunicación originales de la palabra escrita. Tenían la ventaja de ser baratos y abundantes, pero la desventaja de ser pequeños de tamaño e irregulares de forma, amén de perderse, romperse o dañarse con facilidad. Eran adecuados para inscripciones y etiquetas, tal vez una breve nota o aviso, pero poco más. A nadie se le ocurriría registrar un pensamiento profundo o una larga discusión en una piedra o en una vasija.

Los sumerios fueron los primeros en utilizar un medio especializado para la escritura. Grababan su escritura cuneiforme en tablillas cuidadosamente preparadas a base de arcilla, un recurso abundante en Mesopotamia. Se lavaba un puñado de arcilla, se moldeaba como un bloque fino, se inscribía con una caña afilada y luego se secaba al sol o en un horno. Los registros del Gobierno, la correspondencia empresarial, los balances comerciales y los contratos legales se escribían en estas perdurables tablillas, así como otras obras más largas y literarias, narraciones históricas y religiosas, y anales de los acontecimientos contemporáneos. Para acomodar las obras más largas, los sumerios solían numerar las tablillas, creando una secuencia de «páginas» de arcilla que anticipaba la forma del libro moderno. Estas planchas de arcilla seguirían siendo un

medio de escritura muy utilizado durante siglos, pero dado
que su preparación, transporte y almacenamiento eran ar-
duos, solían reservarse para los documentos formales redactados por los escribas oficiales. La escritura y la lectura siguieron siendo talentos arcanos.

Hacia el año 2500 a. C., los egipcios comenzaron a fabricar
rollos de la planta del papiro, que crecía a orillas del delta del
Nilo. Extraían fibras de las plantas, las entretejían y las hume-
decían para que soltasen su savia. Esta resina pegaba entre sí
las fibras, que a continuación se machacaban hasta formar
una superficie lisa de color blanco, no tan diferente del papel
que usamos hoy en día. Hasta veinte de estas hojas podían pe-
garse unas a otras, formando largos rollos que, como las tabletas de arcilla, a veces se disponían en secuencias numeradas.
Flexible, portátil y fácil de almacenar, el papiro ofrecía ventajas considerables sobre las tablillas, mucho más pesadas. Griegos y romanos adoptaron los rollos como principal soporte de
sus registros escritos, aunque con el tiempo el pergamino, hecho de cuero de cabra u oveja, sustituiría al papiro como material elegido.

Estos rollos eran caros. El papiro tenía que transportarse
desde Egipto, y el curtido de las pieles en pergamino era un
proceso lento y laborioso, que requería cierto grado de habilidad. A medida que la escritura se hacía más común, crecía la
demanda de una opción más barata, algo que los estudiosos
pudieran utilizar para tomar notas y redactar sus trabajos.
Esta necesidad estimuló el desarrollo de un nuevo dispositivo
de escritura: la tablilla de cera. Consistía en un simple marco de
madera con una capa encerada que servía de pizarrín. Además
de una punta afilada para escribir, el lápiz tenía un extremo
romo para borrar lo grabado en la capa de cera. Esta posibilidad de borrar las palabras del encerado permitía al usuario
reutilizarlo una y otra vez, lo que lo hacía mucho más económico que los rollos. Aunque no era una herramienta muy sofis-
ticada, la tablilla de cera desempeñó un importante papel en
la transformación de la escritura y la lectura desde una arte-

sanía especializada y formal a una actividad cotidiana de cualquier ciudadano... que supiera escribir, claro.

La tablilla de cera fue importante por otra razón: cuando los antiguos buscaban una manera barata de almacenar o distribuir un texto largo, cosían juntas varias tablillas con una tira de cuero o tela. Estas tabletas encuadernadas, populares por derecho propio, sirvieron de modelo a un anónimo artesano romano que, poco después de la época de Cristo, cosió varias hojas de pergamino entre un par de rectángulos rígidos de cuero, con lo que creó el primer libro. Aunque aún pasarían siglos antes de que el libro encuadernado, o códice, suplantara al libro enrollado o rollo, los beneficios de la nueva tecnología deben de haber estado claros, incluso para los primeros usuarios. Como el escribano podía usar ambas caras de las hojas de un códice, un libro requería mucho menos papiro o pergamino que el rollo, de una sola cara, lo que reducía los costes de producción más que considerablemente. Además, los libros eran mucho más compactos, lo que facilitaba su transporte y ocultación. Rápidamente se convirtió en el formato elegido para la publicación de las primeras Biblias y otras obras controvertidas. Los libros eran también más fáciles de manejar y leer. Encontrar un pasaje en particular, una tarea difícil en un largo rollo de texto, se convirtió en una simple cuestión de hojear páginas.

Aunque la tecnología del libro no dejaba de desarrollarse, el legado del mundo oral siguió conformando la manera en que se escribía y se leía. La lectura silenciosa era en gran parte desconocida en el mundo antiguo. Los nuevos códices, como las tablillas y rollos que les habían precedido, se leían casi siempre en voz alta, tanto en un grupo como en solitario. En un famoso pasaje de sus *Confesiones,* san Agustín describe su sorpresa cuando, alrededor del año 380, vio a san Ambrosio, obispo de Milán, leer en silencio para sí mismo. «Su vista recorría la página y su corazón exploraba el significado, pero su voz guardaba silencio y no se movía su lengua —escribe Agustín—. A menudo, cuando íbamos a verlo, lo encontrábamos leyendo así, en silencio, pues nunca leía en voz alta». Desconcertado ante tan peculiar comportamiento, Agustín se pregunta si Ambrosio «estaría ahorrando voz, pues se volvía ronca con facilidad»[1].

Aunque hoy nos cueste imaginarlo, en la escritura temprana no había espacios para separar las palabras. En los libros de los escribas, las palabras se sucedían ininterrumpidamente en toda línea de toda página, en lo que ahora se conoce como *scriptura continua*. La falta de separación de las palabras refleja los orígenes orales del lenguaje escrito. Cuando hablamos, no hacemos pausas entre dos palabras: las sílabas fluyen continuamente de nuestros labios. A los primeros escritores nunca les pasó por la cabeza insertar espacios en blanco entre las palabras. Se limitaban a transcribir el habla, escribían lo que les dictaban sus oídos (hoy, cuando los niños empiezan a escribir, tampoco separan las palabras: como los antiguos escribanos, transcriben lo que oyen). Así pues, los escribas no prestaban mucha atención al orden de las palabras en una frase dada. En el lenguaje hablado el significado siempre se había transmitido principalmente a través de la inflexión, un patrón de los acentos que el hablante pone en determinadas sílabas; y esa tradición oral continuó gobernando el lenguaje escrito. Al interpretar la escritura de libros durante la Alta Edad Media, los lectores no habrían sido capaces de utilizar el orden de las palabras como señal de su sentido. Las normas aún no se habían inventado[2].

La falta de separación entre palabras, combinada con la ausencia de convenciones sobre su orden, imponía una «carga cognoscitiva suplementaria» a los lectores antiguos, explica John Saenger en *Space Between Words* [Espacio entre palabras], su historia del libro de escribano[3]. Los ojos de los lectores tenían que moverse de forma lenta y vacilante por las líneas del texto, teniendo con frecuencia que detenerse a recapitular al comienzo de una oración, ya que la mente luchaba por entender dónde terminaba una palabra y comenzaba otra nueva, así como la función de cada palabra en el sentido de la frase. La lectura era como un rompecabezas. Toda la corteza del cerebro, incluidas las áreas frontales asociadas a la solución de problemas y adopción de decisiones, debían de bullir de actividad neuronal.

Este análisis lento e intensamente cognoscitivo del texto hacía laboriosa la lectura de libros. También fue la razón de que nadie, excepto algún caso como el de san Ambrosio, leyera en silencio. A personas menos excepcionales el pronunciar las sílabas les resultaba crucial para descifrar la escritura. Esas limitaciones, que hoy en día nos parecen intolerables, no importaban mucho en una cultura aún arraigada en la oralidad. «Los pocos que leían gustaban de los melifluos patrones métricos y tónicos del texto pronunciado —escribe Saenger—, de modo que la ausencia de espacios entre palabras en griego y latín no se percibía como el impedimento para la lectura eficaz que sería para el lector moderno, que se afana en leer con rapidez»[4]. Además, la mayoría de los griegos y los romanos alfabetizados preferían que sus libros se los leyeran sus esclavos.

No sería hasta mucho después de la caída del Imperio romano cuando la forma del lenguaje escrito rompió por fin con la tradición oral, para empezar a adaptarse a las necesidades únicas de los lectores. A medida que avanzaba la Edad Media, el número de letrados —cenobitas, estudiantes, comerciantes, aristócratas— crecía de manera constante; y con él, la disponibilidad de libros. Muchos de los nuevos libros eran de carácter técnico: no servían a la lectura pausada o académica, sino como referencia práctica. La gente comenzó a querer, a necesitar, leer de forma rápida y privada. La lectura fue cada vez menos un acto de rendimiento y más un medio de instrucción y mejora personales. Este cambio llevó a la transformación más importante de la escritura desde la invención del alfabeto fonético. A comienzos del segundo milenio, los escritores comenzaron a imponer normas al orden de las palabras en sus obras, organizándolas en un sistema sintáctico predecible y estandarizado. Al mismo tiempo, los amanuenses dieron en dividir las oraciones en palabras individuales, separadas por espacios, costumbre que comenzó en Irlanda e Inglaterra para extenderse luego por el resto de Europa occidental. En el siglo XIII, la *scriptura continua* estaba en gran medida obsoleta, tanto para los textos latinos como para los escritos en lengua vernácula. Las marcas de puntuación, que facilitaban aún más la labor del lector, también comenzaron a generalizarse. Por primera vez, la escritura estaba dirigida tanto a la vista como al oído.

Sería difícil exagerar la importancia de estos cambios. La aparición de normas sobre el orden de las palabras provocó una revolución en la estructura de la lengua que, como señala Saenger, «era en esencia la antítesis de la antigua búsqueda de elocuencia métrica y rítmica»[5]. La colocación de espacios entre las palabras aliviaba la tensión cognoscitiva que implicaba el desciframiento de textos, posibilitando que la gente leyera rápidamente, en silencio, con mayor comprensión. Tal fluidez tuvo que aprenderse. Requirió complejos cambios en los circuitos del cerebro, como revelan los estudios contemporáneos en jóvenes lectores. El lector consumado, explica Maryanne Wolf, desarrolla regiones especializadas del cerebro orientadas a descifrar rápidamente el texto. Estas áreas están conectadas «para representar la información visual, fonológica y semántica relevante y recuperarla a gran velocidad». La corteza visual, por ejemplo, desarrolla «un verdadero *collage*» de conjuntos de neuronas dedicadas a reconocer, en cuestión de milisegundos, «las imágenes visuales de la escritura, los patrones de las letras y las palabras»[6]. A medida que el cerebro se vuelve más hábil para descifrar el texto, convirtiendo lo que había sido un exigente ejercicio de resolución de problemas en un proceso que es esencialmente automático, puede dedicar más recursos a la interpretación del significado. Lo que hoy llamamos lectura profunda se hace así posible. Al «alterar el proceso neurofisiológico de la lectura», la separación entre palabras «liberó las facultades intelectuales del lector», escribe Saenger, que añade: «Incluso los lectores de capacidad intelectual más modesta podían leer con mayor rapidez y entender un número cada vez mayor de los textos de por sí más difíciles»[7].

Pero los lectores no sólo se volvieron más eficientes, sino también más atentos. Leer un libro largo en silencio requiere una capacidad de concentrarse intensamente durante un largo periodo de tiempo, «perderse» en las páginas de un libro, como decimos ahora. Desarrollar esta disciplina mental no fue fácil. El estado natural del cerebro humano, como el de los cerebros de la mayoría de nuestros parientes en el reino animal, tiende a la distracción. Nuestra predisposición es a desviar la mirada, y por lo tanto nuestra atención, de un objeto a otro, ser conscientes cuanto más posible de todo lo que está pasando en torno a nosotros. Los neurólogos han descubierto los primitivos «mecanismos de abajo arriba» de nuestro cerebro que, como dicen los autores de un artículo de 2004 publicado en la revista *Current Biology*, «operan con entradas sensoriales de índole primaria, desviando rápida e involuntariamente su atención a las más sobresalientes características visuales que revistan importancia potencial»[8]. Lo que nos llama la atención, sobre todo, es cualquier indicio de cambio en nuestro entorno. «Nuestros sentidos están en afinada sintonía con el cambio —explica Maya Pines, del Instituto Médico Howard Hughes—. Los objetos estacionarios o invariables forman parte del paisaje y mayormente no se perciben». Pero en cuanto «cambia algo del entorno, necesitamos tenerlo en cuenta, porque puede significar peligro u oportunidad»[9]. Nuestros cambios reflejos de ritmo en el enfoque fueron alguna vez cruciales para nuestra supervivencia. Reducían la probabilidad de que un depredador nos pillara por sorpresa o de que pasáramos por alto una fuente cercana de alimentos. Durante la mayor parte de nuestra peripecia vital, la trayectoria normal del pensamiento humano fue cualquier cosa menos lineal.

Leer un libro significaba practicar un proceso antinatural de pensamiento que exigía atención sostenida, ininterrumpi-

da, a un solo objeto estático. Exigía que los lectores se situaran
en lo que el T. S. Eliot de los *Cuatro cuartetos* llamaba «punto
de quietud en un mundo que gira». Tuvieron que entrenar su
cerebro para que hiciese caso omiso de todo cuanto sucedía a
su alrededor, resistir la tentación de permitir que su enfoque
pasara de una señal sensorial a otra. Tuvieron que forjar o reforzar los enlaces neuronales necesarios para contrarrestar su
distracción instintiva, aplicando un mayor «control de arriba
abajo» sobre su atención[10]. «La capacidad de concentrarse en
una sola tarea relativamente sin interrupciones», escribe
Vaughan Bell, psicólogo del King's College de Londres, representa «una anomalía en la historia de nuestro desarrollo psicológico»[11].

Ni que decir tiene que mucha gente había cultivado una
capacidad de atención sostenida mucho antes de que llegara
el libro e incluso el alfabeto. El cazador, el artesano, el asceta,
todos tenían que entrenar su cerebro para controlar y con-
centrar su atención. Lo notable respecto de la lectura de libros es que en esta tarea la concentración profunda se combi-
naba con un desciframiento del texto e interpretación de su
significado que implicaban una actividad y una eficiencia de
orden mental muy considerables. La lectura de una secuencia
de páginas impresas era valiosa no sólo por el conocimiento
que los lectores adquirían a través de las palabras del autor,
sino por la forma en que esas palabras activaban vibraciones
intelectuales dentro de sus propias mentes. En los tranquilos
espacios abiertos por la lectura prolongada, sin distracciones,
de un libro, la gente hace sus propias asociaciones, saca sus
propias inferencias y analogías, desarrolla sus propias ideas.
Piensa profundamente porque lee profundamente.

Ya los primeros lectores silenciosos reconocieron el notable cambio operado en su conciencia cuando se sumergían en
las páginas de un libro. El obispo medieval Isaac de Siria describió cómo, cada vez que leía para sí, «como en un sueño,
entro en un estado en el que mis sentidos y pensamientos se
concentran. Entonces, cuando con la prolongación de este si-

lencio se aquieta en mi corazón la agitación de los recuerdos, olas incesantes de alegría me fluyen de los pensamientos más íntimos, más allá de toda expectativa, y surgen de pronto para deleite de mi corazón»[12]. Leer un libro sería un acto de meditación, pero no suponía un aclarado de la mente. Se trataba de un rellenado, un incremento, de la mente. Los lectores desatendían el flujo externo de estímulos para comprometerse más profundamente con un flujo interior de palabras, ideas y emociones. Ésta fue y sigue siendo la esencia del proceso mental único que implica la lectura profunda. Fue la tecnología del libro la que obró esta «extraña anomalía» en nuestra historia psicológica. El cerebro del lector de libros era más que un cerebro para leer y escribir. Era un cerebro literario.

Los cambios en el lenguaje escrito liberaron al escritor y al lector. La *scriptura continua* no era sólo una molestia a la hora de descifrarla; era un desafío escribirla. Para escapar a la monotonía, los escritores generalmente dictaban sus obras a un escriba profesional. En cuanto la introducción de espacios entre palabras hizo la escritura más fácil, los autores tomaron las plumas y comenzaron a verter ellos mismos sus palabras en las propias páginas, en privado. Sus obras se volvieron inmediatamente más personales y más audaces. Comenzaron a dar voz a ideas no convencionales, escépticas, heréticas, incluso sediciosas, ensanchando los límites del conocimiento y la cultura. Sólo trabajando en la soledad de sus aposentos pudo el monje benedictino Guibert de Nogent reunir la confianza necesaria para componer interpretaciones poco ortodoxas de las Escrituras, vívidos relatos de sus sueños, incluso poesía erótica; obras que nunca habría escrito de haber tenido que dictárselas a un escribano. Cuando, al final de su vida, perdió la vista y tuvo que volver al dictado, se quejaba de tener que escribir «sólo por la voz, sin la mano, sin los ojos»[13]. Los autores también comenzaron a revisar y modificar sus obras a fondo, algo que el dictado había impedido a menudo. Eso también modificaba la forma y el contenido de la escritura. Por primera vez, explica Saenger, un escritor «podía ver el manuscrito en su

conjunto y, mediante referencias cruzadas, desarrollar relaciones internas y eliminar las redundancias comunes a la literatura dictada» de la Alta Edad Media[14]. Los argumentos en
los libros se hicieron más largos y más claros, así como más
complejos y desafiantes, a medida que los escritores se esfor-
zaban conscientemente por perfeccionar sus ideas y su lógica.
A finales del siglo XIV, una obra escrita se dividía a menudo en
apartados y capítulos, y a veces incluía índices temáticos para
guiar al lector a través de unas estructuras cada vez más elabo-
radas[15]. Por supuesto que en el pasado habían existido estilis-
tas de la prosa y el verso sensibles y conscientes de sí mismos,
como demuestran los *Diálogos* de Platón elegantemente, pero
las convenciones de la nueva escritura ampliaron en gran medida la producción de obras literarias, en particular las com-
puestas en lengua vernácula.

Los avances en la tecnología del libro cambiaron la experiencia personal de la lectura y la escritura. También tuvieron
consecuencias sociales. La cultura en general comenzó a mol-
dearse, de manera sutil pero evidente, en torno a la práctica de
la lectura en silencio. La naturaleza de la educación y la erudición cambió, las universidades comenzaron a hacer hincapié
en la lectura privada como complemento esencial a las lecciones magistrales. Las bibliotecas comenzaron a desempeñar un
papel mucho más central en la vida universitaria y, en general,
en la vida de la ciudad. La arquitectura bibliotecaria misma
evolucionó. Los claustros y cubículos privados, pensados para
la lectura oral, fueron arrancados y sustituidos por grandes
salones donde estudiantes, profesores y otros usuarios se sentaban juntos en largas mesas de lectura personal y silenciosa.
Libros de consulta como diccionarios, glosarios y concordancias adquirieron importancia como ayudas a la lectura. Era corriente encadenar los ejemplares de textos preciosos a las mesas de lectura. Para cubrir la creciente demanda de libros,
comenzó a tomar forma una industria editorial. La producción de libros, largo tiempo reino de escribanos religiosos que
trabajaban en el *scriptorium* de un monasterio, comenzó a cen-

tralizarse en talleres seculares, donde los escribas profesionales trabajaban por un salario bajo la dirección del propietario.
Se materializó un animado mercado de libros usados. Por primera vez en la historia, los libros tenían precios fijos[16].

Durante siglos la tecnología de la escritura había reflejado
y reforzado la ética intelectual de la cultura oral en la que sur-
gió. La escritura y lectura de los antiguos papiros, tablillas,
pergaminos y códices habían destacado el desarrollo comunal
y la difusión del conocimiento. La creatividad individual se
subordinaba a las necesidades del grupo. Escribir seguía siendo más un medio de grabación que un método de composición. Ahora la escritura comenzaba a adquirir y difundir una
nueva ética intelectual: la ética del libro. El desarrollo del conocimiento se convirtió en un acto cada vez más privado, con
la creación por cada lector, en su propia mente, de una síntesis personal de las ideas y la información que recibía a través
de los escritos de otros pensadores. El sentido de individualismo se reforzaba. Como ha señalado el novelista e historiador
James Carroll, la lectura silenciosa es «tanto un signo como
un medio para la autoconciencia, donde el conocedor asume
la responsabilidad de lo que conoce»[17]. La investigación solitaria y en calma se convirtió en un requisito previo para el logro intelectual. La originalidad del pensamiento y la creatividad de la expresión se convirtieron en el sello distintivo de la
mente modélica. El conflicto entre el orador Sócrates y el escritor Platón se había dirimido en favor de éste.

Pero la victoria de Platón fue incompleta. Debido a que los
códices manuscritos seguían siendo costosos y escasos, la ética
intelectual de la obra y la mente del lector en profundidad
aún estaban restringidas a un grupo relativamente pequeño
de privilegiados. El alfabeto, un medio del lenguaje, había encontrado su terreno ideal en el libro, medio de la escritura.
Los libros, sin embargo, aún no habían encontrado una tecnología adecuada que les permitiera producirse y distribuirse
a buen precio, con rapidez y en abundancia.

En algún momento alrededor de 1445, un orfebre alemán llamado Johannes Gutenberg dejó Estrasburgo, donde había vivido varios años, y siguió Rin abajo hasta su ciudad natal, Maguncia. Consigo portaba un secreto, y no pequeño. Llevaba por lo menos diez años trabajando en varias invenciones que, combinadas, constituirían la base de un tipo completamente nuevo de industria editorial. Gutenberg vio la oportunidad de automatizar la producción de libros y otras obras escritas sustituyendo al venerable escribano por una máquina de impresión a la última. Después de obtener dos préstamos considerables de Johann Fust, un próspero vecino suyo, Gutenberg montó un taller en Maguncia, compró algunas herramientas y materiales, y se puso a trabajar. Poniendo en práctica sus habilidades metalúrgicas, creó pequeños moldes ajustables para colar por ellos letras alfabéticas de altura uniforme pero anchura variable en una aleación de metal fundido. Con estas letras de molde, o tipos móviles, se podía disponer rápidamente en una página el texto que imprimir para, a continuación, terminado el trabajo, desmontar la plancha y repetir el proceso con la siguiente página[18]. Gutenberg también desarrolló una versión refinada de la prensa a tornillo de madera, como la que se utiliza en los lagares para aplastar las uvas y obtener mosto, con la que fue capaz de transferir la imagen del tipo a una hoja de pergamino o papel sin manchas en las letras. Además, inventó el tercer elemento fundamental de su sistema de impresión: una tinta a base de aceite que se adhería al tipo de metal.

Después de haber construido la imprenta, Gutenberg rápidamente la puso al servicio de la impresión de indulgencias para la Iglesia católica. Era un trabajo bien pagado, pero no la obra que Gutenberg tenía en mente para su nueva máquina. Él tenía ambiciones mucho mayores. Con los fondos que le prestara Fust, comenzó a preparar su primera gran obra: la magnífica edición en dos volúmenes de la Biblia que desde entonces llevaría su nombre. Con mil doscientas páginas de extensión, cada una compuesta por dos columnas de cuarenta y dos líneas, la Biblia de Gutenberg se imprimió en una gran tipografía gótica cuidadosamente diseñada para imitar la escritura a mano de los mejores escribas alemanes. La Biblia, que Gutenberg invirtió al menos tres años en producir, fue su gloria. También fue su ruina. En 1455, después de haber impreso apenas dos centenares de ejemplares, se le acabó el dinero. No pudiendo satisfacer los intereses de sus préstamos, se vio obligado a ceder su prensa, su tipo y su tinta a Fust, abandonando el oficio de impresor. Fust, que había hecho su fortuna a través de una exitosa carrera como comerciante, resultó ser tan experto en el negocio de la impresión como Gutenberg en su mecánica. Junto con Peter Schoeffer, uno de los empleados de Gutenberg con más talento (y ex escribano), Fust convirtió la imprenta en un negocio rentable, organizando un equipo de ventas y publicando una variedad de libros que se vendieron ampliamente en toda Alemania y Francia[19].

Aunque Gutenberg no disfrutara de sus recompensas, su tipografía se convertiría en uno de los inventos más importantes de la historia. A una velocidad sorprendente, al menos para los estándares medievales, la impresión de tipos móviles «cambió la cara y el estado de las cosas en todo el mundo —escribe Francis Bacon en su *Novum organum* (1620)—, con un poder e influencia que ningún Imperio, secta o estrella parece haber ejercido en los asuntos humanos»[20]. (Las únicas otras invenciones que para Bacon habían ejercido un influjo tan grande como la tipografía eran la pólvora y la brújula). Al convertir un oficio manual en una industria mecánica, Gutenberg había cambiado la economía de la impresión y la publicación. Ahora unos pocos trabajadores podían producir rápidamente y en masa grandes ediciones de copias perfectas. Los libros pasaron de ser bienes caros, por escasos, a ser productos asequibles y abundantes.

En 1483, una imprenta de Florencia regentada por monjas del convento de San Jacopo di Ripoli cobró tres florines por la impresión de 1.025 ejemplares de una nueva traducción de los *Diálogos* de Platón. Un escribano habría cobrado cerca de un florín por copiar este trabajo, pero habría producido un solo ejemplar[21]. Esta fuerte reducción en el costo de fabricación de los libros se acentuó por el creciente uso del papel, un invento importado de China, en lugar del más costoso pergamino. Cuando el precio de los libros se redujo, aumentó su demanda, estimulando, a su vez, una rápida expansión de la oferta. Las nuevas ediciones inundaron los mercados de Europa. Según una estimación, el número de libros producidos en los cincuenta años siguientes a la invención de Gutenberg igualó la producción de los escribas europeos durante los mil años precedentes[22]. Esta súbita proliferación de libros antaño raros le pareció a la gente de la época «lo suficientemente extraña para sugerir una intervención sobrenatural», informa Elizabeth Eisenstein en su obra *Printing Press As an Agent of Change* [La imprenta como agente de cambio][23]. Se dice que cuando Johann Fust llevó una gran cantidad de libros impresos a París durante uno de sus primeros viajes de negocios, fue expulsado de la ciudad por los gendarmes, que sospecharon en él connivencia con el diablo[24].

Estos temores a la influencia satánica se disiparon rápidamente a medida que las personas se apresuraban a comprar y leer los baratos productos de la tipografía. Cuando en 1501 el impresor italiano Aldo Manuzio presentó la octavilla, un formato de bolsillo, considerablemente más pequeño que el tradicional folio y cuarto, los libros se volvieron aún más asequibles, portátiles y personales. Así como la miniaturización del reloj convirtió a todos en cronometradores, la miniaturización del libro ayudó a entreverar los libros de lectura en el tejido de la vida cotidiana. Los eruditos y los monjes ya no eran los únicos que se sentaban a leer palabras en tranquilas salas. Incluso una persona de muy escasos recursos podía empezar a armar una colección de varios volúmenes, con lo que le era posible no sólo leer, sino también establecer comparaciones en líneas generales entre diferentes obras. «Todo el mundo está lleno de sabios, de maestros de escuela muy leídos y de enormes bibliotecas —exclama el protagonista del *best seller* de Rabelais *Gargantúa* (1534)—, y antójaseme como verdad que ni en tiempos de Platón ni en los de Cicerón ni en los de Papiniano hubo tal comodidad para el estudio como vemos que hoy existe»[25].

Se había puesto en marcha un círculo virtuoso: la creciente disponibilidad de libros disparó el deseo de alfabetización, y la expansión de la alfabetización estimuló aún más la demanda de libros. La industria gráfica creció. A finales del siglo XV, cerca de 250 ciudades europeas tenían imprenta, y unos 12 millones de volúmenes ya habían salido de sus prensas. En el siglo XVI la tecnología de Gutenberg saltó de Europa a Asia por Oriente Próximo; y también a las Américas, en 1539, cuando los españoles fundaron una prensa en la Ciudad de México. A comienzos del siglo XVII había tipográficas por todas partes, que producían no sólo libros, sino también diarios, revistas científicas y gran variedad de otras publicaciones periódicas. Llegó el primer gran florecimiento de la literatura impresa, con obras de maestros como Shakespeare, Cervantes, Molière y Milton, por no hablar de Bacon y Descartes, que aparecían en los inventarios de las librerías y en las bibliotecas de los lectores.

De las prensas no salían sólo obras contemporáneas. En su afán de satisfacer la demanda de material de lectura a bajo costo, las impresoras tiraban grandes ediciones de los clásicos, tanto en el original griego como en traducción latina. Aunque a la mayoría de los impresores les movía el ánimo de lucro fácil, su distribución de los textos más antiguos ayudó a dar profundidad intelectual y continuidad histórica a la nueva cultura centrada en el libro. Como decía Eisenstein, puede que el impresor que «replicaba un fondo editorial anticuado en apariencia» no quisiera sino llenarse los bolsillos, pero de paso ofrecía a los lectores una dieta más rica y variada de lo previsto por el escriba»[26].

Junto con los altos de miras, vinieron también los bajos. Novelas chabacanas, teorías descabelladas, temas escabrosos y truculentos, intoxicaciones propagandísticas y, por supuesto, montones de pornografía se vertieron al mercado, encontrando ávidos compradores en todos los estamentos de la sociedad. Sacerdotes y políticos comenzaron a preguntarse si, como dijo en 1660 el primer censor oficial de libros que hubo en Inglaterra, «esta invención de la tipografía no habrá traído más daño que beneficio a la cristiandad»[27]. El gran dramaturgo Lope de Vega expresó los sentimientos de más de un grande español cuando, en su obra de 1612 *Fuente Ovejuna*, escribía:

> Antes que ignoran más siento por eso
> por no se reducir a breve suma;
> porque la confusión, con el exceso,
> los intentos resuelve en vana espuma;
> y aquel que de leer tiene más uso,
> de ver letreros sólo está confuso[28].

Pero hasta esas naderías eran vitales. Lejos de amortiguar la transformación intelectual forjada por el libro impreso, la magnificaron. Al acelerar la difusión de libros en la cultura popular y convertirlos en uno de los pilares del tiempo libre, la obras más crudas, crasas e insignificantes también ayudaron a difundir la ética de la lectura profunda y atenta. «La misma soledad silenciosa y actitud contemplativa que antaño se asociaban con la pura devoción espiritual —escribe Eisenstein— se dan también en las lecturas escandalosas o lascivas, alegres noveluchas de Italia y otras corrupciones en tinta y papel»[29]. Tanto si el lector está inmerso en una historia de blusas desgarradas o en un salterio, los efectos sinápticos son básicamente los mismos.

No todo el mundo se convirtió en lector de libros, por supuesto. Un montón de gente —los pobres, los analfabetos, los aislados, los no curiosos— nunca participaron, al menos no directamente, en la revolución de Gutenberg. E incluso entre los más ávidos lectores de libros muchas de las viejas prácticas orales de intercambio de información siguieron vigentes. La gente seguía charlando y debatiendo, asistiendo a conferencias, discursos, debates y sermones[30]. Esto merece tenerse en cuenta —cualquier generalización sobre la adopción de una nueva tecnología será imperfecta—, pero no cambia el hecho de que la imprenta de tipos móviles fue un acontecimiento crucial en la historia de la cultura occidental y el desarrollo de la mente occidental.

«Para el cerebro medieval —escribe J. Z. Young— la formulación de afirmaciones verdaderas se basaba en el encaje de la experiencia sensorial en los símbolos de la religión». La tipografía cambió todo eso. «Cuando los libros se convirtieron en un objeto de uso común, la gente pudo intercambiar observaciones más directamente, con un gran aumento en la exactitud y el contenido de la información transmitida»[31]. Los libros permiten a sus lectores contrastar sus pensamientos y experiencias no sólo con los preceptos religiosos, integrados en símbolos o expresados por el clero, sino con los pensamientos y experiencias de cualquier otra persona[32]. Las consecuencias sociales y culturales fueron tan numerosas como profundas, abarcando desde la agitación política y religiosa a la supremacía del método científico como principal medio para definir la verdad y dar sentido a la existencia. Entró en vigor la que se consideró una nueva «República de las Letras», abierta, al menos teóricamente, a cualquier persona capaz de ejercer, como dice el historiador de Harvard Robert Darnton, «los dos principales atributos de la ciudadanía: la escritura y la lectura»[33]. La mentalidad literaria, antaño limitada a los claustros del monasterio y la universidad, se había convertido en la mentalidad general. El mundo, como reconoció Bacon, se había rehecho.

Hay muchos tipos de lectura. Según observa David Levy en *Scrolling Forward* [Avanzar en la pantalla], un libro sobre nuestra actual transición del documento impreso al electrónico, las personas alfabetizadas «leen todo el día, sobre todo inconscientemente». Leemos señales de tráfico, menús, titulares, la lista de la

compra, las etiquetas de los productos. «Estas formas de lectura
—explica Levy— tienden a ser superficiales y de corta duración». Son los tipos de lectura que compartimos con nuestros
antepasados que descifraban marcas en guijarros y fragmentos
de cerámica. Pero también hay veces, continúa Levy, «que leemos con mayor intensidad y duración, cuando llegamos a estar
absortos en lo que estamos leyendo durante lapsos más largos
de tiempo. Algunos de nosotros, de hecho, no sólo *leemos* así,
sino que nos pensamos a nosotros mismos como *lectores*»[34]. En
su exquisito poema «La casa en silencio y el mundo en calma»,
Wallace Stevens ofrece un retrato particularmente memorable
y conmovedor del tipo de lectura a que se refiere Levy:

> La casa en silencio y el mundo en calma.
> El lector se hizo libro y el verano, noche.
>
> Era como el ser consciente del libro.
> La casa en silencio y el mundo en calma.
>
> Palabras leídas como sin libro:
> sólo el lector inclinado sobre la página
>
> que quiere apoyarse y más aún ser
> el estudioso para quien su libro es verdadero
>
> y una noche de verano es perfección del pensamiento.
> La casa en silencio como tenía que estar.
>
> Quietud que es significado, parte de la mente:
> acceso de la perfección a una página.

Stevens no se limita a describir la lectura en profundidad.
Exige una lectura profunda. La aprehensión del poema requiere el estado mental que el poema describe. El silencio y la
calma atentos que caracterizan al lector en profundidad se
han convertido en «parte del significado» del poema, trazan-

do la vía a través de la cual «la perfección» del pensamiento y la expresión llega a la página. En la metafórica «noche de verano» de la inteligencia totalmente absorta, el escritor se funde con el lector, para crear juntos y compartir «el ser consciente del libro».

Las investigaciones recientes sobre los efectos neurológicos de la lectura profunda han añadido una pátina científica a la lírica de Stevens. En un fascinante estudio, llevado a cabo en el Laboratorio de Cognición Dinámica de la Universidad de Washington y publicado en la revista *Psychological Science* en 2009, los investigadores usaron escáneres cerebrales para examinar lo que ocurre dentro de las cabezas de las personas que leen ficción. Encontraron que «los lectores simulan mentalmente cada nueva situación que se encuentran en una narración. Los detalles de las acciones y sensaciones registrados en el texto se integran en el conocimiento personal de las experiencias pasadas». Las regiones del cerebro que se activan a menudo «son similares a las que se activan cuando la gente realiza, imagina u observa actividades similares en el mundo real». La lectura profunda, según la principal investigadora del estudio, Nicole Speer, «no es un ejercicio pasivo»[35]. El lector se hace libro.

El vínculo entre el lector de libros y su escritor ha sido siempre una fuerza simbiótica, un medio de fecundación cruzada de género intelectual y artístico. Las palabras del escritor actúan como un catalizador en la mente del lector, inspirándole nuevas ideas, asociaciones y percepciones, a veces incluso epifanías. Y la existencia misma del lector atento, crítico, proporciona estímulo al trabajo del escritor. Da al autor confianza para explorar nuevas formas de expresión, transitar caminos difíciles y exigentes del pensamiento, aventurarse en territorio desconocido, peligroso a veces. «Todos los grandes hombres han escrito con orgullo, sin dar explicaciones —dijo Emerson—. Sabían que un lector inteligente llegaría al fin y les daría las gracias»[36].

Nuestra rica tradición literaria es impensable sin los íntimos intercambios que tienen lugar entre lector y escritor en el

crisol de un libro. Después de la invención de Gutenberg, los
límites del lenguaje se expandieron rápidamente a medida
que los escritores competían por la atención de unos lectores
cada vez más sofisticados y exigentes, esforzándose en expresar ideas y emociones con mayor claridad, elegancia y originalidad. El vocabulario inglés, antiguamente limitado a unos pocos miles de palabras, se amplió hasta más de un millón con la
proliferación de los libros[37]. Muchas palabras nuevas significa-
ban conceptos abstractos que simplemente no habían existido antes. Los escritores experimentaron con la sintaxis y la
dicción, abriendo nuevas vías al pensamiento y la imaginación. Y los lectores las recorrieron con entusiasmo, haciéndose duchos en la tarea de seguir una prosa o un verso fluido,
elaborado, idiosincrásico. Las ideas que los escritores podían
expresar y los lectores interpretar ganaron en complejidad y
sutileza, mientras los argumentos iban surcando las páginas
de texto. A medida que el lenguaje se ampliaba, el hombre
profundizaba en su conciencia.

Esta profundización se extendió más allá de la página. No es
ninguna exageración decir que la escritura y la lectura de libros amplió y refinó la experiencia que las personas tenían de
la vida y la naturaleza. «El notable virtuosismo desplegado por
los nuevos artistas literarios en el truco de convertir gusto, tacto, olfato y sonido en meras palabras requiere una mayor conciencia y una mayor observación de la experiencia sensorial
que a su vez se transmiten al lector», escribe Eisenstein. Al igual
que pintores y compositores, los escritores fueron capaces de
«alterar la percepción» de una manera «que enriquecía en vez
de aturdir la respuesta sensible a los estímulos externos, ampliando en lugar de contraer la respuesta simpática a las variedades de la experiencia humana»[38]. Las palabras de los libros
no sólo fortalecían la capacidad de las personas para pensar de
manera abstracta, sino que también enriquecían la experiencia personal del mundo físico, el mundo exterior del libro.

Una de las lecciones más importantes que hemos aprendido del estudio de la neuroplasticidad es que las capacidades

mentales, los propios circuitos nerviosos, que desarrollamos con un propósito pueden igualmente servir a otros usos. Cuando nuestros antepasados impregnaron disciplinadamente sus cerebros para poder seguir una línea de argumentación o narración a través de una sucesión de páginas impresas, también se volvieron más contemplativos, reflexivos e imaginativos. «El pensamiento nuevo llegaba más fácilmente a un cerebro que ya hubiera aprendido a reorganizarse para leer —opina Maryanne Wolf—, y las habilidades intelectuales cada vez más sofisticadas que promueve la lectura y la escritura se añadieron a nuestro repertorio intelectual»[39]. La tranquilidad de la lectura profunda se convirtió en «parte de la mente», como entendía Stevens.

Los libros no fueron la única razón de que la conciencia humana se transformara en los años siguientes a la invención de la tipografía —muchas otras tecnologías y las tendencias sociales y demográficas desempeñaron papeles importantes—, pero sí estuvieron en el centro mismo del cambio. A medida que el libro llegó a ser el principal medio de intercambio de conocimientos y opiniones, su ética intelectual se convirtió en el fundamento de nuestra cultura. El libro hizo posible el autoconocimiento delicadamente matizado en el *Preludio* de Wordsworth y los ensayos de Emerson, y la comprensión igualmente sutil de las relaciones sociales y personales que se encuentra en las novelas de Austen, Flaubert y Henry James. Incluso los grandes experimentos de narrativa no lineal en el siglo XX por escritores como James Joyce y William Burroughs habrían sido impensables sin la presunción de los artistas de que tendrían lectores atentos, pacientes. Una vez transcrito a página, el libre fluir de la conciencia se convertía en lineal y literario.

La ética literaria no se expresaba sólo en lo que normalmente consideramos literatura. Se convirtió en la ética del historiador, mediante obras como *Historia de la decadencia y caída del Imperio romano*, de Gibbon. Fue la ética de la filosofía moderna, informando las ideas de Descartes, Locke, Kant y Nietzsche. Y sobre todo se convirtió en la ética del científico. Se podría argumentar que la obra literaria más influyente del siglo XIX fue *El origen de las especies,* de Darwin. En el siglo XX la ética literaria recorría libros tan diversos como *La relatividad,* de Einstein; *Teoría general del empleo, el interés y el dinero,* de Keynes; *Estructura de las revoluciones científicas,* de Thomas Kuhn; y *Primavera silenciosa,* de Rachel Carson. Ninguno de estos logros intelectuales trascendentales habría sido posible sin los cambios en la lectura y la escritura —y en la percepción y el pensamiento— espoleados por la reproducción eficiente de formas largas de escritura en páginas impresas.

Como nuestros antepasados de la Baja Edad Media, hoy nos encontramos entre dos mundos tecnológicos. Después de 550 años, la imprenta y sus productos se están viendo desplazados del centro de nuestra vida intelectual hacia sus márgenes. El cambio comenzó a gestarse en los años centrales del siglo XX, cuando empezamos a dedicar cada vez más tiempo y atención a los baratos y abundantes productos de entretenimiento sin fin llegados con la primera ola de medios eléctricos y electrónicos: la radio, el cine, el fonógrafo, la televisión. Sin embargo, estas tecnologías se vieron siempre limitadas por su incapacidad para transmitir la palabra escrita. Podían desplazar, pero no reemplazar, el libro. La cultura dominante seguía transmitiéndose a través de la imprenta.

Ahora la corriente se desvía de forma rápida y decisiva a un nuevo canal. La revolución electrónica está llegando a su culminación: el ordenador —personal, portátil, de bolsillo— se ha convertido en nuestro constante compañero; e Internet, en nuestro medio favorito para almacenar, procesar y compartir información en todas sus formas, incluida la textual. El nuevo mundo seguirá siendo, por supuesto, un mundo alfabetizado, repleto de los familiares símbolos del alfabeto. No podemos volver al mundo oral perdido, como no podemos volver a los tiempos en que los relojes no existían[40]. «La escritura, la impresión y el ordenador —escribe Walter Ong— son formas de tecnologización de la palabra»; y una vez tecnologizada, la palabra no puede destecnologizarse[41]. Pero el mundo de la pantalla, como ya estamos empezando a comprender, es un lugar muy diferente del mundo de la página. Una nueva ética intelectual se está afianzando. Los caminos de nuestro cerebro vuelven a rediseñarse.

DIGRESIÓN

SOBRE LEE DE FOREST Y SU INCREÍBLE AUDIÓN

Nuestros medios de comunicación modernos tienen un origen común, un invento que rara vez se menciona hoy, pero que desempeñó un papel tan decisivo en la conformación de la sociedad actual como el motor de combustión interna o la bombilla incandescente. Este invento recibió el nombre de audión. Fue el primer amplificador electrónico de sonidos, debido a Lee de Forest.

Incluso aunque se le juzgue según los altos estándares establecidos por tantos inventores estadounidenses que aunaban originalidad y locura, De Forest fue un bicho raro. Desagradable, poco agraciado y despreciado en general —en la escuela secundaria lo eligieron «chico menos atractivo» de su clase—, actuó movido por un descomunal ego, sólo comparable a su complejo de inferioridad[1]. Si no estaba casándose o divorciándose, alienando a un colega o llevando un negocio a la ruina, estaría en los tribunales defendiéndose de alguna acusación de fraude o falsificación de paten... O presentando su propia demanda contra alguno de sus muchos enemigos.

De Forest se crió en Alabama, hijo de un maestro de escuela. Después de doctorarse en Ingeniería por la Universidad de Yale en 1896, pasó una década trasteando con las recientes tecnologías de la radio y el telégrafo. Buscaba desesperadamente el gran avance que le daría nombre y fortuna. En 1906 llegó su momento. Sin saber muy bien lo que hacía, cogió una válvula de vacío estándar de dos polos, que envió una corriente eléctrica de un hilo conductor (el filamento) a un segundo (la placa), y añadió un tercer hilo a la misma, convirtiendo el diodo en un triodo. Descubrió que, cuando enviaba una pequeña carga eléctrica al tercer hilo —la rejilla—, se intensificaba la corriente entre el filamento y la placa. El dispositivo, según explicó en su solicitud de patente, podía adaptarse «para amplificar corrientes eléctricas débiles»[2].

Aparentemente modesta, la invención de De Forest acabó por cambiar el mundo. Puesto que podía utilizarse para amplificar una señal eléctrica, también serviría para amplificar las transmisiones de audio enviadas y recibidas como ondas de radio. Hasta entonces, las radios habían sido de uso limitado debido a que sus señales se desvanecían muy rápidamente. Con el audión para amplificar las señales, fueron posibles las transmisiones inalámbricas de larga distancia, lo que dejó el campo libre para la radiodifusión. Así, el audión se convirtió en un componente crucial del nuevo sistema telefónico, que permitía conversar a personas situadas en lugares muy distantes entre sí. De Forest no podía saberlo en aquel momento, pero acababa de inaugurar la era de la electrónica. Las corrientes eléctricas son, simplemente, flujos de electrones, y el audión fue el primer dispositivo que permitió controlar con precisión la intensidad de los flujos. A medida que avanzaba el siglo XX, estos tubos de triodos llegaron a formar el corazón tecnológico de las comunicaciones, el ocio y los medios de comunicación modernos. Se encontraban en transmisores y receptores de radio, en equipos de alta fidelidad, en los sistemas de megafonía, en los amplificadores de las guitarras. Estos tubos, dispuestos en matrices, también sirvieron como unidades de proceso y sistemas de almacenamiento de datos en muchas máquinas digitales de primera generación. Los primeros *mainframes* solían tenerlos por decenas de miles. Cuando, alrededor de 1950, las válvulas de vacío comenzaron a sustituirse por transistores, más pequeños, baratos, sólidos y fiables, la popularidad de los aparatos electrónicos explotó. En su versión miniaturizada del transistor de triodos, el invento de Lee de Fo-

SOBRE LEE DE FOREST Y SU INCREÍBLE AUDIÓN

rest se convirtió en el caballo de batalla de nuestra era de la información.

Al final, De Forest no estaba muy seguro de si debía sentirse contento o consternado por el mundo que había ayudado a alumbrar. En «Dawn of Electronic Age» [El alba de la era electrónica], un artículo que escribió en 1952 para *Popular Mechanics,* entonó un canto a su creación del audión, refiriéndose a ella como «una pequeña bellota de la que ha surgido el gigantesco roble que hoy abarca el mundo». Al mismo tiempo, lamentó la «depravación moral» de la radio y la televisión comerciales. «El examen de la calidad idiota de la mayoría de los programas radiofónicos que se emiten hoy ofrece una idea muy melancólica del nivel mental de nuestro país», escribió.

Anticipándose a futuras aplicaciones de la electrónica, su pronóstico era aún más sombrío. Creía que «los fisiólogos de los electrones» acabarían por ser capaces de supervisar y analizar «las ondas del pensamiento que emite el cerebro, [llegando a medir] la alegría y el dolor en unidades cuantitativamente definidas». En definitiva, concluyó, «un profesor podrá implantar conocimiento en los reacios cerebros de sus alumnos del siglo XXII. ¡Qué terribles posibilidades políticas no nos acecharán! Demos gracias de que tales cosas se reserven a la posteridad, ahorrándosenos a nosotros»[3].

5. UN MEDIO DE LA NATURALEZA MÁS GENERAL

En la primavera de 1954, cuando los primeros ordenadores empezaban a producirse en serie, el genial matemático británico Alan Turing se suicidó comiendo una manzana envenenada con cianuro, fruta que a resultas de este acto no tenemos más remedio que considerar arrancada del Árbol de la Ciencia a un costo incalculable. Turing, que toda su corta vida demostró lo que uno de sus biógrafos calificó de «una inocencia que no parece de este mundo»[1], había desempeñado un papel decisivo durante la Segunda Guerra Mundial en descifrar los códigos de Enigma, la elaborada máquina de escribir que usaban los nazis para cifrar y descifrar las órdenes militares y otros mensajes confidenciales. La penetración en los secretos de Enigma fue una gesta que ayudó a cambiar el curso de la guerra y asegurar la victoria de los Aliados, aunque no salvó a Turing de la humillación de ser detenido, unos años más tarde, por tener relaciones sexuales con otro hombre.

Hoy, Alan Turing es más recordado como creador de un dispositivo informático imaginario que previó y sirvió de modelo a la informática moderna. No tenía más de veinticuatro años, y acababan de elegirlo *fellow* en la Universidad de Cambridge, cuando presentó la que daría en llamarse máquina de Turing con una ponencia titulada «On Computable Numbers, with an Application to the Entscheidungsproblem» [Los números computables aplicados al *Entscheidungsproblem]* (1936). La intención de Turing era demostrar que no hay sistema perfecto alguno basado en la lógica o las matemáticas, pues siempre habrá afirmaciones cuya verdad o falsedad no se pueda probar, permaneciendo, pues, «incomputables». Para demostrar esta tesis, armó una sencilla calculadora digital capaz de seguir instrucciones codificadas, de leer, escribir y borrar símbolos. Esta computadora, demostró, podía programarse para realizar las tareas desempeñadas por cualquier otro dispositivo de procesamiento de información. Era una «máquina universal»[2].

En un artículo posterior, «Computing Machinery and Intelligence» [Maquinaria de computación e inteligencia], Turing explicó cómo la existencia de las computadoras programables «tiene la importante consecuencia de que, consideraciones sobre velocidad aparte, no es necesario diseñar varias máquinas nuevas para realizar los diversos procesos de computación. Todos se pueden efectuar con una sola computadora digital, adecuadamente programada para cada caso». Esto significa, concluía, que «todos los equipos digitales son, en cierto sentido, equivalentes»[3]. Turing no fue el primero en imaginar cómo podría funcionar una computadora programable —más de un siglo antes otro matemático inglés, Charles Babbage, había elaborado planes para montar una «máquina analítica» que fuese «una máquina de la naturaleza más general»[4]—; pero Turing parece haber sido el primero en comprender la ilimitada adaptabilidad de la computadora digital.

Lo que no podía haber previsto era la forma en que su máquina universal se convertiría, tan sólo unas décadas después de su muerte, en nuestro medio universal. Y es que los diferentes tipos de información distribuida por medios tradicionales, palabras, cifras, sonidos, imágenes en movimiento, todos pueden traducirse a código digital, todos pueden «computarse». Todo, desde la *Novena* de Beethoven a una peli porno, se puede reducir a una cadena de unos y ceros procesados, transmitidos y reproducidos por un ordenador. Hoy en día, con Internet, estamos viendo de primera mano las consecuencias del extraordinario descubrimiento de Turing. Construida con millones de ordenadores y bancos de datos interconectados, la

Red es una máquina de Turing con poder inconmensurable; y, como cabía esperar, está subsumiendo la mayoría de nuestras tecnologías intelectuales. Se está convirtiendo en nuestra máquina de escribir y nuestra imprenta, nuestro mapa y nuestro reloj, nuestra calculadora y nuestro teléfono, nuestra oficina de correos y nuestra biblioteca, nuestra radio y nuestra televisión. Incluso está asumiendo las funciones de otros ordenadores: cada vez más programas de *software* se ejecutan a través de Internet —o «la nube», como se dice en Silicon Valley— más que dentro de nuestros ordenadores personales.

Como señaló Turing, el factor limitador de su máquina universal era la velocidad. Incluso la primera computadora digital podía, en teoría, hacer cualquier trabajo de procesamiento de información, pero una tarea compleja —como, por ejemplo, mostrar una fotografía— le habría ocupado demasiado tiempo y costado demasiado dinero para ser practicable. Un tipo en un cuarto oscuro que sumerge un papel en bandejas llenas de productos químicos podía hacer la tarea de forma mucho más rápida y barata. Sin embargo, las limitaciones de velocidad que lastraron la informática temprana resultaron ser obstáculos temporales. Desde que se montara el primer *mainframe* en la década de 1940, la velocidad de los ordenadores y redes de datos se ha incrementado a un ritmo vertiginoso, y el costo de procesamiento y transmisión de los datos ha venido reduciéndose con la misma rapidez. Durante las últimas tres décadas, el número de instrucciones que un chip de computadora puede procesar cada segundo se ha duplicado aproximadamente cada tres años, mientras que el costo del procesamiento de dichas instrucciones se ha reducido casi a la mitad cada año. En general, el precio de una tarea de computación típica se ha reducido en un 99,9 por ciento desde los años sesenta[5]. El ancho de banda de la Red se ha expandido a un ritmo igualmente veloz, duplicándose el tráfico por Internet, en promedio, una vez al año desde que se inventó la World Wide Web[6]. Aplicaciones informáticas inimaginables en la época de Turing son hoy el pan nuestro de cada día.

La forma en que la Web ha ido evolucionando como medio de comunicación reproduce con velocidad cinematográfica toda la historia de los medios de comunicación modernos. Cientos de años comprimidos en un par de decenios. La primera máquina de procesamiento de información que la Red replicó fue la prensa de Gutenberg. Dado que el texto es bastante simple de traducir a código de *software* y de compartir en Red —ni requiere mucha memoria para almacenarse ni una gran cantidad de ancho de banda para transmitirse ni un montón de potencia de procesamiento para mostrarse en pantalla—, las primeras páginas web solían constar casi exclusivamente de símbolos tipográficos. El propio término que dio en utilizarse para describir lo que veíamos en pantalla —*página*— subrayaba esta conexión con los documentos impresos. Los editores de revistas y periódicos, dándose cuenta de que, por vez primera en la historia, podrían transmitir grandes cantidades de texto como siempre habían hecho la radio y la televisión, estuvieron entre los pioneros de Internet, publicando en ella artículos, extractos y otros textos a través de sus páginas web. La facilidad con que podían transmitirse las palabras condujo asimismo a la adopción generalizada y extraordinariamente rápida del *e-mail* o correo electrónico, lo que volvió obsoleta la carta personal.

A medida que seguía bajando el costo de la memoria y el ancho de banda, se hizo posible incorporar fotografías y dibujos a las páginas web. Al principio, las imágenes, como el texto al que solían acompañar, eran en blanco y negro, y su baja resolución las dejaba borrosas. Se parecían a las primeras fotos impresas en los periódicos hace cien años. Pero la capacidad de la Red se amplió hasta poder manejar imágenes en color, con lo que el tamaño y la calidad de estas imágenes aumentaron enormemente. No tardaron en aparecer sencillas animaciones, como esos dibujos que se sucedían en vertiginosa progresión al pasarse de un rápido tirón las páginas de un libro así ilustrado, una animación muy popular a finales del siglo XIX.

El siguiente paso que dio la Red fue encargarse del trabajo de nuestros equipamientos de procesamiento de sonido tradicionales —radios, fonógrafos, magnetófonos—. Los primeros sonidos que se escucharon *online* fueron palabras; poco después, fragmentos musicales; y más tarde, canciones e incluso sinfonías enteras recorrían la Web con niveles de fidelidad cada vez más altos. La capacidad de la Red para manejar estos flujos de audio se vio favorecida por el desarrollo de algoritmos de *software*, como el utilizado para producir archivos MP3, que borran de la música y otras grabaciones aquellos sonidos difíciles de escuchar para el oído humano. Estos algoritmos permiten comprimir los archivos de sonido hasta tamaños mucho más pequeños a costa sólo de leves sacrificios de la calidad. Las llamadas telefónicas también comenzaron a circular por los cables de fibra óptica de Internet, sin pasar por las líneas telefónicas tradicionales.

Por último, el vídeo llegó a la Red, que subsumía así las tecnologías del cine y la televisión. Debido a que la transmisión y reproducción de imágenes en movimiento exige un gran esfuerzo a equipos y redes, al principio los vídeos *online* se mostraban en pequeñas ventanas dentro de los navegadores. Era frecuente que las imágenes parpadearan o se perdiesen, y por lo general estaban desincronizadas de sus bandas sonoras. Pero tampoco en el vídeo las mejoras se hicieron esperar. En pocos años, empezaron a reproducirse *online* elaborados juegos en tres dimensiones; y empresas como Netflix y Apple enviaban a través de la Red películas y programas televisivos en alta definición a los hogares de sus clientes. Incluso el largamente prometido teléfono con imagen se está haciendo realidad por fin, ahora que las cámaras web se han convertido en una prestación habitual en los ordenadores y televisores conectados a la Red, y los populares servicios de telefonía por Internet como Skype incorporan transmisiones de vídeo.

La Red difiere de la mayoría de los medios de comunicación de masas que sustituye en una característica evidente y muy importante: es bidireccional. Podemos enviar mensajes a través del sistema, además de recibirlos. Eso ha hecho el sistema aún más útil. La capacidad de intercambiar información en línea, de subirla y bajarla, ha convertido la Red en un recurso de los negocios y el comercio. Con unos pocos clics los usuarios pueden hacer búsquedas en los catálogos virtuales, realizar pedidos, seguir sus envíos y actualizar la información en bases de datos corporativas. Pero la Red no sólo nos conecta con las empresas, sino que también nos conecta a unos con otros. Es un medio de difusión personal, además de comercial. Millones de personas la utilizan para distribuir sus propias creaciones digitales, en forma de blogs, vídeos, fotos, canciones y *podcasts,* así como para criticar, editar o modificar las creaciones de los demás. La vasta enciclopedia escrita por voluntarios Wikipedia, el servicio de vídeo YouTube, producido en gran parte por aficionados, el enorme repositorio de fotos Flickr, el extenso compendio de blogs que es Huffington Post... Todos estos populares medios de comunicación eran inimaginables antes del advenimiento de la Red. La interactividad del medio también la ha convertido en el centro de reuniones del mundo, donde la gente se encuentre para charlar, cotillear, discutir, presumir y conocer gente en Facebook, Twitter, MySpace y todo tipo de redes y servicios sociales (a veces, antisociales).

Si los usos de Internet se han multiplicado, el tiempo que dedicamos al medio no se ha quedado atrás, mientras las cada vez más rápidas conexiones nos han permitido hacer cada vez más cosas cada minuto que pasamos conectados. Hacia 2009, los adultos en América del Norte le dedicaban una media de doce horas semanales, el doble del promedio correspondiente a 2005[7]. Pero si se tiene en cuenta sólo a los adultos con acceso a Internet, las horas de conexión a la Red aumentan considerablemente, hasta superar las diecisiete a la semana. Para los adultos más jóvenes, la cifra es aún mayor: los veinteañeros pasan más de diecinueve horas a la semana *online*[8]. Los niños estadounidenses con edades entre los dos y los once años usaron la Red más de once horas a la semana en 2009, un incremento de más del 60 por ciento respecto a 2004[9]. El adulto europeo medio se conectó casi ocho horas a la semana en 2009, un 30 por ciento más que en 2005. Entre los europeos de veintitantos años, esta cifra se situaba alrededor de las doce horas semanales[10]. En 2008, un estudio internacional con 27.500 adultos entre dieciocho y cincuenta y cinco años encontró que la gente está pasando un 30 por ciento de su ocio conectada a Internet, el 44 por ciento en el caso de los chinos[11].

Estas cifras no incluyen el tiempo empleado en utilizar los teléfonos móviles y otras computadoras de bolsillo para intercambiar mensajes de texto, que también sigue aumentando rápidamente. Hoy, el envío de mensajes textuales es uno de los usos más comunes de los ordenadores, especialmente para los jóvenes. A principios de 2009, el usuario medio de telefonía móvil en Estados Unidos enviaba o recibía cerca de 400 textos al mes, cifra que cuadruplicaba con creces la de 2006. El adolescente estadounidense enviaba o recibía un alucinante promedio de 2.272 textos al mes[12]. En todo el mundo se intercambian más de dos billones de mensajes de texto al año entre teléfonos móviles, lo que supera con mucho el número de llamadas de voz tradicionales[13]. Gracias a nuestros omnipresentes sistemas y dispositivos de mensajería, «en realidad uno no tiene por qué desconectar nunca», dice Danah Boyd, socióloga que trabaja para Microsoft[14].

A menudo se presume que el tiempo que dedicamos a la Web sale del tiempo que de otra manera pasaríamos frente al televisor. Pero las estadísticas indican lo contrario. La mayoría de los estudios sobre la actividad de los medios de comunicación indican que, mientras el uso de la Red ha aumentado, las horas pasadas viendo la televisión también, o como mínimo se han mantenido estables. La tradicional encuesta de Nielsen sobre el seguimiento de los medios de comunicación revela que el tiempo que los estadounidenses dedican a ver la televisión no ha dejado de subir durante toda la era de Internet. Las horas que pasamos delante de la tele aumentaron otro 2 por ciento entre 2008 y 2009, llegando a 153 horas al mes, el nivel más alto desde que Nielsen comenzó a recoger datos en la década de 1950 (y eso sin incluir el tiempo que la gente pasa viendo programas de televisión en sus equipos)[15]. También en Europa la gente sigue viendo la televisión más que nunca. La media europea ascendió a más de una docena de horas de televisión a la semana en 2009, casi una hora más que en 2004[16].

Un estudio de 2006 a cargo de Jupiter Research reveló «un enorme solapamiento» entre el tiempo empleado en ver la televisión y el dedicado a navegar por la Web: el 42 por ciento más ávido entre los aficionados a la tele (quienes ven más de treinta y cinco horas a la semana) también engruesan las filas de los usuarios más intensivos de Internet (aquellos que pasan conectados más de treinta horas a la semana)[17]. En otras palabras, el aumento de nuestro tiempo *online* ha multiplicado la cantidad total de tiempo que pasamos frente a una pantalla. Según un exhaustivo estudio realizado en 2009 por el Centro para el Diseño Mediático de la Ball State University, la mayoría de los estadounidenses, sin importar su edad, pasa no menos de ocho horas y media al día mirando el televisor de su sala, el monitor de su ordenador o la pantalla de su teléfono móvil. Con frecuencia se utilizan dos o incluso tres de estos dispositivos simultáneamente[18].

Lo que sí parece estar disminuyendo mientras crece el uso de la Red es el tiempo que pasamos leyendo publicaciones impresas; particularmente periódicos y revistas, pero también libros. Entre las cuatro principales categorías de medios personales, la impresión es hoy la menos utilizada, quedando muy por detrás de la televisión, las computadoras y la radio. En 2008, según la Oficina de Estadísticas Laborales estadounidense, el tiempo que el norteamericano medio mayor de catorce años dedicaba a la lectura de obras impresas había caído a 143 minutos por semana, lo que supone una caída del 11 por ciento desde 2004. Los adultos entre las edades de veinticinco y treinta y cuatro años, que se cuentan entre los más ávidos usuarios de la Red, tan sólo dedicaban cuarenta y nueve minutos por semana a leer letra impresa en 2008, un 29 por ciento menos que en 2004[19]. En un pequeño pero revelador estudio realizado en 2008 para la revista *Adweek*, cuatro estadounidenses típicos —un barbero, un farmacéutico, un director de colegio de primaria y un agente inmobiliario— fueron sometidos a vigilancia durante el transcurso de un día para documentar su uso de los medios de comunicación. Los examinados tenían hábitos muy diferentes, pero compartían uno, según la revista: «Ninguno de los cuatro leyó ninguna publicación impresa durante las horas de observación»[20]. Debido a la ubicuidad del texto en la Web y nuestros teléfonos, es casi seguro que leemos más texto hoy que hace veinte años, pero estamos dedicando mucho menos tiempo a leer palabras impresas en papel.

Internet, como el ordenador personal que la precede, ha demostrado su utilidad de tantas maneras que hemos dado la bienvenida a cada expansión de su alcance. Rara vez nos tomamos una pausa para reflexionar, y mucho menos cuestionar, la revolución que los medios de comunicación están causando a nuestro alrededor: en nuestros hogares, en nuestros lugares de trabajo, en nuestras escuelas. Hasta que llegó la Red, la historia de los medios de comunicación había sido la historia de una fragmentación. Las diferentes tecnologías avanzaban por caminos diferentes, dando lugar a una proliferación de herramientas, cada una de las cuales servía a un propósito especial. Libros y periódicos podían presentar texto e imágenes, pero no sonidos ni imágenes en movimiento. Los medios visuales como el cine y la televisión eran inadecuados para la presentación de textos, excepto en las más ínfimas cantidades. Radios, teléfonos, tocadiscos y magnetófonos se limitaban a emitir sonidos. Si uno quería sumar cifras, utilizaba una calculadora. Si quería averiguar datos, consultaba una enciclopedia o el almanaque mundial. La producción estaba tan fragmentada como el consumo. Si una empresa quería vender textos, los imprimía. Si eran imágenes en movimiento, las filmaba. Si eran canciones, las grababa en discos de vinilo o cinta magnética. Si quería distribuir programas de televisión y comerciales, los emitía por el aire a través de una gran antena o por unos gruesos cables coaxiales de color negro.

Una vez que la información se digitaliza, los límites entre los medios de comunicación se disuelven. Reemplazamos nuestras herramientas especializadas por una sola navaja multiusos. Y debido a que la economía digital de producción y distribución casi siempre es superior a sus predecesoras —los costos de crear productos electrónicos y transmitirlos a través de la Red son una pequeña fracción de lo que cuesta fabricar bienes materiales y distribuirlos a los minoristas—, los cambios se suceden muy rápidamente, siguiendo la lógica inexorable del capitalismo. Hoy en día casi todas las empresas mediáticas distribuyen versiones digitales de sus productos a través de la Red, fuera de la cual apenas si tienen posibilidad de expandir el negocio.

Eso no quiere decir que las formas tradicionales de los medios de comunicación hayan desaparecido. Todavía compramos libros y nos suscribimos a revistas. Todavía vamos al cine y escuchamos la radio. Algunos todavía compramos música en discos compactos y películas en DVD, incluso un periódico de vez en cuando. Cuando las tecnologías viejas se ven suplantadas por otras nuevas, es frecuente que las viejas sigan utilizándose largo tiempo, a veces indefinidamente. Décadas después de la invención de los tipos móviles, muchos libros siguieron copiándose a mano de escriba o imprimiéndose a partir de planchas de madera; y algunos de los libros más bellos de hoy mismo se siguen produciendo por los antiguos medios. Aún queda gente que escucha discos de vinilo, utiliza cámaras de carrete para hacer fotografías y busca números de teléfono en unas páginas amarillas impresas. Pero las viejas tecnologías van perdiendo su fuerza económica y cultural. Se han convertido en callejones sin salida del progreso. Son las nuevas tecnologías las que rigen la producción y el consumo, las que guían el comportamiento de la gente y conforman sus percepciones. Por eso el futuro del conocimiento y la cultura ya no se encuentra en los libros ni en los periódicos, ni en los programas de televisión, ni en los de radio, ni en los discos o CD. Se encuentra en archivos digitales difundidos por nuestro medio universal a la velocidad de la luz.

«Un medio nuevo nunca es una adición a otro viejo —escribió McLuhan en *Comprender los medios de comunicación*— ni deja nunca al viejo en paz. No deja de oprimirlo hasta forzarlo a una nueva forma y posición»[21]. Esta observación se nos antoja particularmente cierta hoy día. Los medios tradicionales, incluso los electrónicos, están siendo remodelados y reposicionados en su transición a la distribución en línea. Cuando la Red absorbe un medio, lo recrea a su imagen y semejanza. No se limita a disolverle la forma física; también le inyecta hiperenlaces en el contenido, lo fragmenta en secciones aptas para las búsquedas y rodea su contenido con el de todos los demás medios que ha absorbido. Todos estos cambios en la forma del contenido modifican también el modo en que usamos, experimentamos e incluso comprendemos el contenido.

Puede que una página de texto vista a través de una pantalla de ordenador parezca similar a una página de texto impreso. Sin embargo, el mero hecho de desplazarse o hacer clic en un documento web implica una expresión corporal y unos estímulos sensoriales muy diferentes de los que se activan cuando leemos un libro o una revista. La investigación ha demostrado que el acto cognitivo de la lectura no se basa sólo en el sentido de la vista, sino también en el del tacto. Es táctil además de visual. «Toda lectura —escribe Anne Mangen, catedrática de Literatura noruega— es multisensorial». Hay «un vínculo crucial» entre «la experiencia sensoriomotriz de la materialidad» de una obra escrita y «el procesamiento cognitivo del contenido del texto»[22]. El tránsito del papel a la pantalla no se limita a cambiar nuestra forma de navegar por un texto. También influye en el grado de atención que le prestamos y en la profundidad de nuestra inmersión en él.

Los hipervínculos también alteran nuestra experiencia de los medios de comunicación. Los enlaces son en cierto sentido una variante de las alusiones textuales, citas y notas al pie que han venido siendo elementos comunes de los documentos. Sin embargo, su efecto sobre nosotros mientras leemos no es en absoluto el mismo. Los enlaces no sólo nos guían a las obras relacionadas o complementarias, sino que más bien nos invitan a pulsarlos. Nos incitan a abandonar cualquier texto en el que pudiéramos estar inmersos en lugar de dedicarle una atención sostenida. Los hipervínculos están diseñados para captar nuestra atención. Su valor como herramientas de navegación es inseparable de la distracción que provocan.

La posibilidad de realizar búsquedas que ofrecen los textos en formato digital es asimismo una variante de otras ayudas a la navegación más añejas, como los índices temáticos, los alfabéticos y las tablas de concordancias. Pero también en este caso los efectos son diferentes. Al igual que ocurre con los enlaces, esta facilidad y disponibilidad para la búsqueda hace que sea mucho más fácil saltar entre los documentos digitales de lo que lo fue entre los impresos. Nuestro apego a cualquier texto se vuelve más tenue, más provisional. También las búsquedas conducen a la fragmentación de las obras publicadas *online*. Los motores de búsqueda a menudo llaman nuestra atención sobre un fragmento concreto de texto, algunas palabras o frases que revisten interés para lo que quiera que estemos buscando en un momento dado, y desincentivan cualquier consideración de la obra en su conjunto. Cuando hacemos búsquedas en Internet, no vemos el bosque. Ni siquiera vemos los árboles. Vemos ramitas, hojas; y a medida que empresas como Google y Microsoft perfeccionan sus motores de búsqueda para vídeo y audio, más productos se ven sometidos a la fragmentación que ya caracteriza las obras escritas.

Mediante la combinación de diferentes tipos de información en una sola pantalla, la Red multimedia fragmenta aún

más los contenidos e interrumpe nuestra concentración más
todavía. Una sola página web puede contener fragmentos de
texto, vídeo y audio, una variada gama de herramientas de navegación, diversos anuncios y varias pequeñas aplicaciones de
software, o *widgets*, que se ejecutan en sus propias ventanas. Todos sabemos cómo puede llegar a distraernos esta cacofonía
de estímulos. Pero nos lo tomamos en broma. Un nuevo mensaje de correo electrónico anuncia su llegada cuando ojeába-
mos los titulares más recientes de un periódico digital. Unos
segundos más tarde, nuestro lector de RSS nos informa de
que uno de nuestros blogueros favoritos ha publicado un nuevo post. Unos momentos después nuestro teléfono móvil reproduce la melodía que indica la entrada de un mensaje de
texto. Al mismo tiempo, una alerta de Facebook o Twitter par-
padea en la pantalla. Y además de todo lo que fluye a través de
la Red, también tenemos acceso inmediato a todos los programas de *software* que se ejecutan en nuestros ordenadores y
compiten asimismo por unos minutos de nuestra atención.
Cada vez que encendemos el ordenador, nos sumergimos en
un «ecosistema de tecnologías de la interrupción», como lo
ha definido la bloguera y escritora de ciencia ficción Cory
Doctorow[23].

Interactividad, hipervínculos, búsquedas, multimedia... Todas estas cualidades de la Red reportan atractivos beneficios.
Junto con el volumen sin precedentes de información disponible en línea, son las principales razones por las que a la mayoría de nosotros nos atrae tanto el uso de Internet. Nos gusta
ser capaces de pasar de leer a escuchar o ver sin tener que le-
vantarnos a encender otro aparato ni buscar en una pila de
revistas o discos. Nos gusta poder encontrar y ser transportados de inmediato a los datos que buscamos sin tener que revisar un montón de cosas ajenas a la materia. Nos gusta estar
en contacto con amigos, familiares y colegas. Nos gusta sentirnos conectados, y odiamos sentirnos desconectados. Internet
no cambia nuestros hábitos intelectuales en contra de nuestra
voluntad. Pero cambiarlos, los cambia.

Nuestro uso de la Red no hará sino crecer, y su impacto en nosotros no hará sino fortalecerse, a medida que vaya haciéndose cada vez más presente en nuestras vidas. Al igual que ocurrió con el reloj y el libro, el ordenador sigue haciéndose más pequeño y económico a medida que avanza la tecnología. Los ordenadores portátiles baratos nos han concedido la capacidad de llevarnos Internet puesta cuando salimos de nuestra oficina o nuestro hogar. Sin embargo, el portátil era en sí mismo un dispositivo complicado, y conectarlo a Internet no siempre fue fácil. La introducción de los *netbooks* y los aún más pequeños *smartphones* resuelve esos problemas. Los potentes ordenadores de bolsillo como el iPhone de Apple, el Motorola Droid, y el Google Nexus One llevan aparejado el acceso a Internet. Con la incorporación de servicios de Internet a todo, desde los salpicaderos de los automóviles a los paneles de mandos de los aviones, estos pequeños dispositivos prometen integrar más profundamente la Web en nuestras actividades cotidianas, universalizando más aún nuestro ya universal medio.

A medida que la Red se expande, otros medios de comunicación se contraen. Al cambiar la economía de la producción y la distribución, la Red ha minado la rentabilidad de muchas empresas de la información y el ocio, en particular las que tradicionalmente vendían productos físicos. Las ventas de CD de música han caído constantemente durante el último decenio, con un desplome del 20 por ciento sólo en 2008[24]. Las ventas de películas en DVD, una importante fuente de ingresos para los estudios contemporáneos de Hollywood, también están en declive, con una caída de un 6 por ciento durante el año 2008, y una reducción de otro 14 por ciento durante la primera mitad de 2009[25]. Las ventas de tarjetas de felicitación y postales está cayendo en picado[26]. El volumen de correo enviado a través del servicio postal de Estados Unidos registró en 2009 el mayor descenso jamás conocido[27]. Las universidades están suspendiendo las ediciones impresas de sus revistas y monografías académicas y pasándose a la distribución electrónica[28].

Las escuelas públicas están impulsando a los estudiantes a utilizar materiales de referencia *online* en lugar de lo que el gobernador de California, Arnold Schwarzenegger, tildó de «libros de texto anticuados, pesados y caros»[29]. Allá donde mires, ves señales de la creciente hegemonía de Internet en la presentación y el flujo de la información.

En ninguna parte han sido estos efectos tan inquietantes como en la industria de la prensa, que se enfrenta a desafíos económicos especialmente graves a medida que lectores y anunciantes abrazan la Red como a su medio preferido. La disminución de los hábitos de lectura de periódicos entre los estadounidenses se produjo hace décadas, cuando la radio y la televisión comenzaron a consumir más tiempo de ocio de la gente; pero Internet ha acelerado esta tendencia. Entre 2008 y 2009, la circulación de diarios cayó más del 7 por ciento, mientras que las visitas a los sitios web de los periódicos crecieron más del diez[30]. Uno de los más antiguos diarios de Estados Unidos, el *Christian Science Monitor*, anunció a principios de 2009 que iba a parar sus rotativas después de cien años. La Web se convertiría en su principal canal distribuidor de noticias. La medida, según dijo el director del periódico, Jonathan Wells, era un presagio de lo que les esperaba a otros periódicos. «Los cambios en el sector, en el propio concepto de noticia y en la economía que sustenta a esta industria nos han golpeado a nosotros primero», explicó[31].

Su vaticinio se demostró correcto. En cuestión de meses, el periódico más antiguo de Colorado, el *Rocky Mountain News*, había ido a la quiebra; el *Seattle Post-Intelligencer* abandonaba su edición impresa y despedía a la mayor parte de su personal; *The Washington Post* había cerrado todas sus oficinas en Estados Unidos, despidiendo a más de un centenar de periodistas; y los propietarios de más de otros treinta periódicos del país, incluidos *Los Angeles Times*, *Chicago Tribune*, *The Philadelphia Inquirer* y *Minneapolis Star Tribune* se declararon en bancarrota. Tim Brooks, consejero delegado de Guardian News and Media, editora de los británicos *The Guardian* y *The Independent*, anunció que todas las futuras inversiones de su empresa se destinarían a productos digitales multimedia, servidos sobre todo a través de sus sitios web. «Los días en que en este negocio se podía vivir sólo de la palabra han pasado a la historia», declaró en un congreso del sector[32].

Una vez que nuestras mentes se han adaptado a este puzle que es el contenido web, las empresas mediáticas han tenido que adaptarse a las nuevas expectativas de su público. Muchos productores están acortando sus contenidos para adaptarse a la capacidad de atención más corta que caracteriza a los consumidores en línea, así como para mejorar su clasificación en los motores de búsqueda. YouTube, Hulu y otros servicios distribuyen fragmentos de televisión y cine. Extractos de programas de radio se ofrecen como *podcasts* o *streams*. Artículos de revistas y periódicos individuales circulan de manera aislada. Se muestran páginas de libros a través de Amazon.com y Google Book Search. Los álbumes de música se diseccionan para vender sus canciones a través de iTunes o dejarlas fluir a través de Spotify. Incluso las canciones mismas se rompen en trozos envasados para servir de politonos a los teléfonos móviles o incrustarse en los videojuegos. Hay mucho que decir sobre lo que los economistas llaman «separación» de los contenidos. Proporcionará más opciones a la gente y la liberará de compras no deseadas. Pero también ilustra y refuerza los cambiantes patrones de consumo de información que promueve la Web. Como dice el economista Tyler Cowen: «Cuando el acceso [a la información] es fácil, tendemos a favorecer lo breve, lo lindo, lo deshilvanado»[33].

La influencia de la Red no termina al borde de una pantalla de ordenador. Las empresas mediáticas están cambiando sus productos tradicionales, incluso los físicos, para asemejarlos más a lo que las personas experimentan cuando están *online*. Si, en los primeros días de la Red, el diseño de las publicaciones en línea se inspiró en las publicaciones impresas (como el diseño de la Biblia de Gutenberg se inspiró en los libros de los amanuenses), hoy la inspiración tiende a ir en la dirección opuesta. Muchas revistas han ajustado sus diseños para imitar, o al menos hacerse eco de la apariencia de los sitios web. Han reducido sus artículos, introducido resúmenes y llenado sus páginas de bocadillos y leyendas bien visibles. *Rolling Stone,* antaño conocida por su publicación de prolijos y aventureros trabajos de escritores como Hunter S. Thompson, evita ahora dichas obras, y ofrece a los lectores una mezcla de artículos breves y reseñas. «Internet no existía —explica su director, Jann Wenner— en los tiempos en que la revista *Rolling Stone* publicaba reportajes de siete mil palabras». La mayoría de las revistas populares han acabado «atiborradas de colorines, titulares de gran tamaño, gráficos, fotografías y citas —escribe Michael Scherer en la *Columbia Journalism Review*—. La gris página de texto, que fuera columna vertebral de las revistas, ha quedado prácticamente desterrada»[34].

También el diseño de los periódicos está cambiando. Hasta los incondicionales de la industria, como *The Wall Street Journal* y *Los Angeles Times,* se han sumado recientemente al recorte de sus artículos y a la introducción de más resúmenes y ayudas a la navegación, para facilitar más aún la exploración de sus contenidos. Un editor de *Times* de Londres atribuye tales cambios de formato a la adaptación de la prensa a «la era de Internet, la era del titular»[35]. En marzo de 2008, *The New York Times* anunció que comenzaría a dedicar tres páginas de cada edición a resúmenes de un párrafo de los artículos más largos y otros elementos más breves. Su director de diseño, Tom Bodkin, explicó que estos «atajos» permitirían a los lectores más ajetreados hacerse una rápida idea de las noticias del día, ahorrándoles el «menos eficiente» método de pasar las páginas y leer los artículos[36].

Semejantes estrategias de mimetismo no han sido particularmente exitosas a la hora de atajar el éxodo de los lectores de la letra impresa a las publicaciones *online*. Al cabo de un año, durante el cual su circulación siguió disminuyendo, *The*

New York Times abandonó calladamente la mayor parte de su rediseño, limitando sus resúmenes de artículos a una sola página en la mayoría de las ediciones. Algunas revistas, dándose cuenta de que competir con la Red mediante sus propias armas es batalla perdida, han invertido sus estrategias, regresando a diseños más simples y más despejados para artículos más largos. *Newsweek* revisó sus páginas en 2009, con un mayor énfasis en la profesionalidad de sus artículos y sus fotografías, y un papel más grueso y más caro. El precio que las publicaciones pagan por ir contra las convenciones de la Red es otra reducción más de sus lectores. Cuando la revista *Newsweek* dio a conocer su nuevo diseño, también anunció que estaba reduciendo la circulación que garantiza a sus anunciantes de 2,6 a 1,5 millones[37].

Al igual que sus homólogos en letra impresa, la mayoría de los programas de televisión y películas también intentan parecerse más a la Red. Las cadenas de televisión han añadido textos emergentes y subtítulos corredizos a sus pantallas; y ejecutan rutinariamente infografías y anuncios superpuestos a sus programas. Algunos programas más recientes, como el telediario nocturno de la NBC con Jimmy Fallon, están expresamente diseñados para satisfacer tanto a los internautas como a los televidentes, con énfasis en los segmentos breves que se prestan a distribución, como clips de YouTube. Las compañías de cable y satélite ofrecen canales temáticos que permiten a los espectadores ver varios programas al mismo tiempo, gracias a un mando a distancia empleado como una especie de ratón con el que hacer clic entre pistas de audio. El contenido de la Red también está empezando a ofrecerse directamente a través de los televisores, a medida que los principales fabricantes, como Sony y Samsung, rediseñan sus sistemas para encajar a la perfección sus emisiones tradicionales en programas para Internet. Los estudios cinematográficos han comenzado a incorporar prestaciones propias de las redes sociales en los discos que venden. Con la versión Blu-ray que Disney ha sacado de *Blancanieves*, los espectadores pueden chatear entre sí a través de Internet mientras ven a los siete enanitos cantar de camino al trabajo. El disco de *Watchmen* se sincroniza automáticamente con las cuentas de Facebook, lo que permite a los espectadores intercambiar con sus amigos «comentarios en directo» acerca de la película[38]. Craig Kornblau, presidente de Universal Studios Home Entertainment, anuncia que su estudio pretende introducir más funciones así, con el objetivo de convertir el visionado de películas en «una experiencia interactiva»[39].

La Red ha comenzado a alterar la manera en que experimentamos las actuaciones artísticas en directo, así como sus grabaciones. Cuando llevamos un ordenador de gran capacidad a un teatro u otro escenario, incorporamos todas las herramientas de comunicación y redes sociales disponibles en la Web. Hace mucho tiempo que se generalizó la práctica de grabar con el móvil fragmentos de conciertos para enviárselos a los amigos. Los móviles están empezando a incorporarse deliberadamente a las funciones musicales como recurso para atraer a una nueva generación de usuarios saturados de la Red. En 2009, durante una interpretación de la *Sinfonía pastoral* de Beethoven en la localidad estadounidense de Wolf Trap (Virginia), la Orquesta Sinfónica Nacional difundió una serie de *tweets* de Twitter, escritos por el director Emil de Cou, que explicaban algunas de las referencias musicales de Beethoven[40]. La Filarmónica de Nueva York y la Orquesta Sinfónica de Indianápolis han comenzado a alentar al público a que utilice sus teléfonos para votar, a través de mensajes de texto, el bis de la velada. «Era menos pasivo que limitarse a estar ahí sentado escuchando música», comentó un asistente después de una reciente actuación de la Filarmónica[41]. Un creciente número de Iglesias estadounidenses anima a sus feligreses a llevarse consigo a misa ordenadores portátiles y teléfonos *inteligentes* a fin de intercambiar mensajes reconfortantes a través de Twitter y otros servicios de *microblogging*[42]. Eric Schmidt, consejero delegado de Google, ve en la incorporación de las redes sociales a las representaciones teatrales y otros eventos una nueva y excitante oportunidad de negocio para las empresas de Internet. «El uso más obvio de Twitter», dice, se puede ver en aquellas situaciones en las que «todo el mundo está viendo una función teatral y la comenta mientras se está representando»[43]. Hasta nuestra experiencia directa del mundo real se empieza a ver mediatizada por los ordenadores conectados a la Red.

Un ejemplo particularmente sorprendente de cómo Internet transforma nuestras expectativas acerca de los medios de comunicación se puede ver en cualquier biblioteca. Aun cuando no tendamos a pensar en las bibliotecas como tecnologías de los medios de comunicación, lo son. La biblioteca pública es, de hecho, uno de los más importantes e influyentes medios informativos jamás creados; y uno que sólo pudo proliferar tras la llegada de la lectura silenciosa con la impresión de tipos móviles. Las actitudes de una comunidad y sus preferencias respecto de la información adoptan forma concreta en el diseño de su biblioteca y los servicios de ésta. Hasta hace poco, una biblioteca pública era un oasis de libresca tranquilidad en el que los lectores ojeaban en las estanterías volúmenes alfabéticamente dispuestos o se retiraban a una mesa para leer en silencio. Pero las bibliotecas de hoy son muy diferentes. El acceso a Internet se está convirtiendo en su servicio más popular. De acuerdo con encuestas recientes de la Asociación Americana de Bibliotecas, el 99 por ciento de las bibliotecas públicas estadounidenses ofrecen acceso a Internet, con un promedio de once ordenadores de uso público por biblioteca. Más de tres cuartas partes de ellas también ofrecen redes wi-fi a sus usuarios[44]. El sonido predominante en la biblioteca moderna ya no es el pasar de las páginas, sino el tecleo.

La arquitectura de una de las nuevas sucursales del venerable sistema de bibliotecas públicas de Nueva York, la Biblioteca Central de Bronx pone de manifiesto el cambiante papel de la biblioteca. En su boletín *Strategy & Business,* tres consultores de gestión describen la disposición del edificio: «En las cuatro plantas principales de la biblioteca, las estanterías de libros se han colocado a los extremos, dejando un amplio espacio en el centro para mesas con ordenadores, muchos con acceso de banda ancha a Internet. Las personas que utilizan los ordenadores son jóvenes y no necesariamente los utilizan para fines académicos: uno está buscando en Google imágenes de Hannah Montana, otro actualiza su página en Facebook, unos cuantos críos están entretenidos con videojuegos como The Fight for Glorton. Los bibliotecarios están para responder preguntas y organizar torneos de juegos *online*, no para hacer callar a nadie»[45]. Los consultores apuntan a esta sucursal del Bronx como ejemplo de cómo las bibliotecas más progresistas conservan su «relevancia» mediante «la puesta en marcha de nuevas iniciativas digitales para atender las necesidades de los usuarios». El diseño de la biblioteca ofrece, además, un poderoso símbolo de nuestro nuevo paisaje mediático: en el centro se encuentra la pantalla de la computadora conectada a Internet. La palabra impresa ha sido relegada a los márgenes.

6. LA VIVA IMAGEN DEL LIBRO

Y ¿qué decir del libro mismo? De todos los medios de comunicación populares, probablemente haya sido el más resistente a la influencia de la Red. Los editores de libros han venido padeciendo pérdida de negocio a medida que la lectura se desplazaba de la página impresa a la pantalla. Pero la propia forma del libro no ha cambiado gran cosa: esa larga secuencia de páginas encuadernadas en un par de tapas duras se ha revelado como una tecnología notablemente robusta, cuya utilidad y popularidad no han mermado en medio milenio.

No es difícil ver por qué los libros han tardado en dar el salto a la era digital. No hay gran diferencia entre el monitor de un ordenador y la pantalla de un televisor; y los altavoces de un ordenador suenan muy parecidos a los de una radio. Pero como dispositivo de lectura, el libro conserva varias ventajas convincentes respecto del ordenador. Uno se puede llevar un libro a la playa sin preocuparse de que le entre arena. O a la cama sin preocuparse de que se rompa si se queda dormido. Puede derramar café sobre él. Incluso sentarse encima. Si lo posa sobre una mesa abierto por la página que estaba leyendo, la semana que viene seguirá exactamente donde lo dejó. Nunca hay que preocuparse de buscar un enchufe ni de si se le agota la batería.

También la experiencia lectora tiende a ser mejor con el libro impreso: las palabras impresas sobre un papel blanco son más fáciles de leer que un texto pixelado sobre una pantalla con iluminación posterior. Se pueden leer cien páginas impresas sin sufrir la fatiga ocular que a menudo provoca la lectura en pantalla de un texto relativamente breve. La navegación por un libro es más sencilla y, como diría un programador, más intuitiva. Las páginas reales se pasan de manera más veloz y flexible que las virtuales. Se pueden escribir anotaciones al margen o subrayar pasajes emotivos o inspiradores. Hasta podemos pedir al autor que nos lo firme. Una vez terminado, sirve para rellenar un hueco en la estantería... o para prestárselo a un amigo.

Tras años de bombo publicitario con el libro electrónico, la mayoría de la gente no ha demostrado mucho interés en él. La inversión de unos cientos de euros en un «lector digital» especializado parece una tontería, dados la facilidad y el placer de comprar y leer los libros de toda la vida. Pero el libro no se mantendrá impermeable a la revolución digital. Las ventajas económicas de la producción y la distribución digitales —sin grandes inversiones en papel, tinta e impresión, ni necesidad de transportar grandes cargas o devolver ejemplares no vendidos— son exactamente igual de concluyentes para los editores y distribuidores de libros que para todas las demás empresas de medios. Y esta reducción de costes se traduce en unos precios más bajos. No es inhabitual que los libros electrónicos se vendan por la mitad de lo que cuestan sus ediciones impresas, gracias en parte a las ayudas de quienes fabrican los soportes. Estos importantes descuentos suponen un fuerte incentivo para hacer la transición del papel a los píxeles.

También los lectores digitales han mejorado enormemente en los últimos años. Las ventajas de los libros tradicionales ya no son tan determinantes como antaño. Gracias a las pantallas de alta resolución fabricadas con materiales como el vizplex, un material extremadamente sensible y resistente desarrollado por la empresa E Ink, de Massachusetts, la claridad del texto digital casi rivaliza ahora con la del texto impreso. Los visores de última generación no necesitan iluminación posterior, lo cual permite su uso con luz solar directa, amén de reducir considerablemente el esfuerzo para la vista. Y otra mejora es la de las funciones de los lectores, que facilitan la navegación, el marcado de páginas, el subrayado de texto e incluso la escritura de notas marginales. Los miopes pueden aumentar el tamaño de la letra, algo que no permite el libro impreso. Y con los precios de la memoria informática a la baja, la capacidad de los lectores aumenta. Ahora pueden almacenar cientos de libros. Igual que un iPod puede contener toda la colección musical de una persona, asimismo un lector de e-books puede contener toda una biblioteca personal.

Aunque el e-book sigue representando una magra fracción de las ventas totales de libros, su crecimiento es incomparablemente vigoroso con relación al libro impreso. Según datos de Amazon.com a principios de 2009, de los 275.000 volúmenes que vende (en forma impresa, así como digital), las versiones electrónicas representan el 35 por ciento de las ventas totales; esto es un fuerte ascenso respecto del 10 por ciento registrado el año anterior. Largo tiempo estancadas, las ventas de reproductores digitales están en plena expansión: van desde el millón de unidades vendidas en 2008 a los doce millones calculados para 2010[1]. Como informaron recientemente Brad Stone y Motoko Rich, de *The New York Times*, «el libro electrónico está aquí para quedarse»[2].

Uno de los lectores digitales más populares entre los nuevos es el desarrollado por Amazon: Kindle. Presentado a bombo y platillo en 2007, este aparato incorpora lo último en tecnología de pantallas y funciones lectoras, además de un teclado completo. Pero también incluye una prestación que aumenta notablemente su atractivo: una conexión a Internet inalámbrica y siempre disponible. El coste de la conexión está incluido en el precio del Kindle, sin más cuotas de suscripción. Así las cosas, no es sorprendente que esta conexión permita curiosear en la gran librería de Amazon y descargarse inmediatamente los títulos adquiridos. Pero esto es sólo el principio:

también permite leer la prensa digital, consultar blogs, realizar búsquedas en Google, escuchar MP3 y, mediante un navegador especialmente diseñado, recorrer otros sitios de la Web. La prestación más innovadora del Kindle, al menos en lo que se refiere al futuro del libro, es la incorporación de vínculos al texto. El Kindle convierte la palabra impresa en hipertexto. Pulsando una palabra o frase, se accede a su definición en el diccionario, a un artículo en Wikipedia o a una lista de resultados de búsqueda en Google.

El Kindle apunta al futuro de los libros digitales. Sus prestaciones, incluso su *software*, se están incorporando a iPhones y ordenadores personales; el reproductor de un dispositivo tan especializado como costoso se convierte así en otra aplicación más de la máquina universal de Turing. El Kindle también marca el futuro, menos halagüeño, del libro impreso. En un artículo publicado en *Newsweek* en 2009, el periodista y editor Jacob Weisberg, antaño escéptico ante el libro electrónico, elogiaba el Kindle como «un ingenio que marca una revolución cultural» en la que «la lectura se independiza de la impresión». Según Weisberg, lo que nos dice el Kindle es que «los libros impresos, *los más excelsos artefactos de la civilización humana,* van a unirse a periódicos y revistas en el camino a la obsolescencia»[3]. Charles McGrath, que dirigiera el suplemento literario de *The New York Times,* también ha abrazado el credo Kindle, y califica a este «seductor *gizmo* blanco» de «precursor del porvenir» de los libros y la lectura. «Sorprende lo rápidamente que se acostumbra uno a la comodidad —añade McGrath—, y lo poco que se echan en falta, una vez perdidos, los detalles tipográficos y de diseño que tanto valorábamos antaño». Aunque no cree que los libros impresos vayan a desaparecer en un futuro cercano, sí tiene la sensación de que «en el futuro los conservaremos como reliquias de tiempos pasados para el proceso lector»[4].

¿Qué entrañará esto para el modo en que leemos? L. Gordon Crovitz, de *The Wall Street Journal,* ha sugerido que los visores de lectura de fácil manejo y conectados a Internet, como el Kindle, «pueden ayudarnos a volver nuestra atención a lo que hace grande un libro: las palabras que contiene y lo que significan»[5]. Es un sentimiento que la mayoría de los amantes de la literatura compartirían de buen grado. Pero tiene más de deseo que de realidad. Crovitz es víctima de la ceguera contra la que previno McLuhan: la incapacidad de ver que el cambio de forma sufrido por un medio implica un cambio de contenido. «Un e-book es algo más que un libro tradicional en formato electrónico —opina el vicepresidente primero de HarperStudio, filial del gigante editorial HarperCollins—. Hay que aprovecharse del medio para crear algo dinámico que mejore la experiencia. Quiero vínculos dinámicos, material extra, narración, vídeo, conversaciones»[6]. En cuanto se inyectan en un libro vínculos que lo conectan a Internet —en cuanto se «expande», se «mejora» y se hace más «dinámico»— se cambia lo que es y la experiencia de leerlo. Un libro electrónico no tiene más de libro que lo que un periódico en pantalla tiene de periódico.

Poco después de que el escritor Steven Johnson empezara a leer libros electrónicos en su nuevo Kindle, se dio cuenta de que «la migración del libro al mundo digital no iba a limitarse a cambiar tinta por píxeles, sino que probablemente cambiaría de manera profunda el modo en que leemos, escribimos y vendemos libros». A Johnson le apasionaba el potencial del Kindle para expandir «el universo de los libros al alcance de nuestros dedos» y hacer los libros tan asequibles a la búsqueda como las páginas web. Pero el dispositivo digital también le provocaba tribulación: «Temo que uno de los goces de la lectura —la inmersión absoluta en otro mundo, creado por el autor— pueda verse comprometido. Acabaremos leyendo libros como leemos revistas y periódicos: picoteando un poquito aquí y allá»[7].

Christine Rosen, del Centro de Ética y Política Pública de Washington, escribió recientemente sobre su experiencia al leer la novela de Dickens *Nicholas Nickleby* en un Kindle. Lo que cuenta deja corto a Johnson: «Aunque al principio me despisté un poco, enseguida me adapté a la pantalla y me hice con los mandos de navegación y paso de página. Pero se me cansaban los ojos y la vista se me iba de un lado a otro, como me pasa siempre que leo algo largo en un ordenador. Me distraía mucho. Busqué a Dickens en la Wikipedia y me metí en el típico jardín de Internet al pinchar en un vínculo que llevaba a un cuento de Dickens: "El cruce de Mugby". Veinte minutos más tarde aún no había vuelto a mi lectura de *Nicholas Nickleby* en el Kindle»[8].

La lucha de Rosen recuerda casi palabra por palabra a la que narraba en 2005 el historiador David Bell, cuando se leyó en Internet *The Genesis of Napoleonic Propagande* [La génesis de la propaganda napoleónica]. Bell describió su experiencia en un artículo que salió en *New Republic:* «En unos pocos clics el texto apareció puntualmente en mi pantalla. Me puse a leer, pero, aunque el libro está muy bien escrito y resulta de lo más informativo, me costaba mucho concentrarme, cosa rara en mí. Navegaba arriba y abajo, buscaba palabras clave y hacía más pausas de las normales para tomarme un café, mirar el correo, leer las noticias u ordenar mi escritorio. Al final conseguí acabar el libro, de lo cual me alegro. Pero una semana más tarde noté que me costaba mucho recordar lo leído»[9].

Cuando un libro impreso —ya sea un trabajo de erudición recién publicado o una novela victoriana con dos siglos de antigüedad— se transfiere a un dispositivo electrónico conectado a Internet, se convierte en algo muy parecido a una página web. Su texto queda preso de todas las distracciones que ofrece un ordenador conectado a Internet. Sus hipervínculos y demás mejoras digitales son un constante foco de atracciones infructuosas para el lector, que pierde lo que John Updike llamaba «sus aristas» para disolverse en las vastas y procelosas aguas de la Red[10]. La linealidad del libro impreso se quiebra en pedazos; y con ella, la calmada atención que induce en el lector. Las prestaciones altamente tecnológicas de dispositivos como el Kindle y el nuevo iPad de Apple nos facilitarán la lectura de libros electrónicos, pero nuestra manera de leerlos será muy distinta del modo en que leíamos las ediciones impresas.

Estos cambios en la lectura también provocarán cambios en el estilo de escritura: autores y editores se adaptarán a los nuevos hábitos y expectativas de los lectores. Japón ya presenta un llamativo ejemplo de este proceso: en 2001 varias jóvenes japonesas empezaron a componer relatos en sus teléfonos móviles, bajo la forma de mensajes textuales que cargaban en una página web, Maho no i-rando, donde otras personas los leían y comentaban. Estas historias se expandieron como seriales o «novelas telefónicas» de popularidad creciente. Algunas de estas novelas tuvieron millones de lectores *online*. Los editores tomaron nota y empezaron a sacarlas como libros impresos. A finales de la década estas novelas de teléfono móvil habían pasado a dominar las listas de los libros más vendidos del país. Las tres novelas japonesas más vendidas en 2007 fueron escritas originalmente por medio de teléfonos móviles.

La forma de una novela refleja su origen. Éstas, según el periodista Norimitsu Onishi, son «sobre todo historias de amor escritas en el estilo breve característico de los mensajes enviados por el móvil, pero apenas contienen construcciones argumentales o el desarrollo de los personajes que se observa en la novela tradicional». Una de las novelistas telefónicas más populares, una joven de veintiún años que se hace llamar Rin, explicaba a Onishi por qué los jóvenes abandonan la novela tradicional: «No leen novelas de escritores profesionales porque sus frases son demasiado complicadas, con expresiones deliberadamente rebuscadas; y las historias que cuentan no les resultan familiares»[11]. Puede que la popularidad de las novelas telefónicas nunca se extienda más allá del Japón, un país dado a las rarezas, pero aun así este ejemplo demuestra cómo los cambios en la lectura acaban afectando a la escritura.

Otro síntoma del modo en que la Web comienza a influir en la literatura se produjo en 2009, cuando O'Reilly Media, editorial estadounidense de libros sobre tecnología, sacó un libro sobre Twitter escrito en PowerPoint, un programa de Microsoft para hacer presentaciones visuales. «Hacía tiempo que nos interesaba explorar cómo el medio *online* altera la presentación, la narrativa y la estructura del libro», declaró el consejero delegado de la editorial, Tim O'Reilly, al presentar el volumen, que está disponible en forma tanto impresa como electrónica. «La mayoría de los libros siguen ateniéndose al viejo modelo de una narración sostenida como principio organizador. Aquí más bien hemos usado un modelo del tipo Internet, con páginas independientes, cada una de las cuales puede leerse sola (o como mucho dentro de un grupo de dos o tres)». Según O'Reilly, esta «arquitectura modular» refleja el modo en que las prácticas de lectura de la gente han variado para adaptarse al texto en pantalla: «La Web ofrece incontables lecciones de cómo los libros deben adaptarse al formato *online*»[12].

Algunos cambios del modo en que los libros se escriben y presentan serán radicales. Al menos una editorial importante, Simon & Schuster, ya ha empezado a publicar novelas electrónicas con vídeos incrustados en sus páginas virtuales. Estos híbridos se han dado en llamar *vooks*. Otras empresas han emprendido ya experimentos multimedia similares. «Todo el mundo intenta pensar en la mejor manera de organizar los libros y la información en el siglo XXI», opina Judith Curr, ejecutiva de Simon & Schuster, cuando explica el impulso que está detrás de estos *vooks*. «Lisa y llanamente, ya no se puede disponer el texto de manera lineal, sin más»[13].

Otras alteraciones de la forma y el contenido serán más sutiles y se desarrollarán más lentamente. Por ejemplo, a medida que los lectores accedan a las novedades bibliográficas fundamentalmente a través de búsquedas en Internet, los autores se verán cada vez más presionados para usar determinadas palabras con más probabilidades de ser elegidas en esas búsquedas. Es lo que hacen hoy día los blogueros y otros escritores *online*. Steven Johnson apunta algunas probables consecuencias: «Los escritores y editores empezarán a preocuparse por cómo determinadas páginas o capítulos vayan a aparecer en los resultados de Google, y diseñarán las secciones específicamente con la esperanza de que atraigan esa corriente constante de visitantes llegados mediante una búsqueda. Los párrafos iniciales llevarán marcadores descriptivos que orienten a los potenciales buscadores; y se probarán distintos títulos de capítulos para determinar su visibilidad para las búsquedas»[14].

Muchos observadores creen que es mera cuestión de tiempo el que las funciones de las redes sociales se incorporen a los lectores digitales, con lo que la lectura se convertiría en una especie de deporte de equipo. Charlaremos *online* y nos pasaremos notas virtuales mientras escaneamos textos electrónicos. Nos suscribiremos a servicios que actualizarán automáticamente nuestros libros añadiéndoles críticas, comentarios y revisiones de otros lectores. En palabras de Ben Vershbow, del Instituto para el Futuro del Libro, dependiente del Centro de Comunicación Annenberg de la USC, «pronto los libros contendrán literalmente discusiones, en forma tanto de charla como de intercambios asíncronos mediante comentarios y anotaciones sociales. Uno podrá ver quién más está leyendo un libro dado, pudiéndose establecer un diálogo entre lectores»[15]. En un controvertido ensayo, el escritor científico Kevin Kelly llegó a sugerir que se celebrarían fiestas comunales de «cortar y pegar» a través de Internet. Confeccionaremos nuevos libros con retazos de libros viejos. «Una vez digitalizados —escribe Kelly—, los libros podrán reducirse a páginas individuales o incluso a fragmentos de página, los cuales se remezclarán en libros reordenados, que a su vez se publicarán para volverse a mezclar como parte del acervo común»[16].

No sabemos si se dará esta posibilidad, pero sí parece inevitable que la tendencia de Internet a transformar todo medio en un medio social surtirá un efecto de gran alcance en las maneras de leer y escribir, esto es, en el lenguaje mismo. Cuando la forma del libro cambió y permitió con ello la lectura en silencio, una de las consecuencias más importantes fue el desarrollo de la escritura privada. Los autores, capaces de suponer que un lector atento y comprometido tanto intelectual como emocionalmente «aparecería al fin para darles las gracias», traspasaron rápidamente los límites del discurso social para comenzar a explorar una riqueza de formas marcadamente literarias, muchas de las cuales no tenían cabida fuera de la página impresa. Esta nueva libertad del escritor privado condujo, como hemos visto, a una explosión experimental que expandió el vocabulario, ensanchó los límites de la sintaxis y aumentó la flexibilidad y la expresividad del lenguaje en general. Ahora que el contexto en que se produce la lectura vuelve a cambiar, de la página privada a la Red comunitaria, los autores volverán a adaptarse. Cada vez serán más los que ajusten sus obras a un medio que el ensayista Caleb Crain describe como gregario, en el cual la gente leerá principalmente «para experimentar la sensación de pertenencia», más que para ilustrarse o evadirse[17]. Cuando el ámbito social prima sobre el literario, el escritor se ve abocado a descartar la virtud y la experimentación en aras de un estilo inocuo pero inmediatamente accesible. La escritura se convertirá en una forma de registrar banales cháchara.

La naturaleza provisional del texto en pantalla también promete influir en los estilos de escritura. Un libro impreso es un objeto terminado. Una vez impresas en la página, sus palabras son indelebles. La finitud del acto de publicar ha instilado tradicionalmente en los mejores escritores y editores el deseo, incluso la ansiedad, por perfeccionar las obras que producen: escriben con la vista y el oído puestos en la eternidad. Pero el texto electrónico es efímero. En el mercado digital, la edición se ha convertido en un proceso continuo más que un suceso puntual. Las revisiones son potencialmente infinitas. Incluso después de que un libro electrónico se haya descargado a un dispositivo externo, su actualización automática sigue siendo un proceso sencillo, más desde luego que la rutinaria actualización de programas informáticos que realiza cualquier usuario[18]. No es descabellado suponer que, si se priva al hecho de editar de su finitud, acabe cambiando la actitud de los escritores hacia su obra. La presión por alcanzar la perfección disminuirá, junto con el rigor artístico que imponía. Para ver cómo los menores cambios en los presupuestos del autor pueden acabar surtiendo importantes efectos en lo que escribe, no hay más que echar un vistazo a la historia de la correspondencia. Una carta personal escrita, digamos, en el siglo XIX guarda escasa semejanza con un correo electrónico o mensaje textual de los que se escriben hoy. Nuestra autoindulgencia por los placeres de la informalidad y la inmediatez nos ha conducido a mermas de expresividad y elocuencia[19].

Sin duda, la conectividad y otras prestaciones del libro electrónico serán fuente de nuevos goces y diversiones. Hasta puede que, como sugiere Kelly, acabemos viendo la digitalización como un acto liberador, una forma de liberar el texto de la página. Pero el coste volverá a ser debilitador, cuando no exterminador, de la íntima conexión intelectual que se establecía entre un escritor y un lector solitarios. La práctica de la lectura en silencio que se popularizó con el invento de Gutenberg, cuando «el silencio formaba parte del sentido que se abría paso en la mente», seguirá menguando, probablemente hasta quedarse en reducto de una élite en trance de desaparecer. En otras palabras, se restablecerá la norma histórica. Como un grupo de catedráticos de la Universidad de Northwestern escribió en 2005 para la *Annual Review of Sociology,* los recientes cambios en nuestros hábitos de lectura sugieren que «la era de la lectura masiva [de libros] ha sido una breve *anomalía* de nuestra historia intelectual [...]. Estamos viendo cómo ese tipo de lectura vuelve a su antigua base social: una minoría que se perpetúa a sí misma, lo que podríamos llamar la clase leyente». La cuestión pendiente de resolver, concluían, es si esta clase leyente tendrá «el poder y el prestigio asociados a una forma cada vez más rara de capital cultural» o se les verá como a excéntricos adeptos a «una afición cada vez más arcana»[20].

Cuando el consejero delegado de Amazon, Jeff Bezos, presentó el Kindle, no pudo resistirse al autobombo: «Nada más

ambicioso que tomar un objeto tan altamente evolucionado
como el libro y mejorarlo; tal vez incluso cambiar la forma en
que la gente lee»[21]. No hay «tal vez» que valga: la forma en que
la gente lee —y escribe— ya la ha cambiado la Red; y los cambios continuarán, sin prisa pero sin pausa, mientras las palabras de los libros sigan extrayéndose de la página impresa
para incrustarse en las «tecnologías propias de la ecología de
la interrupción»: las de la informática.

Los gurús llevan tiempo intentando enterrar el libro. A principios del siglo XIX, la floreciente popularidad de los periódicos
—sólo en Londres se editaban más de cien— llevó a muchos
observadores a suponer que los libros estaban a punto de quedarse obsoletos. ¿Cómo iban a competir con la inmediatez de
la hoja diaria? «Antes de que acabe este siglo, el periodismo
será todo lo que se imprima, abarcará todo el conocimiento
humano —proclamó el poeta y político francés Alphonse de
Lamartine en 1831—. El pensamiento se expandirá por el
mundo a la velocidad de la luz, concebido al instante, instantáneamente escrito, entendido de inmediato. Cubrirá la Tierra de un polo al otro: súbito, instantáneo, inflamado del fer-
vor del alma que lo alumbró. Será el reino de la palabra
humana en toda su plenitud. El pensamiento no tendrá tiempo de madurar, acumularse en la forma, morosa y tardía, de
un libro. Hoy el único libro posible es un periódico»[22].
    Lamartine se equivocaba. Hacia finales de aquel siglo los li-
bros seguían ahí, conviviendo impávidos con los periódicos.
Pero ya había surgido una nueva amenaza para su existencia:
el fonógrafo de Thomas Edison. Parecía evidente, al menos
para los intelectuales, que pronto la gente escucharía literatura en vez de leerla. En su ensayo de 1889 en la *Atlantic Monthly*,
Philip Hubert predijo que «muchos libros y relatos no se da-
rán nunca a la imprenta, sino que llegarán a manos de los lectores —o mejor dicho, los oyentes— en forma de fonogra-
mas». El fonógrafo, que ya entonces podía grabar sonidos

además de reproducirlos, también «promete superar de largo
a la máquina de escribir» como herramienta para escribir prosa, profetizaba Hubert[23]. Aquel mismo año el futurista Edward
Bellamy sugería, en un artículo en la *Harper's,* que la gente
acabaría «leyendo con los ojos cerrados». Andarían por ahí
con un diminuto reproductor de audio, llamado «indispensable», que contendría todos sus libros, periódicos y revistas. Las
madres, escribió Bellamy, ya no tendrían que «quedarse ron-
cas los días de lluvia contando cuentos a los niños para mante-
nerlos lejos de las malas compañías»; y cada niño tendría su
propio indispensable[24].

Cinco años después la *Scribner's Magazine* le asestó al viejo
códice lo que parecía el golpe de gracia, al publicar un artículo titulado «The End of Books» [El fin del libro], escrito por
Octave Uzanne, eminente autor y editor francés, que postulaba: «¿Cuál es, caros amigos, mi visión sobre el destino de los libros? No creo (porque así me lo prohíben el progreso de la
electricidad y los mecanismos modernos) que la invención de
Gutenberg pueda hacer otra cosa que caer tarde o temprano
en desuso como medio de interpretación actual del producto
de nuestra mente». Así, la imprenta, «un proceso algo anticuado» que durante siglos «ha reinado despóticamente sobre la
mente del hombre», se vería sustituida por «la fonografía»; y
las librerías se convertirían en «fonotecas». Asistiríamos al re-
torno del «arte de la dicción» a medida que los narradores orales ocupasen el lugar de los escritores. «Las damas —concluía
Uzanne— ya no dirán, al hablar de un autor de éxito: "¡Qué
gran escritor!", sino que temblando de emoción suspirarán:
"¡Qué voz tan seductora y emocionante tiene este *narrador!*"»[25].

El libro sobrevivió al fonógrafo como había sobrevivido al
periódico. La audición no sustituyó a la lectura. El invento de
Edison se usaba sobre todo para escuchar música, no decla-
maciones de poesía o prosa. Durante el siglo XX la lectura de
libros soportaría un ataque frontal de enemigos aparentemente mortales: el cine, la radio, la televisión. Hoy los libros
siguen siendo los objetos comunes de siempre, y no hay nin-

gún motivo para suponer que las obras impresas vayan a dejar de producirse ni de leerse, en medida muy considerable, a medio plazo. Aunque el libro impreso vaya por el camino de quedarse obsoleto, este camino será largo y tortuoso. Pero la pervivencia del códice, para solaz de bibliófilos, no cambiará el hecho de que los libros y la lectura, al menos según su definición tradicional, se encuentran en su ocaso cultural. Como sociedad dedicamos cada vez menos tiempo a leer palabras impresas; y aun cuando lo hacemos, es a la bulliciosa sombra de Internet. Como escribía el crítico literario George Steiner en 1997, «los silencios, el arte de la concentración y la memoria, el lujo del tiempo necesario para la "alta lectura" son ya en gran medida un vestigio del pasado [...]. Pero estas erosiones son casi insignificantes comparadas con el mundo feliz de la electrónica»[26]. Hace cincuenta años aún se podía argüir que seguíamos en la edad de la imprenta. Hoy no.

Algunos pensadores dan la bienvenida al eclipse del libro y, con él, de la mentalidad literaria. Dirigiéndose a un grupo de profesores, Mark Federman, investigador de temas educativos en la Universidad de Toronto, afirmó que la alfabetización, la capacidad de leer y escribir según la noción tradicional, «hoy no son sino un concepto pintoresco, una forma estética tan irrelevante como la poesía recitada de memoria para las verdaderas cuestiones pedagógicas de hoy: está claro que no carece de valor, pero no es menos cierto que ya no es la fuerza que estructura nuestra sociedad». En su opinión, ya es hora de que tanto profesores como alumnos abandonen «el mundo lineal y jerárquico» del libro para incorporarse a «un mundo de ubicua conectividad y proximidad generalizada», un mundo en el que «la capacidad decisiva» consiste en «descubrir significados emergentes en contextos que fluyen de forma continua»[27].

Clay Shirky, un experto en medios digitales de la Universidad de Nueva York, sugería, en una entrada en su blog fechada en 2008, que no deberíamos perder el tiempo llorando por la muerte de la lectura profunda: de todas formas, aduce, siempre estuvo sobrevalorada. «Nadie se lee *Guerra y paz*», escribió, distinguiendo esta obra maestra de Tolstoi como la quintaesencia de la cumbre literaria. «Es demasiado larga, y no tan interesante. Cada vez más gente decide que la sacrosanta obra de Tolstoi en realidad no merece el tiempo que se emplea en leerla». Lo mismo valdría para *En busca del tiempo perdido*, de Proust, y otros clásicos que hasta hace poco, según las crudas palabras de Shirky, «venían considerándose, de alguna manera vaga, muy importantes». De hecho, llevaríamos «toda la vida elogiando vacuamente» a escritores como Tolstoi y Proust. Nuestros usos literarios tradicionales «no eran más que un efecto secundario de la vida en un entorno de accesos pobres»[28]. Ahora que la Red nos garantiza «accesos abundantes», concluye Shirky, al menos podemos dejar de lado esos resabios de la tradición.

Tales proclamas parecen demasiado ensayadas para tomarse en serio. Más bien semejan la última manifestación de la pose extravagante que siempre ha caracterizado al ala antiintelectual del ámbito académico. Claro que cabe una explicación más caritativa: puede que Federman, Shirky y compañía se crean pioneros de la mentalidad posliteraria, intelectuales para quienes la pantalla, y no la página, siempre ha sido la primera fuente de información. Como ha escrito Alberto Manguel, «hay un abismo insalvable entre el libro que la tradición ha consagrado como un clásico y el libro (el mismo libro) que hemos hecho nuestro a través del instinto, la emoción y el entendimiento; el libro con el que hemos sufrido y nos hemos regocijado, el libro que hemos traducido a nuestra experiencia y del cual (pese a las capas de lecturas que ya lleva encima) básicamente nos convertimos en primeros lectores»[29]. Si usted no tiene tiempo, interés o capacidad para habitar una obra literaria —para hacerla nuestra, como describe Manguel—, sin duda pensará que la obra maestra de Tolstoi es «demasiado larga y no muy interesante».

Aunque pueda resultar tentador hacer caso omiso de quienes sugieren que la mentalidad literaria siempre ha estado exagerada, ello sería un error. Sus argumentos son otra importante señal del cambio fundamental operado en la actitud de la sociedad ante el logro intelectual. También facilitan la justificación de este cambio a los ojos de la gente, que se convence a sí misma de que navegar por la Red es un sustituto válido, incluso mejor, de la lectura profunda y otras formas de pensamiento calmado y atento. Al proponer que los libros son arcaicos, prescindibles, Federman y Shirky proporcionan la coartada intelectual que permite a personas sesudas deslizarse cómodamente al estado de distracción permanente que define la vida *online*.

Nuestro afán de diversiones cambiantes, caleidoscópicas, no se originó con la invención de la Red global, sino que ha estado presente desde hace muchos decenios, creciendo a medida que se apresuraba el paso de nuestras vidas laborales y privadas, mientras los medios de comunicación, como la radio y la televisión, nos presentaban una mezcolanza de programas, mensajes, anuncios. Internet, por más que en más de un sentido marque un corte radical con los medios tradicionales, también representa una continuidad de las tendencias intelectuales y sociales surgidas en el siglo pasado, cuando la gente abrazó los medios electrónicos que desde entonces han conformado nuestras vidas y nuestras mentes. De modo que las distracciones llevan mucho tiempo proliferando por doquier, pero nunca antes existió un medio como la Red, programado para dispersar nuestra atención de modo tan exhaustivo como insistente.

En *Scrolling Forward* [Avanzando hacia delante], David Levy describe una reunión a la que asistió en el afamado centro de investigación que la empresa Xerox posee en Palo Alto. Fue a mediados de los años setenta, una época en la que ingenieros y programadores en laboratorios de alta tecnología estaban desarrollando muchas de las prestaciones que hoy día damos por supuestas en nuestros ordenadores personales. Un grupo de eminentes informáticos fue invitado a Palo Alto para asistir a una demostración de un nuevo sistema operativo que facilitaba la «multitarea». A diferencia de los sistemas operativos tradicionales, que sólo podían mostrar una tarea cada vez, el nuevo sistema dividía la pantalla en varias «ventanas», cada una de las cuales podía ejecutar un programa o mostrar un documento distinto. Para ilustrar la flexibilidad del sistema, el presentador de Xerox pasó de una ventana en la que estaba escribiendo una programación a otra en la que mostró un mensaje de correo electrónico recién recibido, el cual leyó y respondió de inmediato antes de volver a la primera ventana y seguir programando. Parte del público dedicó un aplauso a este nuevo sistema operativo: le parecía que permitiría al usuario utilizar su ordenador de manera mucho más eficiente. Otra parte se mostró recelosa. «¿Por qué demonios iba uno a querer que le interrumpa y distraiga un *e-mail* mientras está ocupado programando?», preguntó airadamente uno de los científicos asistentes.

Hoy esta pregunta se nos antoja pintoresca. La interfaz a base de ventanas se ha convertido en la estándar de los ordenadores personales. Hoy, cuando nos asomamos a la Red, encontramos ventanas dentro de ventanas dentro de ventanas, por no hablar de las filas de comandos dispuestas para activar más ventanas emergentes. La multitarea se ha vuelto tan rutinaria que a la mayoría nos parecería intolerable la vuelta a aquellos ordenadores que sólo podían ejecutar un programa o abrir un solo archivo a un tiempo. Ahora bien, aun cuando la pregunta se haya vuelto discutible, sigue siendo tan pertinente hoy como hace treinta y cinco años. Como apunta Levy, señala «un conflicto entre dos maneras de trabajar distintas y dos concepciones diferentes de cómo debería usarse la tecnología de la que nos servimos para el trabajo diario». Mientras el investigador de Xerox «se mostraba ansioso por hacer juegos malabares ejecutando simultáneamente múltiples tareas», el escéptico que formuló aquella pregunta contemplaba su propio trabajo como «un ejercicio de solitaria concentración en una sola tarea»[30]. Con las elecciones, conscientes o no, que hemos hecho respecto de cómo usamos los ordenadores, hemos arrinconado la tradición intelectual de solitaria concentración en una sola tarea, la ética que nos había conferido el libro impreso. Nos hemos pasado al bando de los malabaristas.

7. Mentalidad de malabarista

Hace bastante que no uso la primera persona del singular en estas páginas; y parece un buen momento para que yo, su procesador de textos, reaparezca brevemente. Me doy cuenta de que en los últimos capítulos he arrastrado al lector durante un tiempo y a lo largo de un espacio considerables. Agradezco la fortaleza que demuestra habiendo llegado hasta aquí. El trayecto que ha seguido es el mismo que hice yo mismo al tratar de entender lo que me pasaba por la cabeza. Cuanto más me sumergía en la ciencia de la neuroplasticidad y el progreso de la tecnología intelectual, más claro me parecía que la impronta de Internet y su influencia sólo podrían juzgarse en vista del contexto más amplio de la historia intelectual. Por muy revolucionaria que parezca, la Red se comprende mejor considerada como la última de una larga serie de herramientas que han ayudado a moldear la mente humana.

Y ahora, la pregunta crucial: ¿qué puede decirnos la ciencia sobre los efectos reales que el uso de Internet está surtiendo en cómo funciona nuestro cerebro? Sin duda, esta cuestión será objeto de muchas investigaciones en años venideros. No obstante, ya hay mucho que sabemos o que cabe suponer. Las noticias son más inquietantes de lo que yo sospechaba. Docenas de estudios a cargo de psicólogos, neurobiólogos, educadores y diseñadores web apuntan a la misma conclusión: cuando nos conectamos a la Red, entramos en un entorno que fomenta una lectura somera, un pensamiento apresurado y distraído, un pensamiento superficial. Es posible pensar profundamente mientras se navega por la Red, como es posible pensar someramente mientras se lee un libro, pero no es éste el tipo de pensamiento que la tecnología promueve y recompensa.

Una cosa está clara: si, sabiendo lo que sabemos hoy sobre la plasticidad del cerebro, tuviéramos que inventar un medio de reconfigurar nuestros circuitos mentales de la manera más rápida y exhaustiva posible, probablemente acabaríamos diseñando algo parecido a Internet. No es sólo que tendamos a usar la Red habitualmente, incluso de forma obsesiva. Es también que la Red ofrece exactamente el tipo de estímulos sensoriales y cognoscitivos —repetitivos, intensivos, interactivos, adictivos— que han demostrado capacidad de provocar alteraciones rápidas y profundas de los circuitos y las funciones cerebrales. Con la excepción de los alfabetos y los sistemas numéricos, la Red muy bien podría ser la más potente tecnología de alteración de la mente humana que jamás se haya usado de forma generalizada. Como mínimo, es lo más potente que ha surgido desde la imprenta.

En el curso de un día, la mayoría de quienes tenemos acceso a la Red pasaremos conectados a ella no menos de dos horas; muchas veces, más. Durante ese tiempo tenderemos a repetir las mismas acciones, u otras similares, una y otra vez; por lo general, a gran velocidad, y a menudo respondiendo a indicaciones que se nos hacen a través de una pantalla o un altavoz. Algunas de estas acciones son de índole física. Pulsamos las teclas del ordenador. Arrastramos el ratón, pulsamos sus botones izquierdo y derecho. Usamos los pulgares para escribir texto con los teclados, reales o virtuales, de nuestras BlackBerrys o teléfonos móviles. Rotamos nuestros iPhones, iPods e iPads para cambiar de una vista horizontal a otra vertical mientras manipulamos los iconos dispuestos en áreas sensibles al contacto.

A medida que realizamos estas acciones, la Red emite una corriente constante de *inputs* a nuestras cortezas visuales, somático-sensoriales y auditivas. Algunas sensaciones entran por nuestros dedos mientras pulsamos, tocamos, tecleamos o desplazamos el cursor. Otras, auditivas, nos entran por el oído, como la señal acústica que nos anuncia la llegada de un nuevo correo electrónico o un mensaje instantáneo, o los varios politonos de que se sirve nuestro teléfono móvil para alertarnos de diferentes contingencias. Y por supuesto, estamos expuestos a una miríada de instrucciones visuales que desfilan ante nuestras retinas mientras navegamos por el mundo *online*. No son sólo las formaciones de textos, fotografías y vídeos en perpetuo cambio, sino también los hipervínculos dinámicos que se distinguen unos de otros por estar subrayados o por tener otro color, o los cursores que cambian de forma según su función, o los títulos de *e-mails* destacados en negrita, o los botones, iconos y otros elementos virtuales que piden a gritos ser pulsados, arrastrados, soltados; o las casillas y formularios que esperan que alguien los rellene, además de anuncios y ventanas emergentes que atender o desdeñar. La Red apela a nuestros sentidos —a excepción, por ahora, del olfato y el tacto— de forma simultánea.

La Red también proporciona un sistema de alta velocidad para entregar respuestas y recompensas —«refuerzos positivos», por decirlo en términos psicológicos— que fomentan la repetición de acciones tanto físicas como mentales. Cuando pulsamos un vínculo, se nos aparece algo nuevo que mirar y evaluar. Cuando buscamos una palabra clave en Google, recibimos, en un abrir y cerrar de ojos, una lista de datos interesantes que valorar. Cuando enviamos un texto o mensaje instantáneo o correo electrónico, a menudo recibimos respuesta en cuestión de segundos o minutos. Cuando usamos Facebook, atraemos a nuevos amigos o estrechamos lazos con los viejos. Cuando escribimos un *tweet* en Twitter, aumentamos el número de nuestros seguidores. Cuando colgamos una nueva entrada en nuestro blog personal, recibimos comentarios de nuestros lectores o vínculos de otros blogueros. La interactividad de la Red nos dota de nuevas y potentes herramientas con que recabar información, expresarnos y conversar con otras personas. También nos convertimos en cobayas de laboratorio que accionan constantemente palancas a cambio de migajas de reconocimiento social o intelectual.

La Red exige nuestra atención de forma mucho más insistente que la televisión, la radio o los diarios matutinos. Considérese la imagen de un crío que envía mensajes de texto por el móvil a sus amigos, o un estudiante universitario que examina las novedades registradas en su muro de Facebook, o un hombre de negocios que lee el correo electrónico en su Black-Berry... O considérese usted mismo introduciendo palabras claves en el motor de búsqueda de Google para seguir una serie de vínculos. Lo que se ve es una mente consumida por un medio. Cuando estamos *online*, a menudo nos mostramos ajenos a todo cuando acontece en nuestro derredor. El mundo real retrocede mientras procesamos el flujo de símbolos y estímulos proveniente de nuestros dispositivos.

La interactividad de la Red no hace sino amplificar estos efectos, dado que a menudo usamos nuestros ordenadores en un contexto social, para conversar con amigos o colegas de trabajo, para crear «perfiles» propios, para divulgar nuestros pensamientos mediante entradas en un blog o actualizaciones en Facebook. De una manera u otra, nuestra posición social siempre está en juego, en riesgo. Esta conciencia —a veces miedo— de nosotros mismos magnifica la intensidad con la que nos involucramos en el medio. Si esto es así para cualquiera, resulta especialmente cierto en el caso de los más jóvenes, que tienden a un comportamiento compulsivo en el uso de sus teléfonos y sus ordenadores para enviar mensajes instantáneos. Un adolescente normal envía o recibe un mensaje cada pocos minutos durante sus horas de actividad. Como apunta el psicoterapeuta Michael Hausauer, los adolescentes y jóvenes tienen «un tremendo interés por saber de las vidas de sus pares y una tremenda ansiedad ante la perspectiva de quedarse descolgados del grupo»[1]. Si dejan de enviar mensajes, corren el riesgo de volverse invisibles.

Nuestro uso de Internet implica más de una paradoja, pero la que promete ejercer a largo plazo una mayor influencia sobre el modo en que pensamos es ésta: la Red atrae nuestra atención sólo para dispersarla. Nos centramos intensamente en el medio, en la pantalla, pero nos distrae el fuego graneado de mensajes y estímulos que compiten entre sí por atraer nuestra atención. Donde quiera y cuando quiera que nos conectemos, la Red nos coloca ante un batiburrillo con una increíble capacidad de seducción. Tendemos a «buscar situaciones que exigen actividades simultáneas o situaciones en las que nos abruma el volumen de la información»[2]. Si el lento progreso de las palabras por la página impresa atempera nuestro afán de inundarnos de estímulos mentales, la Red lo fomenta. Nos devuelve a nuestro estado natural de distracción irreflexiva, nos coloca ante infinidad de distracciones que jamás tentaron a nuestros antepasados.

No todas las distracciones son malas. Como nos ha ocurrido a muchos, si nos concentramos demasiado en un problema dado, puede que nos atasquemos en un bucle mental. Nuestro pensamiento se estrecha mientras pugnamos en vano por alumbrar ideas nuevas. Pero si dejamos el problema de lado unas horas —si lo «consultamos con la almohada»—, a menudo lo retomamos con una perspectiva más fresca y una creatividad renovada. Las investigaciones de Ap Dijksterhuis, psicólogo holandés que dirige el Laboratorio del Inconsciente en la Universidad Radboud de Nimega, indican que estas interrupciones de nuestra atención le dan a nuestra mente inconsciente tiempo para lidiar con un problema, sacando a la luz datos y procesos cognoscitivos ausentes de la deliberación consciente. Los experimentos de Dijksterhuis revelan que, si apartamos temporalmente nuestra atención de un problema arduo, la decisión que terminemos adoptando será mejor. Pero sus trabajos también nos muestran que los procesos pensantes de nuestro inconsciente no abordarán el problema mientras nosotros mismos no lo hayamos planteado con claridad en el plano consciente[3]. Si no tenemos en mente un objetivo intelectual concreto, explica Dijksterhuis, «tampoco se producirá pensamiento inconsciente»[4].

La distracción constante que fomenta la Red —el estado en el que, parafraseando al T. S. Eliot de los *Cuatro cuartetos,* «una distracción nos distrae de otra»— es muy diferente de este aparcamiento temporal y deliberado de un problema a fin de refrescar nuestra mente para sopesar mejor una decisión. La cacofonía de estímulos imperante en la Red cortocircuita tanto el pensamiento consciente como el inconsciente, lo que impide a nuestra mente pensar de forma profunda o creativa. Nuestro cerebro se centra en unidades simples de procesamiento de señales, pastoreando rápidamente los datos hacia la conciencia para abandonarlos con la misma celeridad.

En una entrevista concedida en 2005, Michael Merzenich rumiaba sobre el poder que posee Internet para provocar alteraciones no modestas, sino fundamentales, en nuestra disposición mental. Tras observar que «nuestro cerebro se modifica a una escala sustancial, física y funcionalmente, cada vez que aprendemos una nueva habilidad o desarrollamos una nueva capacidad», Merzenich describe la Red como la última de una serie de «especializaciones culturales modernas a las que los seres humanos contemporáneos dedican millones de eventos prácticos, siendo así que los seres humanos de hace mil años no estaban expuestos en absoluto a ellas». Su conclusión es que «esta exposición ha remodelado nuestros cerebros de forma masiva»[5]. Una entrada publicada en su blog en 2008 volvía sobre esta cuestión, y recurría a las mayúsculas para subrayar este punto: «Cuando la cultura opera cambios en el modo en que ocupamos nuestro cerebro, el resultado es un cerebro DIFERENTE», escribe, haciendo notar que nuestra mente «fortalece aquellos procesos específicos que se ejercitan con más intensidad». Sin dejar de admitir que hoy día resulta difícil imaginarse la vida sin Internet ni herramientas de este entorno como Google, Merzenich subrayaba que «SU USO CONTINUADO ENTRAÑA CONSECUENCIAS NEUROLÓGICAS»[6].

Lo que *no* hacemos cuando estamos conectados a Internet también entraña consecuencias neurológicas. Así como las neuronas cuyas sinapsis están unidas permanecen unidas, aquellas cuyas sinapsis no lo están, no. Mientras el tiempo que pasamos buceando en la Red supere de largo el que pasamos leyendo libros, en tanto que el tiempo dedicado a intercambiar mensajes medibles en bits exceda grandemente al tiempo que pasamos redactando párrafos, a medida que el tiempo empleado en saltar de un vínculo a otro sobrepase con mucho al tiempo que dedicamos a la meditación y la contemplación en calma, los circuitos que sostenían los antiguos propósitos y funciones intelectuales se debilitan hasta desmoronarse. El cerebro recicla las neuronas en desuso y dedica sus sinapsis a otras tareas, más urgentes, que se le encomiendan. Adquirimos nuevas habilidades y perspectivas en detrimento de las viejas.

Gary Small, catedrático de Psiquiatría en la UCLA y director de su Centro de Memoria y Envejecimiento, se ha dedicado a estudiar los efectos psicológicos y neurológicos del uso de los medios digitales. Sus hallazgos apoyan la creencia de Merzenich de que la Red provoca extensos daños cerebrales. «La actual explosión de la tecnología digital no está cambiando sólo la forma en que vivimos y nos comunicamos, sino que también está alterando rápidamente nuestros cerebros», afirma. El uso diario de ordenadores, *smartphones,* buscadores y otras herramientas informáticas «estimula la alteración de las células cerebrales y la liberación de neurotransmisores, fortaleciendo gradualmente nuevas vías neuronales al tiempo que debilita las viejas»[7].

En 2008, Small y dos de sus colegas realizaron el primer experimento que de hecho mostraba cómo el cerebro de la gente cambiaba a raíz del uso de Internet[8]. Los investigadores reclutaron a veinticuatro voluntarios —una docena de usuarios experimentados de Internet y una docena de usuarios noveles— y escanearon sus cerebros mientras ellos hacían búsquedas en Google (como un ordenador personal no cabe en el aparato de resonancia magnética, los sujetos al experimento iban equipados con unas gafas, en cuyos lentes se les proyectaban imágenes de páginas web, y con una especie de ratón con que accionar el cursor de la pantalla). El escáner mostró que la actividad cerebral de los usuarios experimentados en Google superaba con mucho a la de los novatos. En particular, «los que más sabían de ordenadores usaban una red especializada sita en la región frontal izquierda del cerebro, la corteza prefrontal dorsolateral, [mientras que] los neófitos en Internet mostraban mínima o nula actividad en esa área». Como control de la prueba, los investigadores también hicieron a los individuos leer texto lineal, a semejanza de la lectura de un libro; en este caso, el escáner no reflejó ninguna diferencia de actividad cerebral entre ambos grupos. Era evidente que los usuarios *online* experimentados habían desarrollado circuitos neuronales distintos como consecuencia de su uso de Internet.

La parte más notable del experimento se produjo cuando se repitieron las pruebas seis días después. Entretanto, los investigadores habían hecho pasar a los usuarios noveles de Internet una hora diaria navegando por ella. Los nuevos escáneres revelaron que el área de la corteza prefrontal que había estado mucho tiempo dormida mostraba ahora una gran actividad, la misma que se apreciaba en los cerebros de los usuarios veteranos. «Después de sólo cinco días de práctica, exactamente el mismo circuito neuronal en el lóbulo frontal del cerebro se activa en los usuarios noveles —informa Small—. Cinco horas en Internet habían bastado para que estos sujetos reajustaran sus circuitos». Y se pregunta: «Si nuestros cerebros son tan sensibles a una sola hora diaria de exposición a Internet, ¿qué ocurre cuando pasamos más tiempo [conectados]?»[9].

Otro hallazgo del estudio arroja luz sobre la diferencia entre la lectura de páginas web y la de libros. Los investigadores descubrieron que, cuando la gente hace búsquedas en la Red, muestra un patrón de actividad cerebral muy distinto del que aparece cuando lee texto como el de un libro. Los lectores de libros presentan mucha actividad en regiones relacionadas con el lenguaje, la memoria y el procesamiento visual, pero no tanta en las regiones prefrontales asociadas con la adopción de decisiones y la resolución de problemas. Los usuarios experimentados de la Red, en cambio, muestran una actividad extensa por todas esas regiones cerebrales cuando rebuscan páginas en Internet. Las buenas noticias son que la navegación por Internet, debido a que activa tantas funciones del cerebro, puede ayudar a las personas de más edad a mantener la agudeza de sus mentes. Parece que la actividad de rebuscar en la Red «ejercita» el cerebro de modo similar a la de resolver un crucigrama, según Small.

Pero la extensa actividad cerebral de un navegante de la Red también apunta a por qué la lectura atenta y otras actividades de concentración sostenida se vuelven tan arduas *online*. La necesidad de evaluar enlaces para hacer elecciones en consecuencia, al tiempo que se procesan multitud de fugaces estímulos sensoriales, exige una coordinación mental y una capacidad de decisión constantes, lo que distrae al cerebro. Cada vez que este lector se enfrenta a un enlace dinámico, tiene que detenerse, aunque sea una fracción de segundo, para que la corteza prefrontal pueda evaluar si debería pincharlo o no. Puede que la redirección de nuestros recursos mentales, desde la lectura de libros hasta la formación de juicios, sea imperceptible para nosotros —tenemos un cerebro muy rápido—, pero está demostrado que impide la comprensión y la retención, sobre todo cuando se repite con frecuencia. Cuando entran en funcionamiento las funciones ejecutivas de la corteza cerebral, nuestros cerebros no se limitan a ejercitarse, sino que se sobrecargan. De forma muy real, la Red nos devuelve a los tiempos de la *scriptura continua*, cuando la lectura constituía un acto marcadamente exigente desde el punto de vista cognoscitivo. Al leer *online*, afirma Maryanne Wolf, sacrificamos la capacidad que permite la lectura profunda. Regresamos al estado de «meros descodificadores de información»[10]. Nuestra capacidad de establecer las ricas conexiones mentales que se forman cuando leemos profundamente y sin distracciones permanece en gran medida desocupada.

Steven Johnson, en su libro de 2005 *Everything Bad is Good for You* [Todo lo malo es bueno para usted], comparaba la extensa y torrencial actividad detectada en los cerebros de los usuarios de ordenadores con la actividad mucho más serena que se veía en los cerebros de los lectores de libros. Esta comparación le llevaba a sugerir que el uso del ordenador genera una estimulación mental mucho más intensa que la lectura de libros. La evidencia neuronal podía incluso, escribe Johnson, llevar a más de uno a concluir que «la lectura de libros subestimula de forma crónica los sentidos»[11]. Aunque el diagnóstico de Johnson es correcto, su interpretación de los distintos patrones de actividad cerebral es engañosa. El hecho mismo de que la lectura de libros «subestimula los sentidos» es justo lo que hace de esta actividad algo tan intelectualmente gratificante. Al permitirnos filtrar las distracciones, acallar las funciones del lóbulo frontal que regulan la resolución de problemas, la lectura profunda se convierte en una forma de pensamiento profundo. La mente del lector experimentado es una mente en calma, no en ebullición. Cuando se trata de actividad neuronal, es un error suponer que cuanta más, mejor.

John Sweller, psicopedagogo australiano, ha pasado tres decenios estudiando el modo en que nuestra mente procesa la información y, en particular, cómo aprendemos. Su trabajo ilustra cómo la Red y otros medios influyen en el estilo y la profundidad de nuestro pensamiento. Nuestro cerebro, explica, incorpora dos tipos de memoria bien diferentes: una a corto plazo y otra a largo. Conservamos nuestras impresiones, sensaciones y pensamientos inmediatos bajo la forma de recuerdos a corto plazo, de los que tienden a durar no más que unos pocos segundos. Todas las cosas que hemos aprendido del mundo, ya sea consciente o inconscientemente, se almacenan como recuerdos a largo plazo, de los que pueden permanecer en nuestros cerebros días, años, toda la vida. Nuestro tipo particular de memoria a corto plazo, llamada memoria de trabajo, desempeña un papel instrumental en la transferencia de información a la memoria a largo plazo y, por lo tanto, en la creación de nuestro almacén personal de conocimiento. La memoria de trabajo forma, en un sentido muy real, el contenido de nuestra consciencia en un momento dado. «Somos conscientes de lo que está en nuestra memoria de trabajo e inconscientes de todo aquello que no esté allí», explica Sweller[12]. Si la memoria de trabajo es el bloc de notas de la mente, entonces la memoria a largo plazo es su archivo. El contenido de nuestra memoria a largo plazo se encuentra principalmente fuera de nuestra consciencia. Para que podamos pensar en algo ya aprendido o experimentado, nuestro cerebro tiene que devolver la transferencia de la memoria a largo plazo a la memoria de trabajo. «Sólo somos conscientes de que algo está almacenado en la memoria a largo plazo cuando este algo se lleva a la memoria de trabajo», continúa Sweller[13]. Antes se suponía que la memoria a largo plazo servía meramente como un gran almacén de hechos, impresiones y sucesos, que «desempeñaba un papel menor en procesos cognoscitivos complejos como el pensamiento y la resolución de problemas»[14]. Pero los neurólogos han acabado por darse cuenta de que la memoria a largo plazo es de hecho la sede del entendimiento. No sólo almacena hechos, sino también conceptos complejos, esquemas. Al organizar datos dispersos bajo un patrón de conocimiento, estos esquemas dotan a nuestro pensamiento de profundidad y riqueza. En palabras de Sweller, «nuestra capacidad intelectual proviene en gran medida de los esquemas que hemos adquirido durante largos periodos de tiempo. Entendemos conceptos de nuestras áreas de pericia porque tenemos esquemas asociados a dichos conceptos»[15].

La profundidad de nuestra inteligencia gira en torno a nuestra capacidad de transferir información de la memoria de trabajo a la memoria a largo plazo, entretejiendo esquemas conceptuales durante el proceso. Pero el tránsito de la memoria de trabajo a la memoria a largo plazo también forma el mayor embotellamiento en nuestro cerebro. A diferencia de la memoria a largo plazo, que cuenta con una gran capacidad, la memoria de trabajo sólo es capaz de retener un volumen de información muy reducido. En una célebre ponencia de 1956, «The Magical Number Seven, Plus or Minus Two» [La magia del número siete, más o menos dos], el psicólogo de Princeton George Miller observó que la memoria de trabajo por lo general podía retener no más de siete elementos de información. Hoy día se consideran muchos. Según Sweller, las pruebas actuales sugieren que «no podemos procesar más de unos dos o cuatro elementos en un momento dado, y probablemente el número real esté más por lo bajo que por lo alto de esa horquilla». Además, esos pocos elementos que logramos retener en la memoria de trabajo se desvanecen rápidamente, «salvo que los renovemos mediante la repetición»[16].

Llenar una bañera con un dedal: ése es el reto que afronta la transferencia de datos desde la memoria de trabajo a la memoria a largo plazo. Al regular la velocidad y la intensidad del flujo de información, los medios ejercen una fuerte influencia en este proceso. Cuando leemos un libro, el grifo de la información mana con un goteo constante, que podemos regular con la velocidad de nuestra lectura. Gracias a nuestra concentración en el texto, podemos transferir toda nuestra información o su mayoría, dedal a dedal, a la memoria a largo plazo y forjar las ricas asociaciones fundamentales para crear esquemas. Con la Red, tenemos muchos grifos de información, todos manando a chorros. Y el dedal se nos desborda mientras corremos de un grifo al otro. Sólo podemos transferir una pequeña porción de los datos a la memoria a largo plazo, y lo que transferimos es un cóctel de gotas de diferentes grifos, no una corriente continua con la coherencia de una sola fuente.

La información que fluye a nuestra memoria de trabajo en un momento dado es nuestra «carga cognitiva». Cuando esta carga supera nuestra capacidad de almacenamiento —cuando se desborda el dedal—, no podemos retener la información ni extraer conexiones con la información ya almacenada en nuestra memoria a largo plazo. No podemos traducir los datos nuevos a esquemas. Nuestra capacidad de aprendizaje se resiente, y nuestro entendimiento no pasa de somero. Puesto que nuestra capacidad de mantener la atención también depende de nuestra memoria de trabajo —como dice Torkel Klingberg, «tenemos que recordar en qué hay que concentrarse»—, una carga cognitiva elevada amplifica la dispersión que nos invade. Cuando nuestro cerebro está sobrecargado, «las distracciones nos distraen más»[17]. (Algunos estudios asocian el déficit de atención con esta sobrecarga de la memoria de trabajo). Los experimentos indican que, cuando forzamos esta memoria hasta su límite, se nos hace más difícil distinguir la información relevante de la irrelevante, la señal del ruido. Nos convertimos en descerebrados consumidores de datos.

Las dificultades para desarrollar nuestro entendimiento de una materia o concepto parecen estar «sumamente determinadas por la carga de nuestra memoria de trabajo», escribe Sweller; y cuanto más complejo sea lo que intentamos leer, mayor será la pena exigida por una mente sobrecargada[18]. Hay muchas fuentes posibles de sobrecarga cognitiva, pero dos de las más importantes, según Sweller, son «la solución de problemas superfluos» y «la división de la atención». Casualmente, ambas están entre las prestaciones principales de la Red como fuente de información. Puede que, como opina Gary Small, el uso de Internet ejercite la mente de modo similar a la resolución de un crucigrama. Pero un ejercicio tan intenso, convertido en nuestro principal método de pensamiento, puede impedir el conocimiento y el aprendizaje profundos. Intenten leer un libro mientras resuelven un crucigrama: tal es el entorno intelectual de Internet.

Allá por los años ochenta, cuando los centros educativos empezaron a invertir seriamente en informática, reinaba el entusiasmo respecto de las aparentes ventajas de los documentos digitales sobre los impresos en papel. Muchos educadores estaban convencidos de que la introducción de hipervínculos en el texto que mostraban las pantallas iba a ser una bendición para la enseñanza. Argumentaban que el hipertexto fortalecería el pensamiento crítico de los alumnos, al ofrecerles la posibilidad de permutar fácilmente distintos puntos de vista. Liberados de la finitud de la página impresa, los lectores establecerían todo tipo de nuevas conexiones intelectuales entre distintos textos. El entusiasmo que el hipertexto suscitaba en el ámbito académico se avivó aún más debido a la creencia, acorde con las teorías posmodernas entonces en boga, de que el hipertexto derrocaría la autoridad patriarcal del autor, transfiriendo el poder al lector. Iba a ser una tecnología de la liberación. «El hipertexto —escribieron los literatos George Landow y Paul Delany— podría ofrecer una revelación» al liberar a los lectores de la «terca materialidad» del texto impreso. «Escapando de las constricciones impuestas por una tecnología limitada a la página impresa [...], ofrecía un modelo mejor para la capacidad mental de reorganizar los elementos de la experiencia mediante la sustitución de los enlaces entre ellos por asociación o determinación»[19].

Hacia el final de la década, el entusiasmo había empezado a disiparse. La investigación pintaba un cuadro más completo y muy diferente de los efectos cognoscitivos del hipertexto. Resultó que evaluar enlaces y navegar por una ruta a través de ellos implicaba la realización de muy exigentes tareas de resolución de problemas ajenas al acto de leer en sí mismo. Descifrar hipertextos es una actividad que incrementa sustancialmente la carga cognitiva de los lectores; de ahí que debilite su capacidad de comprender y retener lo que están leyendo. Un estudio de 1989 demostró que los lectores de hipertextos a menudo acababan vagando distraídamente «de una página a otra, en lugar de leerlas atentamente». Otro experimento, de 1990, reveló que los lectores de hipertextos a menudo «no eran capaces de recordar lo que habían leído y lo que no». En un estudio de ese mismo año, los investigadores hicieron que dos grupos de personas respondieran a una serie de preguntas mediante consultas a un conjunto de documentos. Un grupo consultó documentos electrónicos dotados de hipertextos, mientras que el otro consultó documentos tradicionales impresos en papel. El grupo que consultó documentos impresos superó en rendimiento al grupo dotado de hipertextos a la hora de completar su tarea. Al revisar los resultados de estos y otros experimentos, los editores de un libro de 1996 sobre hipertexto y cognición escribieron que, puesto que el hipertexto «impone al lector una carga cognitiva más alta», no es sorprendente «que las comparaciones empíricas entre la presentación en papel (una situación familiar) y el hipertexto (una situación nueva y exigente desde el punto de vista cognoscitivo) no siempre favorezcan al hipertexto». Pero predijeron que a medida que los lectores fueran adquiriendo una mayor «alfabetización en hipertextos», los problemas cognoscitivos probablemente disminuirían[20].

No ha sido así. Aunque Internet haya convertido el hipertexto en un lugar común, incluso ubicuo, las investigaciones no dejan de demostrar que la gente que lee texto lineal entiende más, recuerda más y aprende más que aquellos que leen texto salpimentado de vínculos dinámicos. En un estudio de 2001, dos eruditos canadienses pidieron a setenta personas que leyeran *The Demon Lover* [El amante demonio], un cuento de la escritora modernista Elizabeth Bowen. Un grupo leyó el cuento en su formato tradicional de texto lineal; otro leyó una versión con vínculos de los que se encuentran comúnmente en una página web. Los lectores de hipertexto tardaron más en leer el cuento. Además, en las entrevistas subsiguientes también demostraron mayor confusión e incertidumbre acerca de lo leído. Tres cuartos de ellos dijeron haber tenido dificultades para seguir el texto, mientras que sólo uno de cada diez entre los lectores de texto lineal refirió tales problemas. Un lector de hipertexto adujo: «La narración saltaba de un sitio a otro. No sé si fue por el hipertexto, pero hice algunas elecciones, y como consecuencia de ellas, no fluía como debía. Me encontré saltando de una idea a otra nueva que no podía seguir».

Una segunda prueba realizada por los mismos investigadores utilizó un cuento más breve y más sencillo, *The Trout* [La trucha], de Sean O'Faolain, con los mismos resultados. Los lectores de hipertextos volvieron a demostrar una mayor confusión a la hora de seguir el hilo; y sus comentarios sobre el argumento y las imágenes de la narración eran menos detallados y menos precisos que los que aportaban los lectores de texto lineal. La conclusión de los investigadores fue que el hipertexto «parece disuadir de una lectura absorta y personal». La atención del lector «se dirige a la maquinaria del hipertexto y sus funciones más que a la experiencia que ofrecía la historia»[21]. El medio utilizado para presentar las palabras oscurecía su sentido.

En otro experimento, los investigadores hicieron que los sujetos se sentaran ante sendos ordenadores y leyeran dos artículos *online* que describían teorías opuestas sobre el aprendizaje. Un artículo exponía el argumento de que el conocimiento es objetivo; el otro argüía que el conocimiento es relativo. Los dos artículos estaban organizados de la misma forma, con encabezamientos similares; y cada uno de ellos tenía enlaces o vínculos con el otro artículo, lo que permitía al lector alternarlos rápidamente para comparar ambas teorías. La hipótesis de los investigadores era que aquellos provistos de vínculos dinámicos obtendrían un entendimiento más rico de ambas teorías y las diferencias entre ellas en comparación con quienes leían las páginas secuencialmente, terminando una antes de pasar a la siguiente. Se equivocaron: los sujetos que leyeron las páginas linealmente obtuvieron, de hecho, puntuaciones considerablemente más altas en el examen de comprensión posterior, que aquellos que pinchaban alternativamente de unas páginas a otras. La conclusión de los investigadores fue que los vínculos se habían interpuesto como obstáculos en la vía al aprendizaje[22].

Otra investigadora, Erping Zhu, dirigió un experimento de otra índole, pero también encaminado a discernir la influencia del hipertexto en la comprensión: hizo que distintos grupos de personas leyeran un mismo fragmento de texto *online,* pero varió el número de hipervínculos incluidos en el pasaje. A continuación examinó la comprensión de los lectores: les pidió que redactaran un resumen de lo leído y realizaran un test de elección múltiple. Encontró que la comprensión disminuía a medida que aumentaba el número de vínculos. Los lectores se veían obligados a dedicar cada vez más atención y potencial cerebral a evaluar los vínculos para decidir si pulsarlos o no. Ello dejaba menos atención y recursos cognitivos que dedicar al entendimiento de lo leído. El experimento sugirió la existencia de una correlación muy estrecha «entre el número de vínculos y la desorientación por sobrecarga cognitiva —escribe Zhu—. La lectura y la comprensión exigen el establecimiento de relaciones entre conceptos, hacer inferencias, activar conocimientos previos y sintetizar ideas fundamentales. La desorientación por sobrecarga cognitiva puede interferir con las actividades cognoscitivas de la lectura y la comprensión»[23].

En 2005 Diana DeStefano y Jo-Anne LeFevre, psicólogas del Centro de Investigación Cognitiva Aplicada de la Universidad de Carleton (Canadá), sometieron a revisión exhaustiva treinta y ocho experimentos ya realizados en relación con la lectura de hipertextos. Aunque no todos estos estudios mostraban que el hipertexto menguaba la comprensión, encontraron «muy poco apoyo» para la teoría, entonces mayoritaria, de que «el hipertexto enriquecería la experiencia lectora». Por el contrario, la mayoría de las pruebas indicaba que «las crecientes demandas de toma de decisiones y procesamiento visual que parten del hipertexto perjudicaban al rendimiento de la lectura», especialmente en contraste con «la presentación lineal tradicional». Concluyeron que «muchas prestaciones del hipertexto aumentaban la carga cognitiva, pudiendo exigir mayor memoria de trabajo de la que tenían los lectores»[24].

La Red combina la tecnología del hipertexto con la tecnología multimedia, generando los «hipermedia». No se limita a presentar y vincular electrónicamente palabras, sino también imágenes, sonidos y animación. Igual que los pioneros del hipertexto pensaban que los vínculos ofrecerían una experiencia de aprendizaje más rica para los lectores, muchos educadores también presumían que los multimedia —«*rich media*» [medios enriquecidos], se los llama a veces— profundizarían la comprensión y fortalecerían el aprendizaje. Cuantos más *inputs,* mejor. Pero esta suposición, largo tiempo aceptada sin prueba alguna, se ha visto contradicha por la investigación. La división de la atención que exige lo multimedia sobrecarga aún más nuestras capacidades cognitivas, lo cual disminuye nuestro aprendizaje y debilita nuestro entendimiento. Cuando se trata de aportar a la mente la materia de la que están hechos los pensamientos, puede que más sea menos.

En un estudio publicado en *Media Psychology* en 2007, los investigadores reclutaron a más de cien voluntarios para que vieran una presentación sobre un país africano, Malí, en un navegador de Internet. Algunos de los sujetos vieron una versión de la presentación que sólo incluía una serie de páginas de texto. Otro grupo vio una versión que incluía, junto con las páginas de texto, otra ventana en la que se hacía una presentación audiovisual de material relacionado. Los sujetos podían detener y reanudar la presentación a voluntad.

Después de ver la presentación, los sujetos contestaron a tres preguntas sobre el material. Los que habían leído solamente texto obtuvieron una puntuación media de 7,04, mientras que los que habían visto el multimedia no pasaron del 5,98, una diferencia significativa a juicio de los investigadores. A los sujetos también se les hizo una serie de preguntas sobre sus percepciones de la presentación. Los lectores de texto la encontraron mucho más interesante, más educativa, más inteligible y más agradable que los espectadores de multimedia; y éstos se mostraron mucho más de acuerdo con la afirmación «no he entendido nada de esta presentación» que los lectores de texto sin más. Según concluyeron los investigadores, las tecnologías multimedia, tan comunes a Internet, «parecerían limitar más que ampliar la adquisición de información»[25].

En otro experimento, una pareja de investigadores de Cornell dividieron una clase en dos grupos. A uno se le permitió navegar por la Red mientras escuchaba una conferencia. El registro de esa actividad demostró que los integrantes de este grupo consultaban páginas web relacionadas con el contenido de la conferencia, pero también visitaban otras que no tenían ninguna relación con ella, miraban sus *e-mails*, se iban de compras, miraban vídeos y, en general, hacían todo lo que hace la gente cuando se conecta a Internet. El segundo grupo escuchó la misma conferencia sin abrir sus ordenadores portátiles. Inmediatamente después, ambos grupos se sometieron a una prueba que medía cuánto recordaban de la conferencia. Según los investigadores, los navegadores por la Red «tuvieron unos resultados significativamente más pobres en medidas inmediatas de memoria del contenido por asimilar». Además, tampoco importó si las páginas por las que navegaban estaban relacionadas o no con la conferencia; de todas formas, sus resultados fueron malos. Cuando los investigadores repitieron el experimento con otra clase, los resultados fueron los mismos[26].

Eruditos de la Kansas State University realizaron un estudio realista de manera similar: pidieron a un grupo de universitarios que vieran un telediario de la CNN cuya presentadora informaba de cuatro noticias mientras varias infografías parpadeaban en la pantalla y los teletipos desfilaban por su parte inferior. Luego hicieron que un segundo grupo viera el mismo programa, omitiendo esta vez las infografías y el desfile de teletipos. Las pruebas subsiguientes demostraron que los estudiantes que habían visto la versión multimedia recordaban significativamente menos datos de la historia que aquellos que habían visto la versión más simple. «Parece ser —escribieron los investigadores— que este formato multimensaje sobrepasaba la capacidad de atención de los espectadores»[27].

Suministrar información en más de un formato simultáneamente no siempre le cobra un tributo al entendimiento. Como todos sabemos por haber leído libros de texto y manuales con ilustraciones, las imágenes pueden ayudarnos a clarificar y reforzar las explicaciones escritas. Los pedagogos también han descubierto que las presentaciones bien diseñadas que combinan explicaciones o instrucciones auditivas con otras visuales pueden aumentar el aprendizaje de los alumnos. El motivo de esto, según sugieren recientes teorías, es que nuestros cerebros usan canales diferentes para procesar lo que vemos y lo que oímos. Como explica Sweller, «la memoria de trabajo auditiva es distinta de la visual, al menos en cierta medida; y puesto que son distintas, la memoria de trabajo efectiva puede aumentarse usando ambos procesadores en lugar de sólo uno». En consecuencia, habrá casos en que «los efectos negativos de una atención dividida puedan mitigarse usando la modalidad auditiva en combinación con la visual»: en otras palabras, sonido e imágenes[28]. Internet, sin embargo, no fue construida por educadores para optimizar el aprendizaje. La información que presenta no está cuidadosamente equilibrada, sino que se presenta a modo de rastrillo que fragmenta la concentración.

La Red es, por su mismo diseño, un sistema de interrupción, una máquina pensada para dividir la atención. Ello no resulta sólo de su capacidad para mostrar simultáneamente muchos medios diferentes. También es consecuencia de la facilidad con la que puede programarse para enviar y recibir mensajes. La mayoría de las aplicaciones de *e-mail*, por usar un ejemplo obvio, están configuradas para comprobar automáticamente si hay nuevos mensajes cada cinco o diez minutos; y muchos usuarios actualizan rutinariamente, con el mismo fin, la bandeja de entrada, por si esta frecuencia no fuera suficiente. Estudios con oficinistas revelan su tendencia a las constantes interrupciones de su trabajo para responder al correo entrante. No es inhabitual que comprueben su buzón treinta o cuarenta veces por hora (aunque si se les pregunta al respecto, seguramente dirán un número más bajo)[29]. Puesto que cada una de estas consultas representa una interrupción del pensamiento, una redistribución de recursos mentales, el coste cognitivo puede ser alto. Hace mucho que la investigación psicológica demostró lo que la mayoría conocíamos por experiencia: las interrupciones frecuentes dispersan nuestra atención, debilitan nuestra memoria, nos provocan tensión y ansiedad; y cuanto más complejo sea el pensamiento en el que estábamos, mayor será el daño que causan las distracciones[30].

Más allá de la influencia de los mensajes personales —no sólo por *e-mail*, sino también los instantáneos o los telefónicos—, la Web nos suministra cada vez más notificaciones automáticas. Los *feed readers* y agregadores de noticias nos hacen partícipes de la más nimia novedad en nuestros foros o blogs favoritos. Las redes sociales nos avisan de lo que están haciendo nuestros amigos, a veces minuto a minuto. Twitter y otros servicios de *microblogging* nos avisan cada vez que alguien de quien somos «seguidores» publica un mensaje nuevo. Si queremos, también podemos recibir alertas sobre cualquier cambio en el valor de nuestras inversiones, noticias de última hora a la carta, actualizaciones del *software* que utilizamos, nuevos vídeos descargados en YouTube, etcétera. En función de a cuántas corrientes de información estemos suscritos y la frecuencia con la que nos envíen actualizaciones, podemos recibir una docena de alertas por hora, y seguro que no somos los que más alertas reciben. Cada una de ellas es una distracción, una intrusión en nuestros pensamientos, otra información más que ocupa el precioso espacio de nuestra memoria de trabajo.

Navegar por la Red exige una forma particularmente intensiva de multitarea mental. Además de inundar de información nuestra memoria de trabajo, el malabarismo impone a nuestra cognición lo que los neurólogos llaman «costes de conmutación». Cada vez que desviamos nuestra atención, obligamos a nuestro cerebro a reorientarse, lo cual sobrecarga aún más nuestros recursos mentales. Como explica Maggie Jackson en *Distracted* [Distraído], su libro sobre el *multitasking*, «el cerebro se toma su tiempo para cambiar de objetivo, recordar las reglas necesarias para la nueva tarea y bloquear la interferencia cognitiva de la actividad, aún vívida, que le ocupaba»[31]. Muchos estudios han demostrado que el alternar consecutivamente nada más que dos actividades puede sobrecargar sustancialmente nuestra capacidad mental, perjudicando nuestro pensamiento y aumentando la probabilidad de malinterpretar o pasar por alto datos importantes. En un experimento simple, se mostró a un grupo de adultos una serie de formas coloreadas, solicitándoles que hicieran predicciones a partir de lo que veían. Tenían que realizar esta tarea con unos auriculares que emitían una serie de pitidos. En una primera prueba se les dijo que hicieran caso omiso de éstos y se concentraran en las formas. En la segunda, usando un conjunto de señales visuales diferente, se les pidió que no perdieran la cuenta del número de pitidos. Después de cada ronda efectuaban un test de autointerpretación de lo que acababan de hacer. En ambas pruebas los sujetos realizaron predicciones con idéntico éxito, pero después de la segunda, tenían muchas más dificultades para extraer conclusiones de su experiencia. El alternar entre dos tareas cortocircuitaba su entendimiento: hicieron el trabajo, pero se les olvidó lo que significaba. En palabras del psicólogo de la UCLA Russell Poldrack[32], «nuestros resultados sugieren que el aprendizaje de hechos y conceptos empeora si se realiza cuando uno está sometido a distracciones». En la Red, donde los malabarismos suelen hacerse con más de dos bolos, los costes de este alterne se multiplican.

Es importante subrayar que la capacidad de la Web para monitorizar eventos y enviar automáticamente mensajes y notificaciones es uno de sus puntos fuertes como tecnología de comunicación. Confiamos en esta capacidad para personalizar el funcionamiento del sistema, programar la vasta base de datos para responder a nuestras necesidades, intereses y deseos particulares. *Deseamos* ser interrumpidos, porque cada interrupción viene acompañada de una información que nos es valiosa. Apagar estas alertas nos pone en riesgo de sentirnos fuera, incluso aislados socialmente. La corriente casi continua de nueva información que bombea la Red también apela a nuestra natural tendencia a «sobrevalorar enormemente lo que nos está ocurriendo *en este mismo instante*», como explica el psicólogo del Union College Christopher Chabris. Estamos hambrientos de lo nuevo aun cuando sepamos que «suele tener más de trivial que de esencial»[33].

Así que pedimos a Internet que siga interrumpiéndonos, de formas cada vez más numerosas y variadas. Aceptamos de buen grado esta pérdida de concentración y enfoque, la división de nuestra atención y la fragmentación de nuestro pensamiento, a cambio de la información atractiva o al menos divertida que recibimos. Desconectar no es una opción que muchos consideremos.

En 1879, un oftalmólogo francés llamado Louis Émile Javal descubrió que, cuando la gente lee, sus ojos no recorren el texto de manera perfectamente fluida. Su foco visual avanza en saltitos *(saccades)*, breves paradas en puntos diferentes de la línea. Un colega de Javal en la Universidad de París no tardó en realizar otro descubrimiento: que el patrón de estas *saccades* o «fijaciones oculares» puede variar mucho en función de lo leído y del lector. A la vista de estos descubrimientos, los neurólogos empezaron a realizar experimentos de trayectoria ocular para aprender más de cómo leemos y cómo funcionan nuestras mentes. Tales estudios también se han demostrado valiosos para entender mejor los efectos de la Red en la atención y la cognición.

En 2006, Jakob Nielsen, veterano consultor de diseño de páginas web que llevaba estudiando la lectura *online* desde los noventa, realizó un estudio de movimientos oculares de los usuarios de la Red. Pidió a 232 voluntarios que portaran una pequeña cámara que registraba sus movimientos oculares a medida que leían páginas textuales o examinaban otros contenidos. Nielsen encontró que casi ninguno de los participantes leía el texto en pantalla de manera metódica, línea por línea, como se leen las páginas de un libro impreso. La inmensa mayoría de ellos echaba una rápida ojeada con la que escaneaba la pantalla en un patrón que seguía aproximadamente el trazo de la letra F. Empezaban con un vistazo a las dos o tres primeras líneas del texto. Luego bajaban la vista un tanto para escanear unas líneas más a mitad de pantalla. Por último, dejaban pasear la vista un rato, como un cursor, un poco más abajo, hacia la parte inferior izquierda de la ventana. Este patrón de lectura *online* se vio confirmado por otro estudio de control del movimiento visual realizado en el Laboratorio de Investigación de Usabilidad de Software de la Universidad Estatal de Wichita[34].

Como escribió Nielsen al resumir sus conclusiones a sus clientes, «F de *fast*» [rápido]: así es como los usuarios leen sus preciosos contenidos. En pocos segundos sus ojos se desplazan a velocidades asombrosas por el texto de su página web, según un patrón muy diferente del que ustedes aprendieron en el colegio»[35]. Complementariamente a este estudio de movimientos oculares, Nielsen analizó una extensa base de datos sobre el comportamiento de los usuarios de la Red, recopilada por un equipo de investigadores alemanes. Habían monitorizado los ordenadores de veinticinco personas durante un promedio de unas cien horas por persona, de modo que se registró el tiempo que los sujetos invertían en consultar unas cincuenta mil páginas web. Al cribar los datos, Nielsen encontró que a medida que aumentaba el número de palabras por página, aumentaba también el tiempo que un visitante pasaba mirándola, pero no aumentaba tanto. Por cada cien palabras más el internauta medio sólo pasaba 4,4 segundos más examinando la página. Puesto que ni el más competente de los lectores es capaz de leer más de dieciocho palabras en 4,4 segundos, Nielsen dijo a sus clientes: «Cuando se añade verbo a una página, cabe suponer que los clientes leerán el 18 por ciento»; y advirtió: «Probablemente me quede largo».

Además, es improbable que los participantes en el estudio pasaran todo el tiempo leyendo; también se dedicarían a mirar fotos, vídeos, anuncios y otros contenidos[36].

El análisis de Nielsen corroboraba las conclusiones de los propios investigadores alemanes. Ellos ya habían dicho que la mayoría de las páginas web no se visionaban durante más de diez segundos. Menos de una de cada diez permanecía abierta durante más de dos minutos, sin que ello significara que el usuario la estuviera leyendo todo ese tiempo, pues muy bien podía tener abiertas otras muchas simultáneamente. Los investigadores observaron que «incluso las páginas más novedosas, con información profusa y muchos vínculos, por lo general sólo se visionaban durante un periodo muy efímero». Según ellos, estos resultados confirmaban que «la navegación es una actividad rápidamente interactiva»[37]. Estos resultados también reforzaban algo que Nielsen había escrito en 1997, después de su primer estudio de la lectura en pantalla. «¿Cómo leen los usuarios en la Red?», se preguntaba entonces. Su respuesta fue sucinta: «No leen»[38].

Las páginas web recogen rutinariamente datos detallados del comportamiento de sus visitantes y estas estadísticas recalcan la rapidez con la que saltamos de unas páginas a otras cuando estamos conectados. Durante un periodo de dos meses de 2008, una empresa israelí llamada ClickTale, que suministra *software* para el análisis de cómo usa la gente las páginas web empresariales, recogió datos del comportamiento de un millón de visitantes de páginas mantenidas por sus clientes en todo el mundo. ClickTale averiguó que en la mayoría de los países la gente pasa una media de 19 a 27 segundos mirando una misma página antes de desplazarse a la siguiente. Esto incluye el tiempo necesario para que la página se cargue en la ventana del navegador. Los internautas alemanes y canadienses pasaban una media de 20 segundos por página; los estadounidenses y británicos, unos 21 segundos; los indios y australianos, unos 24; y los franceses, unos 25[39]. En la Web no existe la navegación ociosa. Lo que queremos es recabar tanta información como nuestros ojos puedan escanear y nuestros dedos puedan mover.

Esto se cumple también en el ámbito de la investigación académica. Como parte de un estudio quinquenal que finalizó a principios de 2008, un grupo del University College de Londres examinó los datos que documentaban el comportamiento de los visitantes de dos populares sitios dedicados a la investigación, uno operado por la Biblioteca Británica y el otro por un consorcio educativo del mismo país. Ambos sitios ofrecían a los usuarios acceso a artículos, e-books y otras fuentes de información escrita. Los eruditos descubrieron que la gente que usaba estos sitios exhibía una clara «actividad de rastreo» en la cual saltaba rápidamente de una fuente a otra y rara vez volvía a alguna fuente que ya hubiera visitado. Lo más normal era que leyera como mucho una o dos páginas de un artículo o libro antes de «rebotar» a otra página. «Está claro que los usuarios no leen *online* de la misma manera que leían tradicionalmente —informaron los autores del estudio—; de hecho, hay síntomas de que surgen nuevas formas de *lectura* en los usuarios, que buscan el titular, el resumen, la palabra clara, rastreando el texto sin llegar a leerlo. Casi parece como si se conectaran a Internet para no tener que leer»[40].

Este cambio en nuestro enfoque de la lectura y la investigación parece consecuencia inevitable de nuestra dependencia de la tecnología de la Red, sostiene Merzenich, que nos habla de una transformación más profunda en nuestro pensamiento: «No cabe duda alguna de que los modernos motores de búsqueda y sitios web con referencias cruzadas han dotado de potentes instrumentos a la investigación y a la comunicación, [...] ni cabe ninguna duda de que nuestros cerebros se ocupan menos directamente y más superficialmente en la síntesis de la información cuando usamos estrategias de investigación fascinadas por la eficiencia, las referencias secundarias (y fuera de contexto) y unas primeras impresiones tomadas muy a la ligera»[41].

El tránsito de lectura a potencia de navegación se está produciendo muy rápidamente. Según Ziming Liu, catedrático de biblioteconomía en la Universidad Estatal de San José, «el advenimiento de los medios digitales y la creciente acumulación de documentos digitales ha tenido un profundo impacto en la lectura». En 2003, Liu encuestó a 113 personas altamente alfabetizadas —ingenieros, científicos, contables, profesores, gerentes de empresa y estudiantes de posgrado, la mayoría de ellos entre los treinta y cinco y cuarenta años de edad— para calibrar la medida en que sus hábitos de lectura habían cambiado en los últimos diez años. Cerca del 85 por ciento de los encuestados informó de que pasaba más tiempo leyendo documentos electrónicos. Cuando se le pidió que caracterizaran cómo se había alterado su práctica de la lectura, el 81 por ciento afirmó que ahora pasaba más tiempo «navegando, explorando», y el 82 por ciento declaró que ahora hacía más «lectura no lineal». Sólo el 27 por ciento dijo que el tiempo que dedicaba a «la lectura profunda» iba en aumento, mientras que un 45 por ciento relató que en su caso estaba disminuyendo. Sólo el 16 por ciento aseguró estar prestando una atención más sostenida a la lectura; y el 50 por ciento dijo que le dedicaba una atención menos sostenida.

Los resultados, según Liu, indicaban que «el entorno digital tiende a animar a la gente a explorar muchos temas extensamente, pero a un nivel más superficial [...]. Los hipervínculos distraen a la gente de la lectura y el pensamiento profundo». Uno de los participantes en el estudio dijo a Liu: «Noto que estoy perdiendo la paciencia para leer textos largos. Siempre tengo ganas de anticiparme al final de los artículos largos». Otro dijo: «Me salto muchas más páginas html que [al leer] páginas impresas». Está muy claro, concluyó Liu, que con el flujo de texto digital que inunda nuestros ordenadores y teléfonos, «la gente pasa más tiempo leyendo» del que solía. Pero está igualmente claro que se trata de un tipo de lectura muy diferente. Está surgiendo «un comportamiento lector basado en la pantalla» y caracterizado por «la navegación, la exploración, el aislamiento de palabras clave, una lectura aleatoria, ni lineal ni fija». El tiempo «dedicado a la lectura en profundidad, concentrada» está, por el contrario, en constante descenso[42].

No hay nada malo en navegar y explorar, ni siquiera en navegar y explorar aleatoriamente. Siempre nos hemos saltado páginas del periódico; y también solemos pasear la vista por libros y revistas para hacernos una idea de su contenido y decidir si lo escrito merece una lectura más profunda. La capacidad de desbrozar el texto es tan importante como la capacidad de leer profundamente. Lo diferente, y preocupante, es que este desbrozado a machetazos se está convirtiendo en nuestro modo dominante de lectura. Lo que antaño era un medio orientado a un fin, una manera de identificar información para su estudio más detallado, se está convirtiendo en un fin en sí mismo: nuestra manera preferida de recabar información de todo género y dotarla de sentido. Hemos alcanzado el punto en que un erudito de Rhodes como Joe O'Shea de la Florida State —especializado nada menos que en filosofía— no sólo admite sin empacho que no lee libros, sino que además añade que no siente ninguna especial necesidad de leerlos. ¿Para qué molestarse, cuando en una fracción de segundo puede uno buscar en Google los fragmentos que necesite? Lo que estamos experimentando es, en sentido metafórico, lo opuesto a la trayectoria que seguimos a principios de la civilización: estamos evolucionando de ser cultivadores de conocimiento personal a cazadores recolectores en un bosque de datos electrónicos.

Pero hay compensaciones. Las investigaciones demuestran que ciertas habilidades cognoscitivas se fortalecen, a veces sustancialmente, por el uso de ordenadores e Internet. Éstas tienden a involucrar funciones mentales de nivel más bajo, más primitivas, como la coordinación ojo-mano, la respuesta refleja y el procesamiento visual de señales. Un muy citado estudio sobre videojuegos, publicado en *Nature* en 2003, reveló que después de sólo diez días de jugar a juegos de acción en equipo, un grupo de jóvenes había aumentado considerablemente la velocidad con la que podía cambiar de enfoque visual entre diferentes imágenes y tareas. También se apreció entre los jugadores veteranos una mayor capacidad de identificar elementos en su campo visual que la que demostraron los novatos. Los autores del estudio concluyeron que «aunque jugar a los videojuegos parezca un tanto sin sentido, es capaz de alterar radicalmente el proceso de la atención visual»[43].

Aunque la evidencia experimental es escasa, parece lógico que las búsquedas y la navegación en la Red contribuyan también a fortalecer las funciones cerebrales relacionadas con ciertas resoluciones rápidas de problemas, en particular las relativas al reconocimiento de patrones entre una maraña de datos. La evaluación repetitiva de enlaces, noticias, fragmentos de texto e imágenes debería hacernos más duchos a la hora de distinguir rápidamente entre señales informativas en mutua competencia, analizar sus características más sobresalientes y juzgar si nos depararán algún beneficio práctico para cualquier tarea en la que estemos ocupados u objetivo que persigamos. Un estudio británico sobre la forma en que las mujeres buscan información médica *online* indicó que la velocidad con la que eran capaces de evaluar el valor probable de una página web se incrementaba a medida que adquirían familiaridad con la Red[44]. Un navegante experimentado sólo necesitaba unos segundos para hacerse un juicio exacto sobre las posibilidades que tenía una página de ofrecer información fidedigna. Otros estudios sugieren que el tipo de gimnasia mental que nos ocupa cuando navegamos por la Red puede dar lugar a una pequeña expansión de la capacidad de nuestra memoria de trabajo[45]. Ello, a su vez, también nos ayudaría a ser más habilidosos haciendo juegos malabares con los datos. Este tipo de investigación «indica que el cerebro aprende a centrar rápidamente la atención, analizar la información y decidir casi instantáneamente si ir o no ir a un sitio dado», explica Gary Small. Él cree que, a medida que pasamos más tiempo navegando por la gran cantidad de información disponible *online*, «muchos de nosotros estamos desarrollando unos circuitos neuronales personalizados para hacer arranques rápidos e incisivos de atención dirigida»[46]. Cuando practicamos la navegación, la exploración y la multitarea, bien pudiera ocurrir que nuestros flexibles cerebros se volviesen más duchos en esas tareas.

La importancia de estas competencias no debería ser tomada a la ligera. A medida que nuestras vidas laborales y sociales vienen a centrarse en el uso de medios electrónicos, más rápidamente somos capaces de navegar por dichos medios de comunicación y más hábilmente podemos cambiar nuestra atención de unas tareas *online* a otras; y más probabilidades tendremos de resultar valiosos como empleados, e incluso como amigos y colegas de trabajo. Como dice el escritor Sam Anderson en su «In Defense of Distraction» [Defensa de la distracción], un artículo publicado en 2009 en la revista *New York*, «nuestros puestos de trabajo dependen de la conectividad [...] y nuestros ciclos de placer, asunto nada baladí, están cada vez más vinculados a ella». Los beneficios prácticos del uso de la Web son muchos: ésa es una de las principales razones por las que pasamos tanto tiempo *online*. «Ya es demasiado tarde —sostiene Anderson— para retirarse sin más a una época más tranquila»[47].

Tiene razón, pero sería un grave error mirar con estrechez los beneficios de la Red para concluir que la tecnología nos hace más inteligentes. Jordan Grafman, jefe de la unidad de neurociencia cognitiva en el Instituto Nacional de Trastornos Neurológicos y Accidentes Cerebrovasculares estadounidense, explica que el constante desplazamiento de nuestra atención cuando estamos *online* hará que nuestro cerebro sea más ágil a la hora de realizar múltiples tareas, pero mejorar nuestra capacidad multitarea, de hecho, perjudica nuestra capacidad para pensar profunda y creativamente. «Optimizarse para la multitarea, ¿produce un mejor funcionamiento, es decir, creatividad, inventiva, productividad? La respuesta es, en la mayoría de los casos, negativa —asegura Grafman—. A más multitareas, menos deliberación, menor capacidad de pensar

y razonar un problema». Sigue explicando Grafman cómo
uno se vuelve más proclive a aceptar las ideas y soluciones más
convencionales en lugar de cuestionarlas recurriendo a líneas
de pensamiento originales[48]. David Meyer, neurólogo de la
Universidad de Míchigan y experto de primera línea en *multi-
tasking*, razona de forma similar. A medida que adquirimos
más experiencia en el desplazamiento rápido y constante de
nuestra atención, puede que «superemos algunas de las inefi-
ciencias» inherentes a la multitarea, explica Meyer, «pero, salvo en circunstancias excepcionales, por más que uno se entre-
ne en algo hasta poder hacerlo dormido, nunca rendirá tan
bien como si se centrara en una sola cosa cada vez»[49]. Lo que
hacemos cuando estamos en modo multitarea es «adquirir
destreza en un nivel superficial»[50]. Ya lo dijo el filósofo romano Séneca hace dos mil años: «Estar en todas partes es como
no estar en ninguna»[51].

En un artículo publicado en *Science* a principios de 2009,
Patricia Greenfield, eminente psicóloga del desarrollo que da
clases en la UCLA, repasó más de cincuenta estudios sobre los
efectos que los diferentes medios de comunicación surten en
la inteligencia de las personas y su capacidad de aprendizaje.
Llegó a la conclusión de que «todo medio desarrolla ciertas
habilidades cognitivas en detrimento de otras». Nuestro creciente uso de la Red y otras tecnologías basadas en pantallas
nos ha llevado a un «desarrollo sofisticado y generalizado de
habilidades visuales-espaciales». Podemos, por ejemplo, rotar
objetos mentalmente mejor que antes. Pero nuestra «nueva
riqueza en inteligencia visual-espacial» va de la mano con un
debilitamiento de nuestras capacidades para el tipo de «procesamiento profundo» en el que se basa «la adquisición consciente de conocimiento, el análisis inductivo, el pensamiento
crítico, la imaginación y la reflexión»[52]. En otras palabras, la
Red nos está haciendo más inteligentes; siempre y cuando de-
finamos la inteligencia según los estándares de la propia Red.
Si adoptamos una perspectiva más amplia y tradicional de la
inteligencia —si pensamos en la profundidad de nuestro pen-

samiento y no sólo en su velocidad—, se impone una conclusión diferente y considerablemente más negra.

Dada la plasticidad de nuestro cerebro, sabemos que nuestros hábitos *online* continúan reverberando en el funcionamiento de nuestras sinapsis cuando no estamos *online*. Podemos suponer que los circuitos neuronales dedicados a explorar, filtrar y realizar múltiples tareas se están ampliando y fortaleciendo, mientras que los que se utilizan para leer y pensar profundamente, con una concentración sostenida, se debilitan o erosionan. En 2009 investigadores de la Universidad de Stanford encontraron indicios de que este cambio puede estar ya en marcha. Le dieron una batería de tests cognitivos a un grupo de usuarios habituales de la multitarea, así como a otro grupo de usuarios multitarea comparativamente esporádicos. Encontraron que los usuarios multitarea habituales se dejaban distraer mucho más fácilmente por «estímulos irrelevantes del entorno», tenían un control significativamente menor sobre el contenido de su memoria de trabajo y, en general, eran mucho menos capaces de mantener su concentración en una tarea concreta. Mientras que los usuarios multitarea infrecuentes demostraron un control relativamente fuerte «de la atención de arriba abajo», los habituales demostraron «una mayor tendencia al controlar su atención de abajo arriba», lo cual sugería que «podrían estar sacrificando el rendimiento en la tarea primaria para dar cabida a otras fuentes de información». Los usuarios multitarea intensiva son «pasto de la irrelevancia», comentó Clifford Nass, catedrático de Stanford que dirigió la investigación. «Cualquier cosa los distrae»[53]. Michael Merzenich ofrece una evaluación aún más sombría. Al realizar simultáneamente varias tareas *online*, dice, «entrenamos nuestros cerebros para que presten atención a tonterías». Las consecuencias para nuestra vida intelectual pueden demostrarse «funestas»[54].

Las funciones mentales que están perdiendo la «batalla neuronal por la supervivencia de las más ocupadas» son aquellas que fomentan el pensamiento tranquilo, lineal, las que utilizamos al atravesar una narración extensa o un argumento elaborado, aquellas a las que recurrimos cuando reflexionamos sobre nuestras experiencias o contemplamos un fenómeno externo o interno. Las ganadoras son aquellas funciones que nos ayudan a localizar, clasificar y evaluar rápidamente fragmentos de información dispares en forma y contenido, las que nos permiten mantener nuestra orientación mental mientras nos bombardean los estímulos. Estas funciones son, no por casualidad, muy similares a las realizadas por los ordenadores, que están programados para la transferencia a alta velocidad de datos dentro y fuera de la memoria. Una vez más, parece que estamos adoptando en nosotros mismos las características de una tecnología intelectual novedosa y popular.

La tarde del 18 de abril de 1775, Samuel Johnson acompañó a sus amigos James Boswell y Joshua Reynolds en una visita a la gran villa que Richard Owen Cambridge poseía a orillas del Támesis, en las afueras de Londres. Fueron acompañados a la biblioteca, donde los esperaba Cambridge. Después de un breve saludo, Johnson se lanzó a los estantes y comenzó a leer en silencio los lomos de los volúmenes allí dispuestos.

—Doctor Johnson —dijo Cambridge—, parece extraño que alguien tenga tal deseo de mirar los lomos de los libros.

Johnson, según recordaría Boswell más tarde, «bruscamente sacado de su ensoñación, se volvió a Cambridge para responder»:

—Señor, la razón es muy simple. El conocimiento es de dos tipos. O conocemos una materia por nosotros mismos o sabemos dónde encontrar información sobre ella[55].

La Red nos ofrece un acceso instantáneo a una biblioteca de información sin precedentes por su tamaño y alcance, y nos facilita su ordenamiento: encontrar, si no exactamente lo que estábamos buscando, por lo menos algo suficiente para nuestros propósitos inmediatos. Lo que la Red disminuye es el primer tipo de conocimiento al que aludía Johnson: la capacidad de conocer en profundidad una materia por nosotros mismos, construir con nuestra propia mente el rico y peculiar conjunto de conexiones que alumbran una inteligencia singular.

*SOBRE EL CRECIMIENTO DE LAS PUNTUACIONES
EN LOS TESTS DE INTELIGENCIA*

Hace treinta años, James Flynn, entonces jefe del Departamento de Ciencias Políticas de la Universidad de Otago (Nueva Zelanda), comenzó a estudiar los registros históricos de las pruebas de CI (cociente intelectual). Cuando observaba las cifras, una vez eliminados los diversos ajustes de puntuación que se habían realizado a través de los años, descubrió algo sorprendente: las puntuaciones de CI han ido en constante aumento, prácticamente en todas partes, a lo largo del siglo. Polémico la primera vez que se habló de él, el efecto Flynn, como llegó a conocerse el fenómeno, se ha visto confirmado por muchos estudios posteriores. Es real. Desde que Flynn hizo su descubrimiento, ha servido de arma *ad hoc* para emplear contra quien sugiera que nuestra capacidad intelectual pueda estar en decadencia: *si somos tan tontos, ¿por qué somos cada vez más inteligentes?* El efecto Flynn se ha utilizado para defender los programas de televisión, los videojuegos, los ordenadores personales y, más recientemente, Internet. Don Tapscott, en *Grown Up Digital* [Madurez digital], su himno a la primera generación de «nativos digitales», rebate a quienes alegan que el uso extensivo de medios digitales puede conducir al embrutecimiento de los niños mediante el argumento (con un guiño a Flynn) de que «las puntuaciones de CI llevan subiendo tres puntos por década desde la Segunda Guerra Mundial»[1].

No es que Tapscott se equivoque con las cifras, y sin duda el aumento de las puntuaciones en las pruebas de CI es algo que debe confortarnos, sobre todo porque las mejoras han sido más importantes entre segmentos de la población cuyos resultados eran pobres en el pasado. Pero hay buenas razones para ser escéptico ante cualquier alegación de que el efecto Flynn demuestra que las personas son «más inteligentes» hoy de lo que solían ser, o que Internet está potenciando la inteligencia general del género humano. Por un lado, como señala Tapscott, las puntuaciones de CI llevan mucho tiempo subiendo —de hecho, desde mucho antes de la Segunda Guerra Mundial—, y el ritmo de crecimiento se ha mantenido bastante estable, variando sólo ligeramente de una década a otra. Este patrón sugiere que el aumento probablemente refleje un cambio profundo y persistente en algunos aspectos de la sociedad, más que ningún suceso o tecnología particular recientes. El hecho de que el uso de Internet comenzara a generalizarse hace sólo unos diez años eleva la improbabilidad de que haya sido una fuerza importante para impulsar al alza las puntuaciones en pruebas de CI. Otras medidas de la inteligencia no muestran ninguna de las mejoras generales vistas en las puntuaciones de CI. De hecho, las propias pruebas de inteligencia han enviado señales diversas. Estas pruebas tienen diferentes secciones, que miden aspectos diferentes de la inteligencia, y cuyos resultados oscilan ampliamente. La mayor parte del aumento de las puntuaciones globales se puede atribuir a un mejor desempeño en pruebas de rotación mental de formas geométricas, identificación de similitudes entre objetos dispares y ordenamiento de polígonos en secuencias lógicas. Las pruebas de memorización, vocabulario, cultura general e incluso la aritmética básica han mostrado poca o nula mejoría.

Los resultados obtenidos en otras pruebas comunes diseñadas para medir la capacidad intelectual también parecen estar estancados o en declive. Las calificaciones en los exámenes PSAT, a los que se someten los estudiantes de secundaria en Estados Unidos, no aumentaron en absoluto entre los años 1999 y 2008, una época en que el uso de la Red en hogares y escuelas se estaba expandiendo exponencialmente. De hecho, mientras que el promedio de calificaciones en matemáticas se mantuvo bastante estable durante ese periodo —cayendo casi medio punto, de 49,2 a 48,8—, las puntuaciones en las partes verbales de la prueba se redujeron de manera significativa. El puntaje promedio de lectura crítica cayó un 3,3 por ciento, de 48,3 a 46,7; y el de aptitudes para la escritura se redujo un 6,9 por ciento: de 49,2 a 45,8[2]. Los resultados obtenidos en las secciones verbales de exámenes SAT para estudiantes universitarios también han ido disminuyendo. Un informe de 2007 del Departamento de Educación estadounidense mostró que las puntuaciones de alumnos de duodécimo grado en pruebas de tres tipos diferentes de lectura (para realizar una tarea, para recopilar información y para adquirir experiencia literaria) se redujeron entre 1992 y 2005. La aptitud para la lectura literaria sufrió el mayor descenso, con una bajada de doce puntos porcentuales[3].

Así pues, hay señales de que el efecto Flynn puede estar empezando a desaparecer, en coincidencia con un uso generalizado de la Web. De la investigación en Noruega y Dinamarca se desprende que la mejora de los resultados en las pruebas de inteligencia empezó a remitir en esos países durante las décadas de 1970 y 1980; y que, desde mediados de la de 1990, las puntuaciones han permanecido constantes o han bajado ligeramente[4]. En el Reino Unido, un estudio de 2009 reveló que las puntuaciones de CI de los adolescentes bajaron en dos puntos entre 1980 y 2008, después de décadas de subidas[5]. Escandinavos y británicos han sido de los primeros del mundo en generalizar el acceso a servicios de Internet de alta velocidad y el uso de teléfonos móviles multifunción. Si los medios de comunicación digitales sirvieran para mejorar las puntuaciones de CI, cabría esperar una fuerte evidencia empírica en estos resultados.

¿Qué hay, entonces, detrás del efecto Flynn? Se han formulado muchas teorías, desde la reducción del tamaño de las familias a una mejora en la nutrición, pasando por la universalidad de la educación obligatoria, pero parece más creíble la explicación que ofrece el propio James Flynn. Al principio de su investigación, se dio cuenta de que sus resultados presentan un par de paradojas. En primer lugar, la pendiente de la subida de resultados de las pruebas durante el siglo XX sugiere que nuestros antepasados eran imbéciles, pese a que todo lo que sabemos acerca de ellos nos dice lo contrario. Como Flynn escribió en su libro *¿Qué es la inteligencia?*, «si el aumento de CI es real en algún sentido, nos conduce a la absurda conclusión de que la mayoría de nuestros antepasados eran retrasados mentales»[6]. La segunda paradoja se deriva de las diferencias de puntuación en las diferentes secciones de las pruebas de CI: «¿Cómo es que la gente es más inteligente y sin embargo no tiene un vocabulario más rico, ni almacena más información, ni posee mayor capacidad para resolver problemas aritméticos»[7].

Después de muchos años reflexionando sobre estas paradojas, Flynn llegó a la conclusión de que la mejora de las puntuaciones de coeficiente intelectual tiene menos que ver con un aumento de la inteligencia general que con una transformación en la forma de pensar sobre la inteligencia. Hasta finales del siglo XIX, la visión científica de la inteligencia, con su énfasis en la clasificación, la correlación y el razonamiento abstracto, se mantuvo relativamente elitista, limitada al ámbito universitario. La mayoría de la gente seguía viendo la inteligencia como una cuestión de descifrar el funcionamiento de la naturaleza y la solución de problemas prácticos en la granja, en la fábrica, en el hogar. Vivía en un mundo sustantivo, no en uno simbólico, lo que ofrecía pocos motivos u oportunidades de pensar en formas abstractas y esquemas teóricos de clasificación.

Sin embargo, se dio cuenta Flynn, todo eso cambió en el transcurso del siglo pasado, cuando por motivos económicos, tecnológicos y educativos el razonamiento abstracto se convirtió en la corriente dominante. Todo el mundo empezó a usar, como dice gráficamente Flynn, «los mismos lentes científicos» que usaban los primeros examinadores de CI[8]. Una vez adoptado este punto de vista, recordó Flynn en una entrevista de 2007, «comencé a notar cómo se reducía la diferencia entre nuestras mentes y las de nuestros antepasados. No es que seamos más inteligentes que ellos, sino que hemos aprendido a aplicar nuestra inteligencia a un conjunto de problemas nuevo. Hemos separado la lógica de lo concreto, somos mucho más proclives a pensar en lo hipotético y pensamos que el mundo es más un lugar para ser clasificado y entendido científicamente que para ser manipulado»[9]. Patricia Greenfield, psicóloga de la UCLA, llegó a una conclusión similar en un artículo publicado en *Science* sobre la relación entre los medios de comunicación y la inteligencia. Tomando nota de que el aumento en las puntuaciones de cociente intelectual «se concentra en el índice de inteligencia no verbal», que se basa «sobre todo en pruebas visuales», atribuye el efecto Flynn a una serie de factores, desde la urbanización al crecimiento de la «complejidad social», que «son parte integrante del cambio mundial desde unas comunidades de menor escala, con poca tecnología y economía de subsistencia, a sociedades de gran escala, con alta tecnología y economías comerciales»[10].

No somos más inteligentes que nuestros padres o nuestros abuelos. Nuestra inteligencia es diferente. Y eso no sólo influye en nuestra visión del mundo, sino también en la forma en que criamos y educamos a nuestros hijos. Esta revolución social en nuestra forma de pensar el pensamiento explica por qué nos hemos vuelto cada vez más expertos en la resolución de los problemas que aparecen en las secciones más abstractas y visuales de las pruebas de CI, mientras que hemos experimentado poco o nulo progreso en la expansión de nuestro conocimiento personal, el refuerzo de nuestras habilidades académicas básicas o la mejora de nuestra capacidad para comunicar ideas complejas con claridad. Desde la infancia nos enseñan a categorizar, a resolver rompecabezas, a pensar en términos de símbolos en el espacio. Nuestro uso de los ordenadores personales y de Internet bien pudiera estar reforzando algunas de las habilidades mentales y los circuitos neuronales correspondientes mediante el fortalecimiento de nuestra agudeza visual, sobre todo nuestra capacidad de evaluar con rapidez los objetos y otros estímulos en el reino abstracto de una pantalla de ordenador. Pero, como subraya Flynn, eso no quiere decir que tengamos «cerebros mejores». Simplemente significa que tenemos cerebros diferentes[11].

8. La Iglesia de Google

Poco después de que Nietzsche se comprara su máquina de escribir, un joven serio llamado Frederick Winslow Taylor llevó un cronómetro a la planta de producción que la Midvale Steel tenía en Filadelfia y comenzó una histórica serie de experimentos encaminados a aumentar la eficacia de los operarios de la planta. Con la aprobación, a regañadientes, de los propietarios de la Midvale, Taylor contrató a un grupo de obreros de las fábricas, los puso a trabajar en varias máquinas metalúrgicas, y cronometró y registró cada uno de sus movimientos. Al dividir cada tarea en una secuencia de pequeños pasos y ensayar luego formas distintas de llevar a cabo cada uno de ellos, creó un conjunto de instrucciones —lo que hoy llamaríamos un «algoritmo»— para optimizar la forma en que cada obrero debía desempeñar su trabajo. Los empleados de la Midvale se quejaron de este nuevo régimen, más estricto: alegaron que los convertía en poco más que autómatas, pero la productividad de la fábrica aumentó espectacularmente[1].

Más de un siglo después de la invención de la máquina de vapor, la Revolución Industrial había encontrado al fin su filosofía y su filósofo. La estricta coreografía industrial de Taylor —lo que él gustaba denominar «su sistema»— fue adoptada por los fabricantes de todo el país y, con el tiempo, de todo el mundo. Buscando la máxima velocidad, la máxima eficiencia y el máximo rendimiento, los dueños de las fábricas realizaron estudios de tiempos y movimientos para organizar su trabajo y configurar los puestos de sus obreros. El objetivo, según lo definió Taylor en su célebre tratado *Los principios de la administración científica* (1911), era identificar y adoptar, para cada trabajo, el «mejor método», efectuando en consecuencia «la sustitución gradual de la ciencia por una regla general para cada una de las artes mecánicas»[2]. Una vez que su sistema se aplicara a todas las actividades del trabajo manual, aseguraba Taylor a sus muchos seguidores, se lograría una reestructuración no sólo de la industria, sino también de la sociedad, lográndose la utopía de la eficiencia perfecta. «En el pasado el hombre ha sido lo primero —declaró—; en el futuro, lo primero debe ser el sistema»[3].

El sistema tayloriano de medición y optimización sigue muy presente entre nosotros, es uno de los fundamentos de la fabricación industrial. Y ahora, gracias al creciente poder que los ingenieros informáticos y programadores de *software* ejercen sobre nuestras vidas intelectuales y sociales, la ética de Taylor comienza a regir también el reino de la mente. Internet es una máquina diseñada para la recogida, transmisión y manipulación eficientes y automatizadas de información; y sus legiones de programadores pretenden encontrar «el método óptimo» —el algoritmo perfecto— para desempeñar los movimientos mentales de lo que se ha dado en describir como la tarea del conocimiento.

La sede de Google en Silicon Valley —el Googleplex— es el santuario de Internet, y la religión practicada dentro de sus paredes es el taylorismo. La empresa, según su consejero delegado Eric Schmidt, «se fundó sobre la ciencia de la medición» y está empeñada en «sistematizar todo» lo que hace[4]. «Tratamos de basarnos fundamentalmente en datos, cuantificarlo todo», añade otra ejecutiva de Google, Marissa Mayer. «Vivimos en un mundo de números»[5]. A partir de los terabytes de datos sobre el comportamiento humano que recogen su motor de búsqueda y otros sitios web, la empresa lleva a cabo miles de experimentos diarios, cuyos resultados utiliza para afinar sus algoritmos, que guían cada vez más nuestra manera de encontrar información y extraer significado de ella[6]. Lo que Taylor hizo para el trabajo manual, Google lo está haciendo para el mental.

La confianza de la empresa en sus pruebas es legendaria. Aunque el diseño de sus páginas web pueda parecer simple, incluso austero, todo elemento ha sido sometido a una exhaustiva investigación estadística y psicológica. Mediante una técnica llamada «split A/B testing», Google introduce continuamente pequeñas permutaciones en la visibilidad y el funcionamiento de sus sitios web, muestra distintas combinaciones de diferentes grupos de usuarios y compara cómo las variaciones influyen en el comportamiento de los usuarios: el tiempo que permanecen en una página, cómo desplazan el cursor por la pantalla, sobre qué hacen clic, qué no pinchan con el ratón, adónde van a continuación, etcétera. Además de las pruebas *online* automatizadas, Google recluta voluntarios para hacer pruebas de seguimiento de movimientos oculares y otros estudios psicológicos en su «laboratorio de usabilidad». Debido a que los internautas evalúan el contenido de las páginas «tan rápidamente que adoptan la mayoría de sus decisiones de manera inconsciente», comentaban dos investigadores de Google en un post de 2009 sobre el laboratorio, el seguimiento de sus movimientos oculares «es la segunda mejor cosa que se puede hacer si uno no es capaz de leerles la mente»[7]. Irene Au, directora de Experiencia del Usuario dentro de la empresa, dice que Google se basa en «investigaciones de psicología cognitiva» para promover su objetivo de «hacer que la gente use sus ordenadores de manera más eficiente»[8].

Los juicios subjetivos, incluidos los estéticos, no entran en los cálculos de Google. «En la Web —dice Mayer— el diseño se ha convertido mucho más en una ciencia que en un arte. Puesto que se pueden hacer repeticiones de una manera rápida, y como se puede medir con tanta precisión, en realidad se pueden encontrar pequeñas diferencias y aprender matemáticamente cuál es la variable adecuada»[9]. En un famoso ensayo, la empresa probó cuarenta y un tonos de azul diferentes en su barra de herramientas para ver sobre qué tono pulsaban la mayoría de los visitantes. Se llevaron a cabo rigurosos experimentos similares sobre el texto que poner en sus páginas. «Hay que tratar de hacer de las palabras algo menos humano, verlas más como una pieza de la maquinaria», explica Mayer[10].

En su libro de 1993 *Tecnópolis,* Neil Postman destilaba los principios fundamentales del sistema tayloriano de gestión científica. El taylorismo, escribió, se basa en seis supuestos: «Que el principal, si no el único, objetivo del trabajo y el pensamiento humanos es la eficiencia; que el cálculo técnico es en todos los aspectos superior al juicio humano; que en realidad el juicio humano no es digno de confianza, ya que está lastrado por la laxitud, la ambigüedad y la complejidad innecesaria; que la subjetividad es un obstáculo para el pensamiento claro; que lo que no se puede medir no existe o no tiene valor; y que los expertos son los mejores gestores de los asuntos de los ciudadanos»[11]. Lo más notable es lo bien que el resumen de Postman encierra la propia ética intelectual de Google. Sólo le falta un pellizco para ponerla al día: Google no cree que los expertos sean los mejores gestores de los asuntos de los ciudadanos; prefiere gestionar estos asuntos mediante algoritmos de *software...* que es exactamente lo que Taylor hubiera creído de haber existido potentes ordenadores en su época.

Google también se parece a Taylor en el sentido de la justicia que imprime a su trabajo. Tiene una fe profunda, incluso mesiánica, en su causa. Google, al decir de su consejero delegado, es más que un mero negocio; es una «fuerza moral»[12], cuya muy publicitada «misión» es «organizar la información mundial y hacerla universalmente accesible y útil»[13]. El cumplimiento de esa misión, declaró Schmidt a *The Wall Street Journal* en 2005, «se producirá, según cálculos recientes, dentro de unos trescientos años»[14]. El objetivo más inmediato de la empresa es crear «el motor de búsqueda perfecto», que Schmidt define como «algo que entiende exactamente lo que se le quiere decir y devuelve exactamente lo que se le pide»[15]. Desde la perspectiva de Google, la información es una especie de mercancía, un recurso utilitario que puede y debe ser extraído y procesado con eficiencia industrial. Cuanta más información se vuelva «accesible» y más rápidamente podamos destilar su esencia, más productivos nos volveremos como pensadores. Cualquier cosa que se interponga en el camino de la recogida rápida de datos, su disección y su transmisión es una amenaza, no sólo para los negocios de Google, sino para la nueva utopía de eficiencia cognoscitiva que la empresa pretende construir en Internet.

Google nació de una analogía debida a Larry Page, hijo de uno de los pioneros de la inteligencia artificial. Page vivió rodeado de ordenadores desde una edad temprana. Recuerda haber sido «el primer niño de mi escuela primaria que presentó un documento escrito en un procesador de textos»[16]. Estudió Ingeniería en la Universidad de Míchigan. Sus amigos le recuerdan como a alguien inteligente, ambicioso, «casi obsesionado con la eficiencia»[17]. Cuando era presidente honorario de la Sociedad de Ingeniería de Míchigan lideró una decidida (si bien, en última instancia, inútil) campaña para convencer a los administradores de la facultad de que construyeran un monorraíl por el campus. En el otoño de 1995, Page se dirigió a California para tomar posesión de una preciada plaza en el programa de doctorado en Informática de la Universidad de Stanford. Ya de niño había soñado con crear un invento trascendental, algo que «cambiara el mundo»[18]. Sabía que no había ningún lugar mejor que Stanford, la corteza frontal de Silicon Valley, para hacer realidad su sueño.

Page tardó pocos meses en encontrar un tema para su tesis: la nueva y vasta Red informática llamada World Wide Web. Difundida en Internet hacía sólo cuatro años, esta telaraña global crecía exponencialmente. Ya contaba con medio millón de sitios, y se añadían más de cien mil cada mes; y la disposición increíblemente compleja y siempre cambiante de la Red, a base de nodos y enlaces, había llegado a fascinar a los matemáticos y científicos de la computación. Page tenía una idea que él pensaba que podría desbloquear algunos de esos secretos. Se había dado cuenta de que los vínculos de las páginas web son análogos a las citas en los trabajos académicos. Ambos son significantes de valor. Si un estudiante, al redactar un trabajo, hace referencia a un artículo publicado por otro investigador, está dando fe de la importancia de ese otro trabajo. Cuantas más citas reciba un trabajo, más prestigio ganará en su campo. De la misma manera, cuando una persona con página web propia incluye en ella vínculos a la página de otra persona, nos está diciendo que piensa que esa otra página es importante. El valor de cualquier página web, afirma Page, puede medirse por los enlaces que apuntan a ella.

Page tuvo otra visión, también basada en esta analogía con las citas académicas: no todos los enlaces son iguales. La autoridad de cualquier página web se puede medir por el número de enlaces entrantes que atrae. Una página con un buen número de enlaces tiene más autoridad que una página con sólo uno o dos. Cuanto mayor sea la autoridad de una página web, mayor será el valor de sus enlaces de salida propios. Lo mismo ocurre en el mundo académico: obtener una cita en un documento que se ha citado con frecuencia es más valioso que el que a uno le citen en trabajos menos citados. Esta analogía de Page le llevó a darse cuenta de que el valor relativo de cualquier página web puede calcularse mediante un análisis matemático de dos factores: el número de enlaces entrantes que la página atrajo y la autoridad de los sitios fuente de esos vínculos. Si se puede crear una base de datos de todos los enlaces que hay en la Red, se cuenta con la materia prima precisa para alimentar un algoritmo de *software* capaz de evaluar y clasificar el valor de todas las páginas de la Web. También se tienen los elementos del motor de búsqueda más potente del mundo.

Page no llegó a leer su tesis doctoral. En vez de eso, reclutó a otro graduado de Stanford —un prodigio de las matemáticas llamado Sergey Brin, que tenía un profundo interés en esta minería de datos— para que le ayudara a construir su motor de búsqueda. En el verano de 1996 una primera versión de Google, que entonces se llamaba BackRub, debutó en el sitio web de Stanford. En cuestión de un año, el tráfico en Back-Rub había llegado a colapsar la Red de la universidad. Page y Brin vieron que, si querían convertir su servicio de búsqueda en un negocio real, iban a necesitar un montón de dinero para adquirir equipamiento informático y ancho de banda. En el verano de 1998, un rico inversor de Silicon Valley vino al rescate con un cheque por cien mil dólares. Mudaron su empresa en ciernes de sus dormitorios en la residencia de estudiantes a un par de habitaciones vacías en la casa que el amigo de un amigo tenía en el cercano Menlo Park. En septiembre se dieron de alta en el registro empresarial como Google Inc. Eligieron ese nombre —*googol* significa diez elevado a la centésima potencia— para resaltar su objetivo de organizar «una cantidad aparentemente infinita de información en la web». En diciembre, un artículo en la revista *PC Magazine* alabó el nuevo motor de búsqueda de peculiar nombre: «Tiene una extraña habilidad para devolver resultados muy relevantes»[19].

Gracias a ese don, Google no tardó en procesar la mayor parte de los millones —pronto miles de millones— de búsquedas que se llevan a cabo en Internet todos los días. La empresa tuvo un éxito fabuloso, al menos con relación al tráfico que pasaba por su sitio. Sin embargo, se enfrentaba al mismo problema que había condenado a muchas empresas *puntocom:* no había sido capaz de encontrar la manera de obtener algún beneficio de todo aquel tráfico. Nadie pagaría por hacer búsquedas en la Web; y Page y Brin eran contrarios a la introducción de publicidad en sus resultados, ante el temor de que corrompiera la prístina objetividad matemática de Google. «Mucho nos tememos —habían escrito en un artículo académico a principios de 1998— que los motores de búsqueda financiados mediante publicidad estén inherentemente sesgados hacia los anunciantes, alejándose de las necesidades de los consumidores»[20].

Pero los jóvenes empresarios sabían que no podrían vivir indefinidamente de la generosidad de los capitalistas inclinados a asumir riesgos. A finales de 2000, llevaron a cabo un inteligente plan para insertar pequeños anuncios textuales junto a los resultados de cada búsqueda, comprometiendo sus ideales sólo en medida muy modesta. En lugar de vender espacios publicitarios a un precio determinado, decidieron subastar el espacio. No era una idea muy original —otro motor de búsqueda, GoTo, ya practicaba tales subastas—, pero Google le dio un nuevo giro. Mientras que GoTo clasificaba las cuñas publicitarias que insertaba en las búsquedas según la cuantía de las ofertas de los anunciantes —cuanto mayor fuera la oferta, más destacado aparecería el anuncio—, Google añadió en 2002 un segundo criterio. La colocación de un anuncio vendría determinada no sólo por la cuantía de la oferta, sino por la frecuencia con que la gente, de hecho, hacía clic en el anuncio. Esa innovación garantizaba que los anuncios de Google seguirían siendo, como decía la empresa, «pertinentes» para los temas de las búsquedas. Los anuncios no deseados se cribaban automáticamente fuera del sistema. Si los usuarios demostraban con hechos que no consideraban relevante un anuncio, es decir, si no hacían clic sobre él, con el tiempo el anuncio desaparecería de la página de Google.

Este sistema de subastas, bajo el nombre de AdWords, tuvo otra consecuencia muy importante: al ligar la colocación de anuncios a los clics de ratón, se aumentaban sustancialmente los porcentajes de estos clics. Cuanto más a menudo pulsara la gente un anuncio, éste aparecería con mayor frecuencia y en forma más prominente en las páginas de resultados de búsqueda, lo que a su vez aumentaba más aún el número de clics. Dado que los anunciantes pagaban a Google por cada clic, los ingresos de la empresa se dispararon. El sistema de AdWords resultó tan lucrativo que muchos editores web suscribieron contratos con Google para colocar sus «anuncios contextuales» en sus propios sitios, adaptando los anuncios al contenido de cada página. A finales de la década, Google no era sólo la mayor empresa de Internet en todo el mundo, sino también una de las mayores empresas mediáticas, con una facturación de más de 22.000 millones de dólares al año, casi todos procedentes de la publicidad, con un beneficio neto de unos 8.000 millones. Page y Brin valían cada uno, sobre el papel, más de 10.000 millones de dólares.

Las innovaciones de Google han sido rentables para sus fundadores e inversores. Pero los mayores beneficiarios han sido los usuarios de la Web. Google ha conseguido hacer de Internet un medio de información mucho más eficaz. Los primeros motores de búsqueda tendían a ahogarse en datos a medida que la Red se extendía: no podían indexar el nuevo contenido, y mucho menos separar el trigo de la paja. El motor de Google, por el contrario, ha sido diseñado para producir mejores resultados a medida que la Web crece. Cuantos más sitios y enlaces evalúa Google, más precisamente puede clasificar las páginas por rango de su calidad. Y a medida que aumenta el tráfico, Google es capaz de recoger más datos del comportamiento de sus usuarios, lo que le permite adaptar cada vez con mayor precisión sus resultados de búsqueda y sus anuncios a las necesidades y deseos de los usuarios. La empresa también ha invertido miles de millones de dólares en la construcción, por todo el mundo, de centros de datos repletos de ordenadores para garantizar la posibilidad de proporcionar resultados de búsqueda a sus usuarios en cuestión de milisegundos. La popularidad y la rentabilidad de Google son bien merecidas. La empresa desempeña un papel impagable a la hora de ayudar a la gente a navegar entre los cientos de miles de millones de páginas que ahora pueblan la Web. Sin su motor de búsqueda ni otros construidos a su imagen y semejanza, hace mucho tiempo que Internet se habría convertido en una Torre de Babel digital.

Pero Google, como proveedor de los principales instrumentos de navegación por la Red, también conforma nuestra relación con ese contenido que nos sirve de modo tan eficiente y con tanta profusión. Las tecnologías intelectuales han sido pioneras en promover la criba rápida y superficial de la información, desalentando cualquier compromiso profundo y prolongado con un solo argumento, idea o narrativa. «Nuestro objetivo —dice Irene Au— es meter y sacar a los usuarios muy rápidamente. Todas nuestras decisiones de diseño se basan en esta estrategia»[21]. Los beneficios de Google están ligados directamente a la velocidad con que las personas consumen información. Cuanto más rápido naveguemos por la superficie de la Web —cuantos más enlaces pulsemos y más páginas veamos— más oportunidades tendrá Google de recopilar información sobre nosotros y de insertar anuncios. Su sistema de publicidad, por lo demás, está explícitamente diseñado para determinar qué mensajes tienen más probabilidades de captar nuestra atención antes de poner esos mensajes en nuestro campo visual. Cada clic que hacemos en la Web marca un descanso en nuestra concentración, una interrupción de abajo hacia arriba de nuestra atención; y redunda en el interés económico de Google el asegurarse de que hagamos clic, cuantas más veces, mejor. Lo último que la empresa quiere es fomentar la lectura pausada o lenta, el pensamiento concentrado. Google se dedica, literalmente, a convertir nuestra distracción en dinero.

Google aún podría resultar un fuego de artificio. Las vidas de las empresas de Internet rara vez son repugnantes o brutales, pero tienden a ser cortas. Debido a que sus negocios son etéreos, construidos con hilos invisibles de código de *software,* sus defensas son frágiles. Todo lo que se necesita para volver obsoleto un negocio *online* próspero es un buen programador con una idea fresca. La invención de un motor de búsqueda más preciso o una mejor manera de distribuir los anuncios a través de la Red podría significar la ruina para Google. Pero independientemente de cuánto tiempo sea la empresa capaz de mantener su dominio sobre el flujo de la información digital, su ética intelectual seguirá siendo la ética general de Internet como medio. Los editores y fabricantes de herramientas web continuarán atrayendo tráfico y ganando dinero mediante el fomento de nuestra hambre de pequeñas píldoras de información urgente.

La historia de Internet sugiere que la velocidad de los datos no hará sino aumentar. Durante la década de 1990, la mayoría de la información *online* se encontraba en las páginas llamadas estáticas, que no eran tan diferentes de las de las revistas impresas, y cuyo contenido se mantenía relativamente fijo. La tendencia desde entonces ha sido hacer las páginas cada vez más «dinámicas», actualizarlas regularmente (y a menudo automáticamente) con nuevos contenidos. El *software* especializado para blogs, introducido en 1999, hizo de la publicación inmediata un proceso sencillo para cualquiera, y los blogueros más exitosos pronto descubrieron que tenían que publicar muchos artículos al día para mantener enganchados a los lectores más inconstantes. A los sitios de noticias les pasaba lo mismo, y tuvieron que servir historias frescas durante todo el día. Los lectores de RSS, que se popularizaron alrededor de 2005, permitieron a los sitios web «empujar» los titulares y otros bits de información a los usuarios, lo que otorgó una prima mayor a la frecuencia de las entregas de información.

La mayor aceleración ha llegado recientemente, con el auge de las redes sociales como MySpace, Facebook y Twitter. Estas empresas se dedican a proporcionar a sus millones de miembros una interminable «corriente» de «actualizaciones en tiempo real», breves mensajes acerca, como dice un eslogan de Twitter, de «lo que está pasando *ahora mismo*». Al convertir los mensajes íntimos —antaño reino de la carta, la llamada telefónica, el susurro— en carnaza de una nueva forma de medio de comunicación, las redes sociales han dotado a la gente de una manera nueva y convincente de socializar y mantenerse en contacto. También han puesto un énfasis nuevo en la inmediatez. La «actualización del estado» de un amigo,

compañero de trabajo o celebridad favorita pierde su actualidad en el momento de efectuarse. Estar al día requiere la su-
pervisión continua de los avisos de mensaje pendiente de lectura. La competencia entre las redes sociales por ofrecer
mensajes cada vez más frescos y abundantes es feroz. Cuando,
a principios de 2009, Facebook respondió al rápido crecimiento de Twitter con el anuncio de la renovación de su sitio
para, según dijo, «aumentar el ritmo de la corriente», su fun-
dador y director ejecutivo, Mark Zuckerberg, aseguró a sus
250 millones de miembros que la empresa «seguiría aceleran-
do aún más el flujo de información»[22]. A diferencia de la antigua edición de libros, que tenía fuertes incentivos económicos para promover la lectura de obras antiguas, así como de
las recientes, los editores *online* batallan por distribuir lo más
nuevo entre lo nuevo.

Google no se ha quedado parada. Para luchar contra los
advenedizos, no ha dejado de reestructurar su motor de búsqueda para optimizar su velocidad. La calidad de una página,
según lo determinado por los enlaces que entran en ella, ya
no es un criterio principal de Google a la hora de clasificar los
resultados de una búsqueda. De hecho, ahora es sólo una de
entre doscientas «señales» diferentes que la empresa monito-
riza y mide, de acuerdo con Amit Singhal, ingeniero principal
de Google[23]. Uno de los ejes importantes y recientes ha consis-
tido en otorgar una mayor prioridad a lo que se llama la «fres-
cura» de las páginas que se recomiendan. Google no sólo
identifica las páginas web nuevas o revisadas mucho más rápidamente de lo que solía —ahora comprueba cada pocos segundos si los sitios más populares se han actualizado, en lugar
de hacerlo una vez al día—, sino que además en muchas búsquedas los resultados están sesgados para favorecer las páginas más nuevas en detrimento de las más antiguas. En mayo
de 2009 la empresa imprimió un nuevo giro a su servicio de
búsqueda que permitía a los usuarios eludir toda consideración sobre la calidad total, jerarquizando los resultados en
función de cuán recientemente se había enviado la informa-

ción a la Web. Unos meses más tarde anunció una «arquitectura de próxima generación» para su motor de búsqueda, cuyo *software* o código llevaba el revelador nombre de Caffeine[24]. Citando los logros de Twitter en la aceleración del flujo de datos, Larry Page aseguró que en Google no estarían satisfechos hasta poder «indexar toda la Web cada segundo a fin de permitir la búsqueda en tiempo real»[25].

La empresa también intenta ampliar aún más su control sobre los usuarios de la Web y los datos que ésta contiene. Con los miles de millones en ganancias arrojadas por AdWords, ha sido capaz de diversificarse más allá de su enfoque original en la búsqueda de páginas web. En la actualidad cuenta con servicios especializados de búsqueda, entre otras cosas, de imágenes, vídeos de noticias, mapas, blogs y revistas académicas, todos los cuales se alimentan de los resultados proporcionados por su motor de búsqueda principal. También ofrece sistemas operativos, como Android para teléfonos *inteligentes* y Chrome para PC, así como una serie de programas de *software online* o «aplicaciones», como correo electrónico, procesamiento de textos, mantenimiento de blogs, almacenamiento de fotos, lectura de *feeds*, hoja de cálculo, calendario y alojamiento de páginas web. Google Wave, un ambicioso servicio de redes sociales lanzado a finales de 2009, permite a las personas vigilar y actualizar varios hilos de mensajes multimedia en una sola página densamente poblada, que actualiza su contenido de forma automática y casi instantánea. Wave, nos dice un reportero, «agrupa las conversaciones en cataratas por las que fluye libremente la conciencia»[26].

La expansión aparentemente ilimitada de la empresa ha sido objeto de muchas discusiones, sobre todo entre los estudiosos de la gestión y los periodistas de temas económicos. La amplitud de su influencia y su actividad se interpreta a menudo como prueba de que se trata de un género de negocio totalmente nuevo, que trasciende y redefine todas las categorías tradicionales. Pero aunque Google sea una empresa inusual en muchos sentidos, su estrategia de negocio no es tan miste riosa como parece. La proteica aparición de Google no refleja su actividad principal: la venta y distribución de anuncios *online*. Por el contrario, radica en la gran cantidad de «complementos» a esta actividad. Por complementos, en términos económicos, se entienden los productos o servicios que suelen comprarse o consumirse conjuntamente con otros, tales como los perritos calientes y la mostaza, o las lámparas y las bombillas. Para Google, todo lo que sucede en Internet es un complemento a su actividad principal. Cuando la gente pasa más tiempo y hace más cosas *online*, ve más anuncios y revela más información de sí misma (y Google se embolsa más dinero). A medida que otros productos y servicios se entregan digitalmente a través de redes informáticas —de entretenimiento, noticias, aplicaciones de *software*, transacciones financieras, llamadas telefónicas—, la gama de complementos de Google se va extendiendo a cada vez más industrias.

Debido a que las ventas de productos complementarios suben en tándem, las empresas tienen un gran interés estratégico en reducir los costos y ampliar la disponibilidad de los complementos a su producto principal. No es demasiado exagerado decir que toda empresa desearía que sus complementos fueran gratis. Si los perritos calientes fueran gratis, las ventas de mostaza se dispararían. Este impulso natural de reducir el coste de los complementos es, más que cualquier otra cosa, lo que explica la estrategia empresarial de Google. Casi todo lo que hace la empresa tiene como objetivo reducir el costo y ampliar el alcance del uso de Internet. Google quiere que la información sea gratuita porque, cuanto más bajo sea su costo, más tiempo pasaremos todos mirando la pantalla del ordenador, con lo que suben los beneficios de la empresa.

La mayor parte de los servicios de Google no son rentables en sí mismos. Los analistas del sector estiman, por ejemplo, que YouTube —que Google compró por 1.650 millones de dólares en 2006— perdió entre 200 millones y 500 millones de dólares en 2009[27]. Sin embargo, puesto que servicios populares como YouTube permiten a Google recopilar más información, canalizar más usuarios a su motor de búsqueda e impedir que la competencia penetre en sus mercados, la empresa es capaz de justificar el costo de ponerlos en marcha. Google nos ha hecho saber que no se dará por satisfecha hasta albergar «el 100 por cien de los datos de los usuarios»[28]. Su afán de expansión no sólo tiene que ver con el dinero, sin embargo. La colonización estable de tipos de contenido adicionales también promueve la misión de la empresa de hacer que la información del mundo sea «universalmente accesible y útil». Sus ideales e intereses empresariales convergen en un objetivo general: digitalizar cada vez más tipos de información, llevar la información a la Web, alimentar con ella su base de datos, tamizarla a través de sus algoritmos de clasificación y dispensarla a los internautas en lo que llama «fragmentos», sirviéndoles preferentemente anuncios como guarnición. Cada vez que se amplía el ámbito de aplicación de Google, su ética taylorista da otra vuelta de tuerca a nuestra vida intelectual.

La más ambiciosa de las iniciativas de Google —lo que Marissa Mayer llama su «misión lunar»[29]— es su esfuerzo por digitalizar todos los libros jamás impresos y hacer su texto «detectable y examinable *online*»[30]. El programa se inició en secreto en 2002, cuando Larry Page configuró un escáner digital en su oficina del Googleplex y, al ritmo de un metrónomo, pasó media hora escaneando metódicamente un libro de trescientas páginas. Quería hacerse una idea aproximada de cuánto tiempo se tardaría «en escanear digitalmente todos los libros del mundo». Al año siguiente, un empleado de Google fue enviado a Phoenix para comprar un montón de libros viejos en un rastrillo benéfico. Una vez transportados al Googleplex, los volúmenes se convirtieron en objetos de una serie de experimentos que condujeron al desarrollo de una nueva técnica de digitalización «de alta velocidad» y «no destructiva». El ingenioso sistema, que implica el uso de cámaras infrarrojas este-

reoscópicas, es capaz de corregir automáticamente la inclina-
ción de las páginas que se produce cuando un libro se abre, lo
que elimina cualquier distorsión del texto en la imagen esca-
neada[31]. Al mismo tiempo, un equipo de ingenieros de *software* de Google puso a punto un sofisticado programa de reconocimiento de caracteres capaz de lidiar con «tamaños o tipos
de letra extraños o inusuales, así como otras peculiaridades
inesperadas, en 430 idiomas diferentes». Otro grupo de empleados de Google se dispersó para visitar las principales bibliotecas y editoriales y calibrar el interés que pudieran tener
en que Google digitalizara sus libros[32].

En el otoño de 2004 Page y Brin anunciaron formalmente
el programa Google Print (que más tarde pasaría a llamarse
Google Book Search) en la Feria del Libro de Frankfurt, un
evento que desde los tiempos de Gutenberg ha propiciado la
principal reunión anual de los editores. Más de una docena
de editoriales comerciales y académicas han firmado acuer-
dos de asociación con Google, incluidos nombres tan presti-
giosos como Houghton Mifflin, McGraw-Hill y las editoriales
universitarias de Oxford, Cambridge y Princeton. Cinco de las
bibliotecas más prestigiosas del mundo, incluidas la Widener
de Harvard, la Bodleian de Oxford y la Pública de Nueva York,
también accedieron a colaborar en el esfuerzo. Concedieron
permiso a Google para comenzar a escanear el contenido de
sus fondos. A finales del año, la empresa ya contaba con el texto de unos cien mil libros en su banco de datos.

No todo el mundo estuvo contento con el proyecto. Google
no se limitó a escanear libros antiguos cuyos derechos de autor ya no gozaban de protección. También escaneó libros nuevos que, aunque a menudo habían dejado ya de imprimirse,
seguían siendo propiedad intelectual de sus autores o editores. Google dejó claro que no tenía intención de localizar a
los titulares de estos derechos de autor para asegurarse su
consentimiento previamente. Por el contrario, procedería a
escanear cualesquiera libros y los incluiría en su base de datos
a menos que un propietario de los derechos de autor enviara

una solicitud formal por escrito para excluir un libro en particular. El 20 de septiembre de 2005, el Sindicato de Autores, junto con tres destacados escritores de forma individual, demandó a Google con el alegato de que su programa de digitalización suponía «una violación masiva de los derechos de autor»[33]. Unas semanas más tarde, la Asociación de Editores de Estados Unidos presentó otra demanda contra la empresa, exigiéndole que detuviera su digitalización de los fondos de diversas bibliotecas. Google contraatacó con una ofensiva de relaciones públicas para dar a conocer los beneficios sociales de Google Book Search. En octubre, Eric Schmidt escribió una columna de opinión para *The Wall Street Journal* donde retrataba el esfuerzo de digitalización de libros en términos a la vez de agitación y vanagloria: «Imagínense el impacto cultural de indexar decenas de millones de volúmenes antes inaccesibles en un índice amplio, cada una de cuyas palabras pueda ser objeto de búsqueda por cualquier persona, ricos y pobres, urbanos y rurales, del Primer Mundo y del Tercero, *en toute langue* y, por supuesto, totalmente gratis»[34].

Las demandas continuaron. Después de tres años de negociaciones, durante los cuales Google escaneó unos siete millones de libros más, seis millones de los cuales todavía están bajo *copyright*, las partes llegaron a un acuerdo, anunciado en octubre de 2008, en virtud del cual Google accedía a pagar 125 millones de dólares para compensar a los propietarios de los derechos de autor correspondientes a las obras que ya había digitalizado. Las partes también acordaron establecer un sistema de pago que cedería a autores y editores un porcentaje de los ingresos por publicidad y otros conceptos devengados por el servicio de Google Book Search durante los próximos años. A cambio de estas concesiones, los autores y editores dieron el visto bueno a Google para que continuara con su plan de digitalizar todos los libros del mundo. La empresa también estaría «autorizada para vender, en Estados Unidos, suscripciones a [una] base de datos institucional, vender libros individualmente e insertar anuncios en las páginas de los libros *online,* entre otros usos comerciales de estos libros»[35].

La solución propuesta suscitó otra polémica aún más feroz. Las condiciones parecían conceder a Google un monopolio sobre las versiones digitales de millones de libros «huérfanos», esto es, aquellos cuyos titulares de los derechos de autor eran desconocidos o ilocalizables. Muchas bibliotecas y centros educativos se temían que, no teniendo competencia, Google pudiera elevar a su antojo las cuotas de suscripción a su base de datos. Durante la presentación de una demanda judicial, la Asociación Americana de Bibliotecas advirtió que la empresa podría «fijar un precio de suscripción de máxima rentabilidad para ella, pero fuera del alcance de muchas bibliotecas»[36]. El Departamento de Justicia y la Oficina de Derechos de Autor estadounidenses criticaron el acuerdo, ya que según ellos otorgaba a Google demasiado poder en el futuro mercado del libro digital.

Otros críticos tenían una preocupación relacionada, pero de índole más general: que el control comercial sobre la distribución de información digital condujera inevitablemente a restricciones sobre el flujo de conocimientos. Sospechaban de los motivos de Google, a pesar de su retórica altruista. «Cuando empresas como Google buscan en las bibliotecas, no se limitan a ver templos del saber en ellas», escribió Robert Darnton, quien, además de enseñar en Harvard, supervisa su sistema bibliotecario. «Ven activos potenciales, o lo que ellos llaman *contenido,* listos para su explotación». A pesar de que Google «persigue un objetivo loable al fomentar el acceso a la información», admitía Darnton, la concesión a una empresa con ánimo de lucro de un monopolio «no de los ferrocarriles ni del acero, sino del acceso a la información» entrañaría un riesgo demasiado grande. «¿Qué pasará si sus actuales propietarios venden la empresa o se jubilan? —se preguntaba—. ¿Qué pasará si Google prima la rentabilidad sobre el acceso?»[37]. A finales de 2009, el acuerdo inicial se había abandonado, y tanto Google como las demás partes intentaban recabar apoyos para una alternativa un poco menos radical.

El debate sobre Google Book Search es esclarecedor por varias razones. Revela lo mucho que queda por recorrer para adaptar el espíritu y la letra de la ley de derechos de autor, en particular sus disposiciones sobre un uso justo, a la era digital (el hecho de que algunas de las empresas editoriales que son parte en la demanda contra Google también sean socios de Google Book Search da idea de la turbiedad de la situación actual). También nos dice mucho acerca de los ideales de altos vuelos que pregona Google y los métodos arbitrarios que a veces usa para su consecución. Un observador, el abogado y escritor de temas tecnológicos Richard Koman, argumentó que Google «se ha convertido en un verdadero creyente en su propia bondad, creencia que justifica su propio conjunto de normas relativas a la ética corporativa, la lucha contra la competencia, el servicio al cliente y su lugar en la sociedad»[38].

Lo más importante de todo lo que esta controversia pone de manifiesto es que los libros del mundo *se van a digitalizar*, y que es probable que el proceso se produzca rápidamente. La polémica respecto a Google Book Search no tiene nada que ver con la sabiduría de digitalizar libros impresos en una base de datos; tiene que ver con el control y la comercialización de dicha base de datos. Tanto si Google acaba siendo el único propietario de lo que Darnton llama «la biblioteca más grande del mundo» como si no, dicha biblioteca va a crearse; y sus volúmenes digitales, alimentándose a través de la Red de todas las bibliotecas en la Tierra, suplantarán con el tiempo muchos de los libros físicos almacenados en estantes[39]. Los beneficios prácticos de convertir los libros impresos en algo «detectable y examinable *online*» son tan grandes que es difícil imaginar que alguien se oponga a la iniciativa. La digitalización de libros antiguos, así como de pergaminos antiguos y otros documentos, ya está abriendo nuevos e interesantes caminos a la investigación de nuestro pasado. Algunos prevén «un segundo Renacimiento» de descubrimientos históricos[40]. Como dice Darnton: «Hágase la digitalización».

Sin embargo, la inevitabilidad de este tránsito de la página impresa a las imágenes *online* no debe impedirnos considerar sus efectos secundarios. Porque hacer un libro detectable y examinable *online* significa también descuartizarlo. Se sacrifica la cohesión de su texto, la linealidad de su argumento o narrativa, que fluye a través de decenas de páginas. Lo que los antiguos romanos encuadernaban artesanalmente cuando crearon el primer códice queda así descosido. Esa quietud que formaba «parte del significado» del códice se sacrifica igualmente. Cada página o fragmento de texto en Google Book Search irá rodeada de un mar de enlaces, herramientas, etiquetas y anuncios, anzuelos todos dispuestos a pescar una parte de la fragmentada atención de los lectores.

Para Google, con su fe en la eficiencia como bien supremo y su deseo de «meter y sacar a los usuarios rápidamente», la desencuadernación de la obra no implica pérdida, sólo ganancia. Dice Adam Mathes, jefe de Google Book Search, que «los libros suelen vivir una vida vibrante *offline*», pero añade que «*online* vivirán una vida más emocionante todavía»[41]. ¿Qué significará para un libro eso de vivir una vida aún más emocionante? Las búsquedas son sólo el comienzo. Google quiere, o eso dice, que podamos «cortar en rodajas o dados» el contenido de los libros digitalizados que vayamos descubriendo, hacer todas las operaciones de «vincular, compartir y agregar» que son rutinarias con los contenidos de la Web, pero «no se pueden realizar fácilmente con los libros físicos». La empresa ya ha introducido una herramienta de cortar y pegar que «te permite recortar y publicar pasajes de libros de dominio público en tu blog o página web»[42]. También ha lanzado un servicio que denomina Popular Passages, que pone de relieve breves extractos de libros que se han citado con frecuencia; y para algunos volúmenes ha comenzado a mostrar «nubes de palabras» que, según dice la empresa, permiten al lector «examinar un libro en diez segundos»[43]. Sería tonto quejarse de dichas herramientas. Son útiles. Pero también dejan claro que, para Google, el valor real de un libro no está en la entidad autónoma de una obra literaria, sino en otro montón de datos más que explotar. La gran biblioteca que Google se apresura a crear no debe confundirse con aquellas que hemos conocido hasta ahora. No es una biblioteca de libros. Es una colección de fragmentos.

Lo irónico del esfuerzo de Google por aumentar la eficiencia de la lectura es que empieza por socavar un tipo de eficiencia diferente que la tecnología impresa suponía para el hecho de leer... y para nuestra mente misma. Al liberarnos de la lucha por descifrar el texto, la forma que la escritura llegó a tener en una página de pergamino o papel nos ha permitido convertirnos en lectores de profundidad, dirigir nuestra atención y nuestra capacidad cerebral a la interpretación del significado. Con la escritura en la pantalla, sigue siendo posible descodificar el texto con rapidez —de hecho leemos más rápido que nunca—, pero ya no estamos orientados hacia una comprensión profunda y personalmente construida de las connotaciones del texto. Por el contrario, nos dejamos arrastrar a toda prisa hacia otro fragmento más de información relacionada, y luego a otro y a otro más. La extracción aislada de «contenido relevante» sustituye a la excavación lenta en busca de significado.

Era una mañana de verano en Concord (Massachusetts). Corría el año 1844. Un aspirante a novelista llamado Nathaniel Hawthorne estaba sentado en un pequeño claro en el bosque, un lugar especialmente tranquilo de la ciudad conocida como Sleepy Hollow. Profundamente concentrado, atendía a todas las impresiones que pasaban ante él, convirtiéndose en lo que Emerson, líder del movimiento trascendentalista de Concord, había calificado ocho años antes como un «globo ocular transparente». Como recogería más tarde en su cuaderno, ese día Hawthorne vio cómo «los rayos del sol refulgen entre las sombras y éstas ensombrecen al sol, imagen de ese estado de ánimo placentero para la mente donde la alegría se entrevera con la melancolía». Sintió una suave brisa, «el más leve suspiro imaginable, pero con una potencia espiritual que parece penetrar, con su frescor sutil y etéreo, a través de la arcilla que recubre el exterior, para soplar sobre el espíritu mismo, que se estremece de placer suave». Se olía en aquella brisa un toque de «la fragancia de los pinos albos». Se oía «tañer el campanario de la aldea» y, «a lo lejos, a los segadores afilando sus guadañas»; pero «cuando están en una lejanía adecuada, los sonidos del trabajo no hacen sino aumentar la tranquilidad de quien se encuentra a sus anchas, inmerso en una niebla de meditaciones propias».

De repente, sin embargo, su ensueño se vio roto:

> Mas ¡ay! Escúchase el silbido de la locomotora, un chillido largo y más áspero que cualesquiera otros, que ni una milla de distancia basta para diluir en la armonía. Cuenta una historia de ajetreo, de habitantes de calles bulliciosas que han venido a pasar un día en el campo; de hombres de negocios sembradores, en definitiva, de toda inquietud. Y no es de extrañar que los anuncie un chirrido tan alarmante, pues representan la irrupción del mundo más ruidoso en medio de nuestra paz soñolienta[44].

Leo Marx abre *The machine in the Garden* [La máquina en el jardín], de 1964, su estudio clásico sobre la influencia de la tecnología en la cultura estadounidense, con la narración de esa mañana que Hawthorne pasó en Sleepy Hollow. El verdadero tema del escritor, sostiene Marx, es «el paisaje de la psique» y, en particular, «el contraste entre dos condiciones de la conciencia». El claro en el bosque proporciona al pensador solitario «un singular aislamiento de toda perturbación», un espacio protegido apto para la reflexión. La llegada clamorosa del tren, con su carga de pasajeros ajetreados, introduce «una disonancia psíquica asociada con el inicio de la industrialización»[45]. La mente contemplativa se siente abrumada por el ruidoso bullicio mecánico del mundo.

El énfasis que Google y otras empresas de Internet hacen en la eficacia del intercambio de información como clave para el progreso intelectual no es nada nuevo. Ha sido, al menos desde el inicio de la Revolución Industrial, un tema común en la historia del pensamiento. Proporciona un contrapunto fuerte y continuado al muy diferente punto de vista que propugnaban los trascendentalistas estadounidenses, así como los románticos ingleses previamente, de que la verdadera ilustración sólo se produce a través de la contemplación y la introspección. La tensión entre ambas perspectivas es una manifestación del conflicto más amplio entre —por decirlo en términos marxistas— «la máquina» y «el jardín», el ideal de la industria y el ideal pastoril, que tan importante papel ha desempeñado en la conformación de la sociedad moderna.

Llevado al terreno del intelecto, el ideal de la eficiencia industrial plantea, como bien entendió Hawthorne, una amenaza potencialmente mortal para el ideal bucólico del pensamiento meditativo. Esto no quiere decir que fomentar una detección y recogida rápidas de datos sea malo. No lo es. El desarrollo de una mente bien amueblada requiere tanto la capacidad de encontrar y analizar rápidamente una amplia gama de informaciones como una capacidad de reflexión abierta. Se precisa tiempo para la recopilación eficiente de datos y también para la contemplación ineficiente, tiempo para manejar la máquina y para quedarse de brazos cruzados en el jardín. Tenemos que trabajar en ese «mundo de los números» que es Google, pero también tenemos que ser capaces de retirarnos a Sleepy Hollow. El problema hoy es que estamos perdiendo nuestra capacidad de lograr un equilibrio entre esos dos estados muy diferentes de la mente. Mentalmente, estamos en locomoción perpetua.

Ya desde que la imprenta de Gutenberg empezara a generalizar la mentalidad literaria, se estaba poniendo en marcha el proceso que ahora amenaza con volver obsoleta esta mentalidad. Cuando libros y revistas comenzaron a inundar el mercado, por primera vez la gente se sintió abrumada por la información. En su obra maestra de 1628 *Anatomía de la melancolía*, Robert Burton describe el «vasto caos y la confusión de los libros» a que se enfrentaba el lector del siglo XVII: «Su peso nos oprime, nos duele la vista de leerlos, y los dedos de pasar sus páginas». Pocos años antes, en 1600, otro escritor inglés, Barnaby Rich, se había quejado: «Una de las grandes enfermedades de nuestro tiempo es la proliferación de libros que abruma a un mundo incapaz de digerir la abundancia de materias ociosas que todos los días se dan a la imprenta»[46].

Desde entonces hemos estado buscando, con creciente urgencia, nuevas maneras de poner orden en el maremágnum de datos a que nos enfrentamos diariamente. Durante siglos, los métodos personales de gestión de la información tendieron a ser sencillos, manuales, idiosincrásicos: rutinas de archivado, alfabetización, anotación, listado, catálogos y concordancias, reglas de oro. También existían mecanismos institucionalizados —más elaborados, pero todavía manuales en gran medida— para la clasificación y el almacenamiento de la información en poder de bibliotecas, universidades y burocracias gubernamentales y comerciales. Durante el siglo XX, a medida que arreciaba el diluvio de información y avanzaban las tecnologías de procesamiento de datos, los métodos y herramientas para la gestión de información personal e institucional se fueron volviendo más elaborados, más sistemáticos, cada vez más automatizados. Empezamos a buscar, en las mismas máquinas que agravaban la sobrecarga de información, una manera de aliviar el problema.

Vannevar Bush puso el dedo en la llaga de nuestro enfoque moderno del manejo de la información en su controvertido artículo: «As We May Think» [Como pudiera pensarse], publicado en 1945 en la revista *Atlantic Monthly*. A Bush, un ingeniero eléctrico que había servido como asesor científico de Franklin Roosevelt durante la Segunda Guerra Mundial, le preocupaba que el progreso se viera frenado por la incapacidad de los científicos para mantenerse al tanto de la información pertinente para sus trabajos. La publicación de nuevo material, escribió, «se ha extendido mucho más allá de nuestra capacidad actual para hacer uso de él. La suma de la experiencia humana se está expandiendo a un ritmo prodigioso, y los medios que utilizamos para guiarnos a través del consiguiente laberinto hasta dar con lo momentáneamente importante son los mismos a que se recurría en los albores de la navegación a vela».

Sin embargo, Bush avistaba en el horizonte una solución tecnológica para el problema de la sobrecarga de información. «El mundo ha llegado a una era de dispositivos baratos pero complejos y de gran fiabilidad; y algo tendrá que salir de ahí». Bush proponía un nuevo tipo de máquina de catalogación personal, llamada Memex, que sería útil no sólo para los científicos, sino para cualquiera que utilizase «los procesos lógicos del pensamiento». Incorporado a un escritorio, el Memex, tal como lo describía Bush, era «un dispositivo en el que una persona almacena [en formato comprimido] todos sus libros, registros y comunicaciones, y que está mecanizado para poder consultarse con gran velocidad y flexibilidad». En la parte superior de la mesa había «pantallas translúcidas» sobre las cuales se proyectan imágenes de los materiales almacenados, así como «un teclado» y «juegos de botones y palancas» para navegar por la base de datos. La «función esencial» de la máquina era el uso de una «indexación asociativa» para vincular las diferentes piezas de información: «Se puede lograr, a voluntad, que cualquier elemento seleccione inmediata y automáticamente otros». Este proceso «de vincular dos cosas entre sí es —subrayaba Bush— lo más importante»[47].

Con su Memex, Bush predice tanto el ordenador personal como el sistema hipermedia de la World Wide Web. Su artículo inspiró a muchos de los desarrolladores originales de *hardware* y *software* para PC, incluidos devotos pioneros del hipertexto tales como el famoso ingeniero informático Douglas Engelbart y el inventor de la HyperCard, Bill Atkinson. Pero a pesar de que la visión de Bush se ha cumplido, ya en vida de éste, más allá de lo que él podía llegar a imaginarse —estamos rodeados de la descendencia del Memex—, el problema que se proponía resolver —a saber, la sobrecarga de información— no ha disminuido. De hecho, está peor que nunca. Como ha señalado David Levy, «el desarrollo de sistemas personales de información digital e hipertexto global no parece haber resuelto el problema identificado por Bush; antes al contrario: lo ha exacerbado»[48].

En retrospectiva, el motivo del error parece obvio. Al reducir drásticamente el costo de crear, almacenar y compartir información, las redes informáticas han puesto a nuestro alcance mucha más información de la que jamás nos fue accesible. Y las potentes herramientas para descubrir, filtrar y distribuir información desarrolladas por empresas como Google nos garantizan que estemos siempre inundados de información *de interés inmediato para nosotros;* y ello en cantidades muy por encima de lo que nuestro cerebro puede manejar. A medida que mejoran las tecnologías de procesamiento de datos y nuestras herramientas para buscar y filtrar se vuelven más precisas, la inundación de la información pertinente se intensifica. Se nos presenta mucho más de lo que resulta de interés para nosotros. La sobrecarga de información se ha convertido en una angustia permanente, y nuestros intentos de remediarla no hacen sino empeorar las cosas. La única manera de hacerle frente es aumentar nuestra capacidad de exploración y criba, confiar aún más en esas máquinas tan maravillosamente potentes que son la fuente del problema. Hoy existe más información «disponible para nosotros que nunca —escribe Levy—, pero hay menos tiempo para hacer uso de ella», y específicamente para hacer uso de ella con cualquier profundidad de reflexión[49]. Mañana, la situación será peor aún.

Antaño se entendía que el más eficaz filtro del pensamiento humano era el tiempo. «La mejor regla de lectura será un método de la naturaleza, no uno mecánico», escribió Emerson en su ensayo de 1858 «Books» [Libros]. Todos los escritores deben presentar «el producto de su trabajo al sabio oído del tiempo, que se sienta y sopesa; y de aquí a diez años, entre un millón de páginas, reimprime una. Y aun ésta es sometida a juicio, aventada por todas las opiniones, cribada por mil tamices antes de volver a imprimirse a los veinte años, tal vez nuevamente después de pasado un siglo»[50]. Pero ya no tenemos la paciencia para esperar a la lenta y escrupulosa criba del tiempo. Inundados en todo momento por información de interés inmediato, sin más remedio que recurrir a los filtros automáticos, otorgamos instantáneamente privilegios de validez a lo más nuevo y popular. En la Red, los vientos de la opinión se han convertido en un torbellino.

Una vez que el tren hubo vomitado su carga de hombres ajetreados y salió silbando de la estación de Concord, Hawthorne intentó, con poco éxito, regresar a su estado de profunda concentración. Vislumbró un hormiguero a sus pies y, «como un genio malévolo», lanzó unos cuantos granos de arena sobre él, bloqueando la entrada. Vio cómo «uno de sus habitantes», de regreso de «un asunto público o privado», luchaba por descubrir qué había sido de su casa. «¡Qué sorpresa, qué prisa, qué confusión mental revelaban sus movimientos! ¡Cuán inexplicable debía de parecerle el organismo causante de este daño!». Pero Hawthorne se distrajo pronto de las tribulaciones de la hormiga. Al darse cuenta de un cambio en el patrón del parpadeo entre las sombras y el sol, miró a las nubes «dispersas en el cielo», discerniendo en sus cambiantes formas «las ruinas destrozadas de la utopía de un soñador».

En 2007, la Asociación Americana para el Avance de la Ciencia invitó a Larry Page a pronunciar el discurso de inauguración de su conferencia anual, la reunión de científicos más prestigiosa del país. El discurso de Page fue deslavazado, traído por los pelos, pero ofreció una fascinante visión de la mentalidad de los empresarios jóvenes. Inspirándose una vez más en una analogía, compartió con el público su concepción de la vida y el intelecto humanos. «Mi teoría —dijo— es que, si nos fijamos en su programación, en su ADN, éste ocupa, comprimido, alrededor de 600 megabytes, siendo más pequeño que cualquier otro sistema operativo moderno, más pequeño que Linux o Windows... y eso, por definición, incluye el sistema de arranque del cerebro. Así que los algoritmos de su programa probablemente no sean tan complicados; [la inteligencia] probablemente tenga más que ver con el cómputo global»[51].

Hace mucho que el ordenador digital sustituyó al reloj, a la fuente y a la maquinaria fabril como metáfora favorita para explicar la configuración y el funcionamiento de nuestro cerebro. El uso de términos de computación para describirlo se ha vuelto tan rutinario que ya ni nos damos cuenta de que estamos hablando metafóricamente (yo mismo me he referido a los «circuitos» del cerebro, a su «cableado», a sus *inputs* y a su «programación» más de una o dos de veces a lo largo de este libro). Pero Page lleva esta visión al extremo. Para él, el cerebro no sólo se parece a un ordenador; *es* un ordenador. Tal suposición explica mejor que nada por qué Google identifica la inteligencia con la eficiencia al procesar datos. Si nuestros cerebros son ordenadores, entonces la inteligencia se puede reducir a una cuestión de productividad, de ejecutar más bits de datos más rápidamente a través del procesador que tenemos en el cráneo. La inteligencia humana se vuelve indistinguible de la inteligencia artificial.

Page ha visto desde el principio Google como una forma embrionaria de la inteligencia artificial. «La inteligencia artificial sería la última versión de Google», dijo en una entrevista de 2000, mucho antes de que el nombre de su empresa se hubiese convertido en una palabra familiar. «Ahora estamos muy lejos de lograrlo. Sin embargo, podemos conseguir acercarnos progresivamente. Básicamente, en eso estamos»[52]. En un discurso pronunciado en Stanford en 2003 fue un poco más allá al describir la ambición de su empresa: «El motor de búsqueda definitivo será tan inteligente como la gente... o más»[53]. Sergey Brin, quien dice que comenzó a escribir programas de inteligencia artificial en la escuela secundaria, secunda el entusiasmo de su socio por la creación de una verdadera máquina de pensar[54]. «Ciertamente, si usted tuviera toda la información del mundo unida directamente a su cerebro, o un cerebro artificial que fuera más inteligente que el suyo, le iría mejor», llegó a decirle a un reportero de *Newsweek* en 2004[55]. En una entrevista televisiva por aquellas mismas fechas, Brin sugería que el «motor de búsqueda definitivo» se parecería mucho al HAL de Stanley Kubrick. «Ahora bien —dijo—, es de esperar que nunca cometería un error como el que comete HAL cuando mata a los tripulantes de la nave espacial. Pero en eso estamos; y creo que hasta ahora vamos por buen camino»[56].

Puede que el deseo de construir un sistema de inteligencia artificial tipo HAL le parezca extraño a la mayoría de la gente. Pero es una ambición natural, incluso admirable, para un par de jóvenes y brillantes científicos de la computación con grandes cantidades de dinero en efectivo a su disposición y un pequeño ejército de programadores e ingenieros a su servicio. Siendo una empresa fundamentalmente científica, Google está motivada por el deseo de, en palabras de Eric Schmidt, «usar la tecnología para resolver problemas que nunca antes se habían resuelto»[57]; y la inteligencia artificial es el problema más difícil que hay. ¿Por qué Brin y Page no iban a aspirar a ser quienes lo resolviesen? Sin embargo, su suposición de que a todos «nos iría mejor» si nuestro cerebro fuera complementado o incluso sustituido por la inteligencia artificial es tan inquietante como reveladora. Revela la firmeza y la certeza con la que Google se atiene a su creencia taylorista de que la inteligencia es resultado de un proceso mecánico, una serie de pasos discretos susceptibles de aislarse, medirse y optimizarse. «A los seres humanos les da vergüenza haber nacido en vez de haber sido fabricados», observó en cierta ocasión el filósofo del siglo XX Günther Anders; y las manifestaciones de los fundadores de Google delatan esa vergüenza, así como la ambición que engendra[58]. En el mundo de Google, que es el mundo *online,* hay poco lugar para el silencio reflexivo de la lectura profunda o el vagar sin rumbo de la contemplación. La ambigüedad no es una apertura a una visión diferente, sino un error que debe corregirse. El cerebro humano es sólo una computadora anticuada que necesita un procesador más rápido y un disco duro más grande... y mejores algoritmos para dirigir el curso de su pensamiento.

«Todo lo que los seres humanos están haciendo para que sea más fácil manejar las redes informáticas a su vez hace que, por motivos diferentes, sea más fácil que las redes de ordenadores manejen a los seres humanos»[59]. Eso escribía George Dyson en *Darwin among the Machines* [Darwin entre las máquinas], 1997, su historia de la búsqueda de la inteligencia artificial. Ocho años después de que saliera el libro, Dyson fue invitado al Googleplex a dar una charla en conmemoración del trabajo de John von Neumann, físico de Princeton, que en 1945, basándose en el trabajo de Alan Turing, elaboró el primer plan detallado para crear un ordenador moderno. Para Dyson, que ha pasado gran parte de su vida especulando sobre la vida interior de las máquinas, la visita a Google debió de ser emocionante. Aquí, después de todo, había una empresa dispuesta a desplegar sus enormes recursos, incluidos muchos de los científicos informáticos más brillantes del mundo, para crear un cerebro artificial.

Pero la visita dejó atribulado a Dyson. Hacia el final de un ensayo que escribió sobre la experiencia, recordó una advertencia solemne que Turing había hecho en su artículo «Computing Machinery and Intelligence». En nuestros intentos de construir máquinas inteligentes, había escrito el matemático, «no debemos tener la irreverencia de usurpar la potestad divina de crear almas, que en nosotros está limitada a la procreación de los hijos». A continuación Dyson se refiere a un comentario que «un amigo extraordinariamente perceptivo» había hecho después de una visita anterior al Googleplex: «Me pareció que el ambiente acogedor casi abrumaba. Felices canes de raza corriendo en cámara lenta entre los aspersores que regaban el césped. La gente saludando y sonriendo, juguetes por todas partes. De inmediato sospeché que un mal inimaginable estaba sucediendo en algún lugar de los rincones oscuros. Si el diablo venía a la Tierra, ¿qué lugar mejor iba a encontrar para esconderse?»[60]. La reacción, aunque obviamente extrema, es comprensible. Con su enorme ambición, su inmensa cuenta de resultados y sus designios imperialistas en el mundo del conocimiento, Google es un recipiente natural de nuestros miedos y nuestras esperanzas. «Algunos dicen que Google es Dios —ha reconocido Sergey Brin—. Otros creen que Google es Satán»[61].

Entonces ¿qué se esconde en los rincones oscuros del Googleplex? ¿Estamos en puertas de lograr la inteligencia artificial? ¿Está en ciernes el Supremo Dictador de silicio? Probablemente, no. El primer seminario académico dedicado a la consecución de la inteligencia artificial se llevó a cabo en el verano de 1956 en el campus de Dartmouth. Entonces parecía evidente que los ordenadores pronto serían capaces de reproducir el pensamiento humano. Los matemáticos e ingenieros que convocaron este seminario de un mes tenían la sensación de que, como escribieron en un comunicado, «todos los aspectos del aprendizaje o cualquier otra característica de la inteligencia pueden, en principio, describirse con la precisión necesaria para que pueda hacerse una máquina capaz de simularlos»[62]. Sólo era cuestión de escribir bien los programas, de trasladar los procesos conscientes de la mente a los pasos de varios algoritmos. Pero a pesar de años de esfuerzo en este sentido, el funcionamiento de la inteligencia humana ha eludido esa descripción precisa. En el medio siglo transcurrido desde el seminario de Dartmouth los ordenadores han avanzado a la velocidad del rayo; sin embargo, siguen siendo, en términos humanos, más tontos que un corcho. Nuestras máquinas «inteligentes» siguen sin tener la menor idea de lo que pensamos. La observación de Lewis Mumford en el sentido de que «ningún ordenador puede crear un nuevo símbolo con sus propios recursos» sigue siendo tan cierta hoy como cuando la formuló en 1967[63].

Sin embargo, los defensores de la inteligencia artificial no han cejado. Sólo han cambiado de enfoque. Han abandonado en gran medida el objetivo de escribir programas de *software* que reproduzcan el aprendizaje humano y otras características explícitas de la inteligencia. En cambio, están tratando de duplicar, en los circuitos de una computadora, las señales eléctricas que palpitan entre los miles de millones de neuronas del cerebro, en la creencia de que la inteligencia «surgirá» entonces de la máquina como la mente emerge del cerebro físico. Si se calcula bien el «cómputo global», como dice Page, entonces los algoritmos de la inteligencia se escribirán solos. En un ensayo de 1996 sobre el legado de Kubrick en *2001: una odisea en el espacio,* el inventor y futurólogo Ray Kurzweil argumentó que una vez que seamos capaces de escanear un cerebro con suficiente detalle para «conocer la arquitectura de las conexiones interneuronales en diferentes regiones», estaremos en condiciones de «diseñar redes neuronales simuladas que funcionarán de manera similar». A pesar de que «todavía no podemos construir un cerebro como el de HAL —concluyó Kurzweil—, ya podemos describir cómo podríamos hacerlo»[64].

Hay pocas razones para creer que este nuevo enfoque de la incubación de una máquina inteligente resultará más fructífero que el anterior. También se basa en hipótesis reduccionistas que dan por sentado que el cerebro funciona de acuerdo con las mismas reglas formales de orden matemático que el hombre usa para crear una computadora; en otras palabras, que un ordenador habla el mismo idioma que nuestro cerebro. Pero eso es una falacia fruto de nuestro deseo de explicar en términos inteligibles para nosotros los fenómenos que de ninguna manera entendemos. El propio John von Neumann advirtió contra esta falacia. «Cuando hablamos de las matemáticas —escribió hacia el final de su vida— podemos estar hablando un idioma *secundario,* construido en el lenguaje *primario* que verdaderamente utiliza nuestro sistema nervioso central». Cualquiera que sea el idioma del sistema nervioso, «no puede dejar de diferir considerablemente de lo que consciente y explícitamente consideramos matemática»[65].

También es falaz pensar que el cerebro físico y la mente pensante existen como capas separadas de una «arquitectura» precisa, diseñada como una máquina. El cerebro y la mente, como han demostrado los pioneros de la neuroplasticidad, están muy bien entrelazados, y cada uno moldea al otro. Como escribió Ari Schulman en «Why Minds Are Not Like Computers» [Por qué las mentes no son como las personas] *(New Atlantis*, 2009), «todo indica que, en lugar de una jerarquía perfectamente separable como en una computadora, la mente tiene varias jerarquías entrelazadas cuya organización se rige por relaciones de causalidad. Los cambios en la mente causan cambios en el cerebro, y viceversa». Crear un modelo computacional del cerebro que simulara con precisión la mente humana requeriría la repetición de «todos los niveles del cerebro que afectan a la mente y se ven afectados por ella»[66]. Ya que estamos muy lejos de desentrañar las jerarquías del cerebro, y mucho más de comprender los niveles a que estas interactúan, es probable que la fabricación de una mente artificial siga siendo una eterna aspiración de las generaciones venideras.

Google no es ni Dios ni Satanás; y si hay sombras en el Googleplex, no son más que delirios de grandeza. Lo preocupante de los fundadores de la empresa no es su infantil deseo de crear una máquina increíblemente *guay* que sea más lista que sus creadores, sino la torpe concepción de la mente humana que da lugar a tal deseo.

9. Busca, memoria

Sócrates tenía razón. A medida que la gente se acostumbraba a escribir sus pensamientos y a leer los que los demás habían escrito, se volvía menos dependiente de los contenidos de su propia memoria, esa tradición oral que antaño tenía que almacenarse en la cabeza, porque no podía grabarse en lápidas, en papiros, entre las tapas de los códices. La gente comenzó, como el gran orador había predicho, a convocar las cosas a la mente no «desde dentro de sí mismos, sino por medio de signos exteriores». La dependencia de la memoria personal disminuyó aún más con la propagación de la tipografía y una expansión concomitante de la publicación y la alfabetización. Libros y revistas, a mano en bibliotecas o en los estantes de viviendas particulares, se convirtieron en suplementos al almacén biológico del cerebro. La gente ya no tenía que memorizarlo todo. Podía consultarlo.

Pero eso no fue todo. La proliferación de páginas impresas tuvo otro efecto, que Sócrates no previó, pero bien pudiera haber recibido con satisfacción. Los libros proporcionaban a la gente el mayor y más diverso caudal de hechos, opiniones, ideas y narraciones que jamás había tenido a su alcance; y tanto el método como la cultura de la lectura profunda alentaron el almacenamiento de información impresa en la memoria. En el siglo VII, san Isidoro, obispo de Sevilla, comentaba cómo la lectura en los libros de «los dichos» de los pensadores «hace más difícil que escapen a la memoria»[1]. Debido a que cada persona era libre de trazar su propio curso de lectura, definir su propio programa, la memoria individual empezó a tener menos que ver con una construcción social determinada y más con los cimientos de una visión del mundo, una personalidad distinta. Inspirada en el libro, la gente comenzó a verse a sí misma como autora de sus propios recuerdos. Shakespeare hace decir a su Hamlet que su memoria es «libro y volumen de mi cerebro».

Según el novelista y erudito italiano Umberto Eco, en su preocupación porque la escritura pudiera debilitar la memoria, Sócrates expresaba «un miedo eterno: el que un nuevo logro tecnológico pudiera suprimir o destruir algo que consideramos valioso, algo fructífero, que representa para nosotros un valor en sí mismo, una profundidad espiritual». El miedo en este caso resultó estar fuera de lugar. Los libros complementan la memoria, pero también, como dice Eco, «la desafían y mejoran, no la narcotizan»[2].

El humanista Erasmo de Rotterdam, en su libro *De copia* (1512), hizo hincapié en esta conexión entre memoria y lectura cuando instaba a los estudiantes a hacer anotaciones en sus libros, usando «el signo apropiado» para marcar «las apariciones de palabras chocantes, una dicción arcaica o novedosa, brillantes destellos de estilo, adagios, ejemplos y comentarios concisos que merezca la pena memorizar». También sugirió que todos los estudiantes y profesores llevaran un bloc de notas, organizadas por temas, «para que cada vez que [el profesor] señale algo digno de quedar escrito, pueda anotarse en la sección correspondiente». La transcripción de los fragmentos a mano y su declamación habitual ayudarían a asegurar que se fijaran en la mente. Los pasajes debían verse como flores que, arrancadas a las páginas de los libros, pudieran conservarse entre las de la memoria[3].

Como intelectual que era, Erasmo había memorizado largas tiradas de literatura clásica, incluidas las obras completas del poeta Horacio y el dramaturgo Terencio. No recomendaba la memorización por la memorización, ni siquiera para

ejercitarla y así retener mejor los hechos. Para él, la memorización era mucho más que un medio de almacenamiento. Era
el primer paso de un proceso de síntesis que conducía a una
comprensión más profunda y más personal de la lectura.
Como explica la historiadora clásica Erika Rummel, una persona debe «digerir o asimilar lo que aprenda; y reflexionar en
lugar de reproducir servilmente las cualidades deseables para
el autor del modelo». Lejos de ser un proceso mecánico, sin
sentido, una cadena de memorización, tal como la entendía
Erasmo, ocupa la mente por completo. Es necesario, escribe
Rummel, «aunar creatividad y juicio»[4].

Este consejo de Erasmo se hacía eco de la metáfora botáni-
ca empleada por Séneca para describir el papel esencial que
desempeña la memoria en la lectura y en el pensamiento.
«Emulemos a las abejas —escribió el cordobés— y mantenga-
mos en compartimentos separados lo que hemos recogido de
nuestras diversas lecturas, porque lo que se conserva por separado se conserva mejor. Luego, aplicando con diligencia todos los recursos de nuestro talento innato, mezclemos todos
los néctares que hemos probado para convertirlos en una sola
sustancia tan dulce que, aun siendo evidente dónde se originó, parece muy diferente de lo que era en su estado original»[5].
La memoria, para Séneca como para Erasmo, era tanto un crisol como un contenedor. Era más que la suma de las cosas re-
cordadas. Era algo recién hecho, la esencia de un yo único.

La recomendación de Erasmo para que cada lector tenga
un cuaderno de citas memorables fue obedecida amplia y en-
tusiásticamente. Estos cuadernos, que se dieron en llamar «libros [de lugares] comunes», o simplemente «lugares comunes», se convirtieron en adminículos imprescindibles para la
escolarización del Renacimiento. Todo estudiante llevaba
uno[6]. En el siglo XVII su uso se había extendido más allá de la
escuela. Los lugares comunes se consideraban herramientas
necesarias para el cultivo de una mente educada. En 1623,
Francis Bacon observó que «difícilmente puede haber algo
más útil» como «sólida ayuda para la memoria» que «una bue-

na y sabia recopilación de lugares comunes». Al ayudar a grabar obras escritas en la memoria, escribió, un lugar común mantenido al día «dota de materia a la inventiva»[7]. Según Naomi Baron, catedrática de Lingüística de la American University, en el siglo XVIII el «libro de lugares comunes de un caballero» servía «de vehículo así como crónica de su desarrollo intelectual»[8].

La popularidad de estos libros disminuyó al acelerarse el ritmo de vida en el siglo XIX. Para mediados del siglo XX la memorización misma había comenzado a caer en desgracia. Los educadores progresistas desterraron esta práctica de las aulas, desdeñándola como resabio de una época menos esclarecida. Lo que durante tanto tiempo se había considerado estímulo para el conocimiento y la creatividad personal llegó a verse como una barrera contra la imaginación, y luego simplemente como un desperdicio de energía mental. La introducción en todo el siglo pasado de nuevos medios de almacenamiento y grabación —cintas de audio, de vídeo, microfilmes y microfichas, fotocopiadoras, calculadoras, computadoras— amplió considerablemente el alcance y la disponibilidad de «memoria artificial». Introducir información en la propia mente parecía cada vez menos esencial. La llegada de Internet y sus bancos de datos, ilimitados y fáciles de consultar, trajo un nuevo cambio, no sólo en la manera de ver la memorización, sino en la manera de ver la memoria misma. La Red rápidamente llegó a verse como un sustituto, más que un suplemento, de la memoria personal. Hoy en día la gente habla habitualmente sobre la memoria artificial como si fuera indistinguible de la memoria biológica.

Clive Thompson, el redactor de *Wired,* se refiere a la Red como un «cerebro con motor fueraborda» que se está arrogando el papel que anteriormente desempeñaba la memoria interna. «Casi he dejado de esforzarme en recordar cualquier cosa —dice— porque cualquier información se puede recabar *online* al instante». Thompson sugiere que «mediante la descarga de datos en silicio, liberamos nuestra propia materia gris para tareas más relevantemente humanas, como dejar volar las ideas y soñar despierto»[9]. David Brooks, popular columnista de *The New York Times*, hace una observación similar. «Yo pensaba que la magia de la era de la información consistía en que nos había permitido saber más —escribe—; pero luego me di cuenta de que la magia de la era de la información es que nos permite saber menos. Nos proporciona servidores cognitivos externos: sistemas con memoria de silicio, filtros de colaboración *online*, algoritmos de las preferencias del consumidor y conocimiento en red. Podemos cargar estos servidores y liberarnos nosotros»[10].

Peter Suderman, que escribe en *American Scene*, sostiene que, con nuestras conexiones más o menos permanentes a Internet, «ya no es terriblemente eficiente usar nuestro cerebro para almacenar la información». Según su opinión, nuestra memoria debería adaptarse a funcionar como un simple índice que nos señale los lugares de la Web donde se puede localizar la información que necesitamos en el momento en que se necesite. «¿Por qué memorizar el contenido de un solo libro, pudiendo usarse el cerebro como guía rápida de toda una biblioteca? En lugar de memorizar la información, la almacenamos digitalmente y sólo es preciso recordar que la hemos almacenado». A medida que la Red «nos enseña a pensar como ella», dice, vamos a terminar con más bien pocos conocimientos en nuestra propia cabeza[11]. Don Tapscott, escritor de temas tecnológicos, no se anda por las ramas: ahora que podemos consultar cualquier cosa «con un clic en Google —dice—, memorizar largos pasajes o hechos históricos» se ha quedado obsoleto. La memorización es «una pérdida de tiempo»[12].

No resulta particularmente sorprendente que abracemos la idea de que las bases de datos informáticas proporcionan un sustituto eficaz, incluso superior, a la memoria personal. Es la culminación de un cambio secular en la visión popular de la mente. A medida que las máquinas que utilizamos para almacenar datos se vuelven más voluminosas, flexibles y sensibles, nos hemos ido acostumbrando a confundir la memoria

artificial con la biológica. No cabe duda de que aquélla constituye un extraordinario avance. La idea de que la memoria
pueda «externalizarse», como dice Brooks, hubiera sido impensable en cualquier momento anterior de nuestra historia.
Para los antiguos griegos, la memoria era una diosa: Mnemósine, madre de las musas. Para san Agustín, era «una profundidad inmensa, infinita», un reflejo en el hombre del poder
de Dios[13]. Este punto de vista clásico siguió siendo el canónico
en la Edad Media, el Renacimiento y la Ilustración hasta, de
hecho, el final del siglo XIX. Cuando en una conferencia pro-
nunciada en 1892 ante un grupo de profesores William James
declaró que «el arte de recordar es el arte de pensar», estaba
diciendo una obviedad[14]. Hoy sus palabras parecen anticua-
das. La memoria no sólo ha perdido su divinidad, sino que
lleva buen camino de perder su humanidad. Mnemósine se
ha convertido en una máquina.

El cambio en nuestro punto de vista de la memoria es una
manifestación más de nuestra aceptación de la metáfora que
describe el cerebro como un ordenador. Si la memoria biológica funciona como un disco duro, almacenando bits de datos en ubicaciones prefijadas y sirviéndolos como *inputs* a los
cálculos de nuestro cerebro, entonces la delegación de nuestra capacidad de almacenamiento en la Web no es sólo posible, sino, como argumentan Thompson y Brooks, liberadora.
Se nos proporciona una memoria mucho más amplia al tiempo que se habilita espacio en el cerebro para cálculos más valiosos e incluso «más humanos». La analogía tiene una senci-
llez que la hace atractiva, y ciertamente parece más «científica»
que la sugerencia de que nuestra memoria es como un libro
de flores prensadas o la miel en panal de una colmena. Pero
hay un problema con nuestra nueva concepción pos-Internet
de la memoria humana. Es errónea.

Después de demostrar, a principios de los años setenta, que
«las sinapsis cambian con la experiencia», Eric Kandel siguió

investigando el sistema nervioso de la humilde babosa de mar durante muchos años. El enfoque de su trabajo cambió, sin embargo. Comenzó a mirar más allá de la red neuronal desencadenante de respuestas reflejas simples, tales como la retirada por la babosa de sus branquias si se las toca, a la cuestión mucho más complicada de cómo el cerebro almacena la información en forma de recuerdos. Kandel quería, en particular, arrojar luz sobre uno de los enigmas cruciales y más desconcertantes de la neurociencia: exactamente ¿cómo transforma el cerebro fugaces recuerdos a corto plazo, tales como los que entran y salen de nuestra memoria de trabajo a cada momento, en memoria a largo plazo de la que perdura toda la vida?

Los neurólogos y psicólogos ya sabían, desde finales del siglo XIX, que nuestros cerebros tienen más de un tipo de memoria. En 1885 el psicólogo alemán Hermann Ebbinghaus realizó una agotadora serie de experimentos, utilizándose a sí mismo como único sujeto, en la que memorizó dos mil palabras sin sentido. Descubrió que su capacidad de retener en la memoria una palabra dada se fortalecía más cuantas más veces estudiara la palabra; y que era mucho más fácil memorizar media docena de palabras de una tacada que memorizar doce. También descubrió que el proceso del olvido constaba de dos etapas. La mayoría de las palabras que estudiaba desaparecían de su memoria muy rápidamente, dentro de la hora siguiente a su recitado, pero un grupo más pequeño de ellas permanecía presente durante mucho más tiempo; también se desvanecía, pero de forma gradual. Los resultados de las pruebas de Ebbinghaus condujeron a William James a la conclusión, en 1890, de que los recuerdos eran de dos tipos: «primarios», que se evaporan de la mente poco después de dejar de darse el caso que los inspiró; y «secundarios», de los que el cerebro podría retener indefinidamente[15].

Hacia la misma época, estudios realizados en boxeadores revelaron que una conmoción por un golpe en la cabeza puede provocar amnesia retrógrada, que borra todos los recuerdos almacenados durante los pocos minutos u horas precedentes, pero deja intactos los más antiguos. El mismo fenómeno se observó en los epilépticos después de que sufrieran convulsiones. Tales observaciones implicaban que un recuerdo, incluso uno fuertemente impreso, permanece inestable durante un breve periodo inmediatamente posterior a su formación. Parece ser necesario cierto tiempo para que una memoria primaria, a corto plazo, se transforme en secundaria, a largo.

Esta hipótesis se vio respaldada por la investigación llevada a cabo por otros dos psicólogos alemanes, Georg Müller y Alfons Pilzecker, a finales de la década de 1890. En una variante de los experimentos de Ebbinghaus, le pidieron a un grupo de personas que memorizase una lista de palabras sin sentido. Un día después se examinó al grupo y se constató que los sujetos no tenían ningún problema en recordar la lista. Luego los investigadores realizaron el mismo experimento en otro grupo de personas, pero esta vez pidieron a los sujetos que estudiasen una segunda lista de palabras inmediatamente después de haber aprendido la primera lista. En la prueba del día siguiente este grupo fue incapaz de recordar el primer conjunto de palabras. A continuación Müller y Pilzecker realizaron una última prueba con una nueva variante: el tercer grupo de voluntarios memorizó la primera lista de palabras y luego, tras un intervalo de dos horas, recibió una segunda lista para estudiar. Este grupo, al igual que el primero, tuvo pocos problemas para recordar la primera lista de las palabras al día siguiente. Müller y Pilzecker llegaron a la conclusión de que se tarda más o menos una hora en fijar los recuerdos de modo que se «consoliden» en el cerebro. Los recuerdos a corto plazo no se convierten en recuerdos a largo plazo inmediatamente; y el proceso de su consolidación es delicado. Cualquier alteración, ya sea un golpe en la cabeza o una simple distracción, puede barrer los recuerdos nacientes en la mente[16].

Estudios posteriores confirmaron la existencia de formas de memoria a corto plazo y a largo, que proporcionan una prueba más de la importancia de la fase de consolidación durante la cual las primeras se convertían en recuerdos del segundo tipo. En la década de 1960, el neurólogo de la Universidad de Pensilvania Louis Flexner hizo un descubrimiento particularmente interesante: después de inyectar en ratones un antibiótico que impide que sus células produzcan proteínas, se encontró con que los animales no fueron capaces de formar recuerdos a largo plazo (sobre cómo evitar recibir una descarga eléctrica en el interior de un laberinto), pero podían continuar almacenando recuerdos a corto. La implicación estaba clara: los recuerdos a largo plazo son algo más que formas fuertes de recuerdos a corto. Ambos tipos de memoria implican procesos biológicos diferentes. El almacenamiento de memoria a largo plazo exige la síntesis de nuevas proteínas; almacenar recuerdos a corto plazo, no[17].

Inspirado por los resultados de sus anteriores experimentos con la *Aplysia,* Kandel contrató a un equipo de investigadores de talento, que incluía a médicos psiquiatras y a biólogos celulares, para que le ayudaran a sondear el funcionamiento físico de la memoria a corto plazo y a largo. Empezaron a rastrear minuciosamente el curso de las señales neuronales de una babosa de mar, «una célula cada vez», mientras el animal aprendía a adaptarse a los estímulos externos, tales como toques y descargas en su cuerpo[18]. Rápidamente se confirmó lo que Ebbinghaus había observado: cuantas más veces se repite una experiencia, más durará su recuerdo. La repetición alienta la consolidación. Cuando los investigadores examinaron los efectos fisiológicos de la repetición en las neuronas y las sinapsis individuales, descubrieron algo sorprendente. No sólo cambiaba la concentración de neurotransmisores en las sinapsis, alterando la solidez de las conexiones ya existentes entre las neuronas, sino que además éstas desarrollaban terminales sinápticas completamente nuevas. En otras palabras, la formación de recuerdos a largo plazo implica cambios no sólo bioquímicos, sino también anatómicos. Eso explica, como se dio cuenta Kandel, por qué la consolidación de la memoria requiere nuevas proteínas. Las proteínas desempeñan un papel esencial en la producción de cambios estructurales en las células.

Las alteraciones anatómicas en los circuitos de la memoria relativamente simple de una babosa fueron grandes. En un caso los investigadores encontraron que, antes de que se consolidara la memoria a largo plazo, una neurona sensorial dada tenía unas mil trescientas conexiones sinápticas a otras veinticinco neuronas aproximadamente. Sólo un 40 por ciento de esas conexiones estaban activas; en otras palabras, enviaban señales mediante la producción de neurotransmisores. Después de formarse la memoria a largo plazo, el número de conexiones sinápticas se había duplicado con creces, alcanzando en torno a las dos mil setecientas, y la proporción de las activas aumentó del 40 al 60 por ciento. Las nuevas sinapsis se mantenían en su lugar, siempre y cuando el recuerdo persistiera. Cuando se permitía que la memoria se desvaneciera —interrumpiendo la repetición de la experiencia—, el número de sinapsis volvía a caer a unas mil quinientas. El hecho de que, incluso después de olvidarse un recuerdo, el número de sinapsis se mantuviera un poco más alto de lo que había sido originalmente ayuda a explicar por qué es más fácil aprender algo por segunda vez.

Durante la nueva ronda de experimentos con la *Aplysia*, escribe Kandel en su trabajo de 2006 *En busca de la memoria*, «pudimos ver por primera vez que el número de sinapsis en el cerebro no es fijo. Cambia con el aprendizaje. Por otra parte, la memoria a largo plazo persiste mientras se mantengan los cambios anatómicos». La investigación también puso de manifiesto una diferencia fisiológica fundamental entre ambos tipos de memoria: «La memoria a corto plazo produce un cambio en la función de la sinapsis, fortaleciendo o debilitando las conexiones preexistentes; la memoria a largo plazo requiere cambios anatómicos»[19]. Los hallazgos de Kandel encajan a la perfección con los descubrimientos realizados por Michael Merzenich y otros a propósito de la neuroplasticidad. Ulteriores experimentos pronto dejaron claro que los cambios bioquímicos y estructurales necesarios para la consolidación de la memoria no se limitan a las babosas. También tienen lugar en los cerebros de otros animales, incluidos los primates.

Kandel y sus colegas habían desvelado algunos de los secretos de la memoria a nivel celular. Ahora querían profundizar en los procesos moleculares en las células. Los investigadores, como Kandel diría después, «estaban penetrando en un territorio totalmente desconocido»[20]. Primero observaron los cambios moleculares que se producen en las sinapsis cuando se forman los recuerdos a corto plazo. Encontraron que el proceso implica mucho más que la transmisión de un neurotransmisor —en este caso, el glutamato— de una neurona a otra. Otros tipos de células, llamadas interneuronas, también están involucradas. Las interneuronas producen el neurotransmisor serotonina, que afina la conexión sináptica, modulando la cantidad de glutamato liberado en la sinapsis. Durante su trabajo con los bioquímicos James Schwartz y Paul Greengard, Kandel descubrió que el ajuste se produce a través de una serie de señales moleculares. La serotonina liberada por las interneuronas se une a un receptor en la membrana de la neurona presináptica —la neurona que transmite el impulso eléctrico—, que inicia una reacción química que a su vez provoca que la neurona produzca una molécula llamada AMP cíclico. El AMP cíclico activa a su vez una proteína denominada quinasa A, una enzima catalizadora que impulsa a la célula a liberar más glutamato en la sinapsis. Ello refuerza la conexión sináptica, prolonga la actividad eléctrica en las neuronas vinculadas y permite al cerebro mantener la memoria a corto plazo durante segundos o minutos.

El siguiente reto del Kandel fue averiguar cómo tales recuerdos a corto plazo podían dejar lo efímero para transformarse en recuerdos a largo plazo mucho más permanentes. ¿Cuál era la base molecular del proceso de consolidación? Responder a esa pregunta le obligaría a entrar en el ámbito de la genética.

En 1983, el prestigioso y bien financiado Instituto Médico Howard Hughes pidió a Kandel, junto con Schwartz y el neurólogo la Universidad de Columbia Richard Axel, que dirigieran un grupo de investigación en conocimiento molecular, con sede en Columbia. Este grupo pronto tuvo éxito en la extracción de neuronas de larvas de *Aplysia* y su utilización para cultivar, como se cultivan tejidos en el laboratorio, un circuito neuronal básico que incorporaba una neurona presináptica, la neurona postsináptica y la sinapsis entre ellas. Para imitar la acción de las interneuronas de modulación, los científicos inyectaron serotonina en el cultivo. Un solo chorro de serotonina, que replicaba una sola experiencia de aprendizaje, provocó, como era de esperar, la liberación de glutamato, que a su vez produjo ese breve fortalecimiento de la sinapsis característico de la memoria a corto plazo. Cinco chorros separados de serotonina, por el contrario, fortalecieron las sinapsis existentes durante días, amén de estimular la formación de nuevas terminales sinápticas características de la memoria a largo plazo.

Lo que sucede después de las inyecciones repetidas de serotonina es que la enzima quinasa A, junto con otra enzima llamada MAP, se desplaza del citoplasma externo de la neurona a su núcleo. Allí la quinasa A activa una proteína llamada CREB-1, que a su vez activa un conjunto de genes sintetizador de las proteínas necesarias para que la neurona desarrolle nuevas terminales sinápticas. Al mismo tiempo, la enzima MAP activa otra proteína, CREB-2, que desconecta un conjunto de genes que inhibe el crecimiento de nuevas terminales. A través de un complejo proceso químico de «marcado» celular, los cambios sinápticos resultantes se concentran en determinadas regiones de la superficie de la neurona y se perpetúan durante largos periodos de tiempo. Es mediante este complejo proceso de señales químicas y cambios genéticos como las sinapsis son capaces de mantener los recuerdos a lo largo de días o incluso años. «El crecimiento y mantenimiento de las nuevas terminales sinápticas —escribe Kandel— hace persis-

tir la memoria»[21]. El proceso también dice algo importante
acerca de cómo, gracias a la plasticidad de nuestro cerebro,
nuestra experiencia conforma continuamente nuestro comportamiento e identidad: «El hecho de que un gen deba estar
activo para formar la memoria a largo plazo muestra claramente no sólo que los genes son los factores determinantes
del comportamiento, sino también que responden a la estimulación del entorno, caso del aprendizaje»[22].

La vida mental de una babosa de mar, casi con toda seguridad,
no es particularmente emocionante. Los circuitos de memoria que Kandel y su equipo estudiaron eran simples. Se ocupa-
ban de almacenar lo que los psicólogos llaman recuerdos «implícitos» o inconscientes de experiencias pasadas que se
recuerdan de forma automática, ya sea como acto reflejo o
ejecutando una habilidad aprendida. Una babosa evoca
memorias implícitas al retraer sus branquias. También las personas recurrimos a ellas cuando jugamos al baloncesto o mon-
tamos en bicicleta. Como explica Kandel, una memoria implícita «se recuerda directamente con su propia ejecución, sin
ningún esfuerzo consciente, ni siquiera consciencia de estar
sirviéndose de la memoria»[23].

Cuando hablamos de nuestros recuerdos, por lo general
nos referimos a los «explícitos»: recuerdos de personas, acontecimientos, hechos, ideas, sentimientos e impresiones que
somos capaces de convocar a la memoria de trabajo de nuestra mente consciente. La memoria explícita abarca todo lo
que decimos «recordar» del pasado. Kandel se refiere a la memoria explícita como «memoria compleja», y con toda la razón. El almacenamiento a largo plazo de la memoria explícita
implica todos los procesos bioquímicos y moleculares de la
«consolidación sináptica» que intervienen en el almacenamiento de la memoria implícita. Pero también se requiere
una segunda forma de consolidación, llamada «consolidación
sistemática», que supone una interacción concertada entre

zonas del cerebro remotas unas de otras. Sólo recientemente los científicos han comenzado a documentar los trabajos de consolidación del sistema, y muchos de sus resultados siguen siendo provisionales. Lo que está claro, sin embargo, es que la consolidación de la memoria explícita implica una larga y complicada «conversación» entre la corteza cerebral y el hipocampo.

Una parte pequeña y antigua del cerebro, el hipocampo, se encuentra debajo de la corteza, profundamente plegada entre los lóbulos temporales mediales. Además de ser el centro de nuestro sentido de la navegación, donde los taxistas londinenses almacenan sus mapas mentales de las calles de la ciudad, el hipocampo desempeña un importante papel en la formación y la gestión de los recuerdos explícitos. Gran parte del mérito por el descubrimiento de la relación del hipocampo con el almacenamiento de recuerdos corresponde a un hombre infortunado que se llamaba Henry Molaison. Nacido en 1926, Molaison contrajo epilepsia después de sufrir una grave lesión en la cabeza durante su juventud. Ya de adulto, padeció ataques cada vez más graves que estaban debilitando su salud. Una vez localizado el origen de su aflicción en la zona de su hipocampo, en 1953 los médicos se lo extirparon en su mayor parte, así como otras partes de los lóbulos temporales mediales. La cirugía curó la epilepsia de Molaison, pero tuvo un efecto extraordinariamente extraño en su memoria. Sus recuerdos implícitos permanecieron intactos, así como los principales de entre los explícitos. Podía recordar en gran detalle los acontecimientos de su infancia. Sin embargo, muchos de sus recuerdos explícitos más recientes —que databan de algunos años antes de la cirugía— habían desaparecido. Y ya no era capaz de almacenar nuevos recuerdos explícitos. Los acontecimientos se le desvanecían de la mente momentos después de haber sucedido.

La experiencia de Molaison, meticulosamente documentada por la psicóloga inglesa Brenda Milner, sugiere que el hipocampo es esencial para la consolidación de nuevos recuerdos explícitos, pero que después de un tiempo muchos de los recuerdos vienen a existir independientemente del hipocampo[24]. Exhaustivos experimentos realizados en los últimos cinco decenios han ayudado a desentrañar este enigma. Inicialmente la memoria de una experiencia parece almacenarse no sólo en las regiones corticales que registran la experiencia —la corteza auditiva recuerda un sonido, la corteza visual recuerda una visión, y así sucesivamente—, sino también en el hipocampo. El hipocampo es un lugar ideal para almacenar nuevos recuerdos porque sus sinapsis son capaces de cambiar muy rápidamente. En el transcurso de unos días, mediante un proceso de señalización aún misterioso, el hipocampo ayuda a estabilizar la memoria en la corteza, con lo que inicia la transformación de una memoria a corto plazo en otra a largo. Con el tiempo, una vez que un recuerdo está plenamente consolidado, parece borrarse del hipocampo. La corteza se convierte en su único lugar de residencia temporal. La transferencia de una memoria explícita del hipocampo a la corteza es un proceso gradual que puede durar muchos años[25]. Por eso tantos recuerdos de Molaison desaparecieron junto con su hipocampo.

El hipocampo parece actuar como una especie de director de orquesta en la sinfonía de nuestra memoria consciente. Más allá de su participación en la fijación de recuerdos particulares en la corteza, se cree que desempeña un papel importante a la hora de tejer las diferentes memorias simultáneas —visual, espacial, auditiva, emotiva, táctil— que se almacenan por separado en el cerebro, pero que también se unen para conformar un recuerdo único, sin fisuras, de un evento. Los neurólogos también debaten la teoría de que el hipocampo ayuda a enlazar los nuevos recuerdos con los antiguos, conformando la rica malla de conexiones neuronales que dan a la memoria flexibilidad y profundidad. Es probable que muchas de las conexiones entre recuerdos se forjen mientras dormimos y el hipocampo está liberado de algunas de sus otras tareas cognitivas. Como explica el psiquiatra Daniel Siegel en su libro *La mente en desarrollo*, «aunque estén llenos de una combinación de activaciones aparentemente azarosas que mezclan las experiencias del día reciente con elementos de un pasado lejano, los sueños pueden ser una manera fundamental en que la mente consolida la gran cantidad de recuerdos explícitos en un conjunto coherente de representaciones para la memoria permanente, la consolidada»[26]. De ahí que los estudios demuestren que, cuando el sueño es insuficiente, nuestra memoria se resiente[27].

Aún nos queda mucho que aprender sobre el funcionamiento de las memorias explícita e implícita, y gran parte de lo que hoy conocemos lo corregirán y aumentarán futuras investigaciones. Pero el creciente cuerpo de evidencias deja bien claro que la memoria dentro de nuestra cabeza es producto de un proceso natural extraordinariamente complejo, exquisitamente sintonizado a cada instante con el entorno único en el que cada uno de nosotros vive y el patrón único de las experiencias por las que cada uno de nosotros pasa. Las viejas metáforas botánicas aplicadas a la memoria, con su insistencia en un crecimiento continuo, orgánico, indeterminado, han resultado ser más que acertadas. De hecho, parecen más apropiadas que nuestras nuevas metáforas de alta tecnología hoy en boga, que equiparan la memoria biológica con los bits precisamente definidos de los datos digitales almacenados en discos de silicio y procesados por microprocesadores de ordenador. Gobernados por señales biológicas muy variables, químicas, eléctricas y genéticas, todos los aspectos de la memoria humana —cómo se formó, cómo se mantiene conectada y cómo recuerda— presentan gradaciones casi infinitas. La memoria de un ordenador existe como simple sucesión de bits binarios —unos y ceros— que se procesan a través de circuitos fijos, que sólo pueden estar abiertos o bien cerrados, sin más opción intermedia.

Al igual que Eric Kandel, Kobi Rosenblum, jefe del Departamento de Neurobiología y Etología de la Universidad de Haifa (Israel), ha realizado exhaustivas investigaciones sobre la consolidación de la memoria. Una de las lecciones relevantes que extraer de su trabajo es lo diferente que es la memoria biológica respecto de la informática. «El proceso de creación de la memoria a largo plazo en el cerebro humano —dice— es uno de los increíbles procesos que más claramente lo diferencian del *cerebro artificial* de un ordenador. Mientras que el llamado cerebro artificial absorbe la información e inmediatamente la guarda en su memoria, el cerebro humano sigue procesándola mucho después de haberla recibido, y la calidad de los recuerdos depende de cómo se procese la información»[28]. La memoria biológica está viva. La informática, no.

Los que celebran la «externalización» de la memoria a la Web se han dejado engañar por una metáfora. Pasan por alto la naturaleza fundamentalmente orgánica de la memoria biológica. Lo que da a la memoria real su riqueza y su carácter, por no hablar de su misterio y su fragilidad, es su contingencia. Existe en el tiempo, cambiando a medida que el cuerpo cambia. En efecto, el acto mismo de evocar un recuerdo parece reiniciar todo el proceso de consolidación, incluida la generación de proteínas para formar nuevas terminales sinápticas[29]. Cuando devolvemos a la memoria de trabajo una memoria explícita a largo plazo, vuelve a convertirse en una memoria a corto plazo que, una vez reconsolidada, adquiere un nuevo conjunto de conexiones, un nuevo contexto. Como explica Joseph LeDoux, «el cerebro que recuerda no es el cerebro en el que se formaron los primeros recuerdos. Para que éstos tengan sentido en el cerebro actual, la memoria tiene que actualizarse»[30]. La memoria biológica se encuentra en perpetuo estado de renovación. La memoria almacenada en una computadora, por el contrario, adopta una forma binaria distintiva y estática; ya puede uno mover los bits de una unidad de almacenamiento a otra tantas veces como desee, que siempre seguirán quedándose exactamente como estaban.

Quienes propugnan esta idea de externalización también confunden la memoria de trabajo con la memoria a largo plazo. Cuando una persona no logra consolidar un hecho, una idea o una experiencia en la memoria a largo plazo, no por eso «libera» espacio en su cerebro para otras funciones. En contraste con la memoria de trabajo, con sus limitaciones de capacidad, la memoria a largo plazo se expande y se contrae con una elasticidad casi ilimitada, gracias a la capacidad del cerebro para desarrollar y podar las terminales sinápticas, ajustando continuamente la fuerza de sus conexiones sinápticas. «A diferencia de un ordenador —escribe Nelson Cowan, experto en memoria que enseña en la Universidad de Misuri—, el cerebro humano normal nunca llega a un punto en el que ya no puede aprender experiencias de memoria; el cerebro humano nunca se colma»[31]. Como corrobora Torkel Klingberg, «la cantidad de información que se puede almacenar en la memoria a largo plazo es prácticamente ilimitada»[32]. Las pruebas sugieren, además, que a medida que construimos nuestro almacén de recuerdos personales, nuestras mentes se vuelven más agudas. El mismo acto de recordar, explica la psicóloga clínica Sheila Crowell, especializada en neurobiología del aprendizaje, parece modificar el cerebro de tal manera que facilita el aprendizaje de nuevas ideas y habilidades en el futuro[33].

Cuando almacenamos nuevos recuerdos a largo plazo, no limitamos nuestros poderes mentales. Los fortalecemos. Con cada expansión de nuestra memoria viene una ampliación de nuestra inteligencia. La Web proporciona un suplemento conveniente y convincente para la memoria personal, pero cuando empezamos a usar Internet como sustituto de la memoria personal, sin pasar por el proceso interno de consolidación, nos arriesgamos a vaciar a nuestra mente de sus riquezas.

En la década de 1970, cuando la escuela comenzó a permitir a los estudiantes utilizar calculadoras portátiles, muchos padres se opusieron. Les preocupaba que la dependencia de las máquinas debilitara la comprensión por parte de sus hijos de los conceptos matemáticos. Aquellos temores, según demostraron estudios posteriores, estaban en gran medida injustificados[34]. Al no estar ya obligados a invertir tanto tiempo en cálculos rutinarios, muchos estudiantes adquirieron un conocimiento más profundo de los principios básicos subyacentes a sus ejercicios. Hoy en día esta historia de la calculadora se utiliza a menudo para sostener el argumento de que nuestra creciente dependencia de bases de datos *online* es algo benigno, incluso liberador. Al librarnos de la labor de recordar, se nos dice, la Web nos permite dedicar más tiempo al pensamiento creativo. Pero el paralelismo es erróneo. La calculadora de bolsillo habrá aliviado la presión sobre nuestra memoria de trabajo, dejándonos desplegar esa crítica memoria a corto plazo al servicio de un mayor razonamiento abstracto. Como demuestra la experiencia de los estudiantes de matemáticas, la calculadora habrá hecho más fácil para el cerebro la transferencia de ideas de la memoria de trabajo a la memoria a largo plazo, para codificarlas en los esquemas conceptuales que son tan importantes para la construcción del conocimiento. Pero la Web surte un efecto muy diferente. Impone *más presión* a nuestra memoria de trabajo, no sólo desviando recursos de nuestras facultades de razonamiento superior, sino también obstruyendo la consolidación de la memoria y el desarrollo de esquemas a largo plazo. La calculadora, una herramienta potente pero altamente especializada, resultó ser una ayuda para la memoria. La Web es una tecnología de olvido.

¿Qué determina lo que recordamos y lo que olvidamos? La clave de la consolidación de la memoria es la atención. Almacenar recuerdos explícitos y, lo que no es menos importante, establecer conexiones entre ellos, requiere gran concentración mental, amplificada por la repetición o por un intenso compromiso intelectual o emocional. A mayor agudeza de la atención, más nítida será la memoria. «Para que un recuerdo se pueda conservar —escribe Kandel—, la información de entrada debe transformarse a fondo, profundamente. Esto se logra prestando atención» a la información y asociándola de manera significativa y sistemática al conocimiento ya bien establecido en la memoria»[35]. Si nuestra memoria de trabajo no da abasto para toda la información, ésta sólo perdurará mientras las neuronas que la retienen conserven su carga eléctrica, unos pocos segundos, en el mejor de los casos. Después se habrá evaporado, dejando escaso o nulo rastro en la mente.

Puede que la atención parezca un concepto algo etéreo —«un fantasma dentro de la cabeza», como dice el psicólogo Bruce McCandliss[36]—, pero es un estado físico real y produce efectos materiales en todo el cerebro. Recientes experimentos con ratones indican que el acto de prestar atención a una idea o una experiencia pone en marcha una reacción en cadena que recorre el cerebro. La atención consciente comienza en los lóbulos frontales de la corteza cerebral, con la imposición de un control ejecutivo de arriba abajo sobre el enfoque de la mente. El establecimiento de atención hace que las neuronas de la corteza envíen señales a las neuronas del cerebro medio, para que produzcan el potente neurotransmisor dopamina. Los axones de estas neuronas llegan hasta el final del hipocampo, proporcionando un canal de distribución al neurotransmisor. Una vez que la dopamina se canaliza en las sinapsis del hipocampo, arranca la consolidación de la memoria explícita, probablemente mediante la activación de genes que estimulan la síntesis de nuevas proteínas[37].

La afluencia de mensajes en mutua competencia que recibimos cuando entramos en Internet no sólo sobrecarga nuestra memoria de trabajo, sino que hace mucho más difícil que nuestros lóbulos frontales concentren nuestra atención en una sola cosa. El proceso de consolidación de la memoria no puede ni siquiera empezar. Y gracias una vez más a la plasticidad de nuestras vías neuronales, cuanto más usemos la Web, más entrenamos nuestro cerebro para distraerse, para procesar la información muy rápidamente y de manera muy eficiente, pero sin atención sostenida. Esto ayuda a explicar por qué a muchos de nosotros nos resulta difícil concentrarnos incluso cuando estamos lejos de nuestros ordenadores. Nuestro cerebro se ha convertido en un experto en olvido, un inepto para el recuerdo. De hecho, nuestra creciente dependencia de los almacenes de información de la Web puede ser producto de un bucle que se perpetúa a sí mismo, autoamplificándose. A medida que el uso de la Web dificulta el almacenamiento de información en nuestra memoria biológica, nos vemos obligados a depender cada vez más de la memoria artificial de la Red, con gran capacidad y fácil de buscar, pero que nos vuelve más superficiales como pensadores.

Estos cambios ocurren automáticamente en nuestro cerebro, fuera del limitado alcance de nuestra conciencia, pero eso no nos exime de responsabilidad por las decisiones que adoptamos. Una cosa que nos diferencia de otros animales es el dominio que se nos ha concedido sobre nuestra atención. «Aprender a pensar en realidad significa aprender a ejercer cierto control sobre *cómo* y *qué* pensar —decía el novelista David Foster Wallace en un discurso de graduación en Kenyon College en 2005—. Significa ser suficientemente consciente para elegir a qué prestar atención, cómo construir significado a partir de la experiencia». Renunciar a ese control significa quedarse «corroído por la constante sensación de haber poseído y perdido algo infinito»[38]. Hombre de mente atribulada —que se ahorcó dos años y medio después de pronunciar este discurso—, Wallace sabía con especial urgencia lo que está en juego cuando elegimos, o no, enfocarla en algo dado. Por nuestra cuenta y riesgo, cedemos el control de nuestra atención. Todo lo que los neurólogos han descubierto sobre el funcionamiento celular y molecular del cerebro humano pone de relieve esta cuestión.

Puede que Sócrates se equivocara acerca de los efectos de la escritura, pero fue prudente por su parte el advertirnos contra la complacencia de dar por sentados los tesoros de la memoria. Su profecía de una herramienta que «implantaría el olvido» en la mente, proporcionando «una receta, no para la memoria, sino para el recordatorio», ha cobrado una nueva dimensión con la llegada de la Web. La predicción habrá sido precoz, pero no errónea. De todos los sacrificios que hacemos cuando nos dedicamos a Internet como medio universal, el mayor probablemente sea el de la riqueza de conexiones que moraba dentro de nuestras propias mentes. Es cierto que la Web es en sí misma una red de conexiones, pero unos hipervínculos que asocian entre sí bits de datos *online* no son como las sinapsis de nuestro cerebro. Los vínculos web son sólo las direcciones, simples etiquetas de *software* que ordenan a un navegador cargar a discreción otra página de información dada. Carecen de la riqueza ecológica y la sensibilidad de nuestras sinapsis. Las conexiones del cerebro, escribe Ari Schulman, «no se limitan a proporcionarnos *acceso* a una memoria, sino que en muchos aspectos *la constituyen*»[39]. Las conexiones de la Red no son como nuestras conexiones. Nunca lo serán, por muchas horas que dediquemos a rebuscar y navegar. Cuando externalizamos nuestra memoria a una máquina, también subcontratamos una parte muy importante de nuestro intelecto e incluso nuestra identidad. William James, al concluir su conferencia sobre la memoria de 1892, dijo: «La conexión *es* el pensamiento». A lo que se podría apostillar: «La conexión *es* el yo».

«Yo proyecto la historia del futuro», escribió Walt Whitman en uno de los primeros versos de *Hojas de hierba*. Hace tiempo que se sabe que la cultura en que se cría una persona influye en el contenido y el carácter de la memoria de esa persona. Las personas nacidas en sociedades que celebran los logros individuales, como en Estados Unidos, tienden, por ejemplo, a ser capaces de recordar acontecimientos de sus vidas más tempranos que los miembros de sociedades que valoran más los logros colectivos, como la coreana[40]. Los psicólogos y antropólogos están descubriendo ahora que, como intuía Whitman, la influencia es recíproca. La memoria de las formas personales sostiene a la «memoria colectiva» que sustenta la cultura. Lo que está almacenado en la mente del individuo, sean acontecimientos, hechos, conceptos y habilidades, es más que la «representación de una personalidad distintiva» que constituye el yo, escribe el antropólogo Pascal Boyer. También es «el quid de la transmisión cultural»[41]. Cada uno de nosotros lleva y proyecta la historia del futuro. La cultura se sustenta en nuestras sinapsis.

La descarga de nuestra memoria a unos bancos de datos externos no sólo amenaza la profundidad y el carácter distintivo del ser. Amenaza también a la profundidad y el carácter distintivo de la cultura que todos compartimos. En un ensayo reciente, el dramaturgo Richard Foreman describió con elocuencia lo que está en juego. «Provengo de una tradición de la cultura occidental —escribió— cuyo ideal (mi ideal) era la estructura compleja y densa, catedralicia, de una personalidad altamente cualificada, trabajada, articulada, propia de un hombre o mujer que porte dentro de sí una versión personalmente construida, única, de todo el patrimonio de Occidente». Pero ahora, continuaba, «aprecio dentro de todos nosotros (y no me excluyo) la sustitución de esa compleja densidad interna por un nuevo tipo de yo que evoluciona bajo la presión de la sobrecarga de información y la tecnología de lo inmediatamente disponible». Al vaciarnos de nuestro denso «repertorio interno de patrimonio cultural», concluía Foreman, corremos el riesgo de convertirnos en «personas que, como un crepe, expanden lo superficial y carecen de hondura por conectarse a una vasta red de información accesible mediante el simple pulso de un botón»[42].

La cultura es algo más que el agregado de lo que Google describe como «la información del mundo». Es más de lo que se puede reducir a código binario y subir a la Red. Para seguir siendo fundamental, la cultura debe seguir renovándose en las mentes de los miembros de cada generación.

DIGRESIÓN

SOBRE LA ESCRITURA DE ESTE LIBRO

Sé lo que están pensando: que la existencia misma de este libro parece contradecir su tesis. Si tan difícil me resulta concentrarme, mantener la concentración en una línea de pensamiento, ¿cómo demonios me las arreglo para escribir unos cuantos cientos de páginas de prosa medianamente coherente?

No fue fácil. Cuando, hacia finales de 2007, empecé a escribirlas, luché en vano por mantener mi mente fija en la tarea. La Red, como siempre, me proporcionó una gran abundancia de información y herramientas de investigación, pero sus constantes interrupciones dispersaban mis pensamientos y palabras. Tendía a escribir a borbotones desconectados, de la misma manera que escribo en mi blog. Estaba claro que se imponían cambios drásticos. En el verano del año siguiente, me mudé con mi esposa de nuestra bien comunicada urbanización bostoniana a las montañas de Colorado. En nuestro nuevo hogar no había cobertura de telefonía móvil, e Internet llegaba mediante una conexión ADSL relativamente cutre. Cancelé mi cuenta de Twitter, puse mi Facebook entre paréntesis, amordacé mi blog. Apagué mi lector de RSS y reduje mis comunicaciones por mensajería instantánea y Skype. Lo más importante: estrangulé mi correo electrónico. Llevaba mucho tiempo comprobando a cada minuto si había mensajes nuevos. Lo reprogramé para efectuar esta comprobación sólo una vez cada hora; y cuando empezó a parecerme que aún me distraía demasiado, acabé dejando el programa cerrado gran parte del día.

Este desmantelamiento de mi vida *online* distó mucho de ser indoloro. Durante meses, mis sinapsis aullaban en demanda de su dosis *online*. Me descubría a mí mismo haciendo clic a escondidas en busca de correo nuevo. De vez en cuando recaía, y las redes de la Web me atrapaban durante todo el día. Pero con el tiempo disminuyó mi ansiedad, y me encontré capaz de escribir en mi teclado durante horas y horas, o leer un trabajo académico denso sin que mi mente vagara. Algunos circuitos viejos, en desuso, parecieron revivir; y algunos de los más recientes, los más activos a demanda de la Web, parecieron aquietarse. Empecé a sentirme más tranquilo y más centrado en mis pensamientos; menos como una rata de laboratorio presionando una palanca y más... bueno, como un ser humano. Mi cerebro podía respirar de nuevo.

Mi caso, me doy cuenta, no es habitual. Trabajando por cuenta propia y siendo de carácter bastante solitario, tengo la opción de desconectar. La mayoría de la gente no. La Web es tan esencial para su trabajo y su vida social que, aunque quisiera escapar de la Red, no podría. En un reciente ensayo, el joven novelista Benjamin Kunkel reflexionaba así sobre cómo la Red iba invadiéndole las horas de vigilia: «Internet, como sus defensores bien nos recuerdan, ofrece variedad y comodidad, sin obligarnos a nada; excepto que resulta que no la sentimos así en absoluto. No *sentimos* estar eligiendo libremente nuestras prácticas *online*. Más bien nos parecen hábitos que no hemos tenido más elección que adquirir, sin poder hacer más por remediarlo que ir contra la historia. Nos parece que no estamos distribuyendo nuestra atención como deberíamos, o incluso como nos gustaría»[1].

La cuestión, en realidad, no es si las personas pueden leer o escribir un libro de vez en cuando. Por supuesto que pueden. Cuando comenzamos a usar una nueva tecnología intelectual, no cambiamos inmediatamente de un modo mental a otro. El cerebro no es binario. Una tecnología intelectual ejerce su influencia al cambiar el rumbo que tome la atención de nuestro pensamiento. Aunque incluso los usuarios primerizos de la tecnología a menudo puedan detectar cambios en sus patrones de atención, cognición y memoria a medida que sus cerebros se adaptan al nuevo medio, los cambios más profundos se producen más lentamente, a lo largo de varias generaciones, mientras la tecnología se va integrando cada vez más en el trabajo, el ocio y la educación, en todas las normas y prácticas que definen una sociedad y su cultura. ¿Cómo cambia la manera en que leemos? ¿Cómo cambia la forma en que escribimos? ¿Cómo está cambiando nuestra forma de pensar? He aquí las preguntas que deberíamos hacernos, tanto por nosotros mismos como por nuestros hijos.

En cuanto a mí, ya estoy recayendo. Con el final de este libro a la vista, he vuelto a mantener mi correo electrónico funcionando todo el tiempo y he restablecido la alimentación al RSS. He estado jugando con algunos nuevos servicios de las redes sociales y he publicado algunas entradas nuevas en mi blog. Hace poco caí y compré un reproductor de Blu-ray con una conexión de wi-fi incorporada que me permite bajarme música de Pandora, películas de Netflix y vídeos de YouTube a mi televisor y a mi estéreo. Tengo que confesar que es genial. No estoy seguro de poder vivir sin él.

10. Algo como yo

Fue uno de los episodios más extraños de la historia de la informática, y también uno de los más reveladores: en 1964 y 1965, en el transcurso de unos meses, Joseph Weizenbaum, un ingeniero informático de cuarenta y un años que trabajaba en el Instituto de Tecnología de Massachusetts (MIT), escribió una aplicación de *software* para analizar el lenguaje escrito, que programó para ejecutarse en el nuevo sistema de reparto de tiempo de la universidad. Un estudiante, sentado ante uno de los terminales del sistema, tecleaba una oración en el ordenador, y el programa de Weizenbaum, basándose en una serie de sencillas reglas de gramática inglesa, identificaba la palabra o sintagma más destacado de dicha oración, analizando el contexto sintáctico en el que se utilizaba. Entonces el programa, a raíz de otro conjunto de normas, transformaba la oración en otra nueva que parecía ser respuesta a la original. La oración generada por el ordenador aparecería casi instantáneamente en el terminal del estudiante, lo cual generaba la ilusión de una conversación.

En un documento escrito en enero de 1966 para presentar su programa, Weizenbaum ofrecía un ejemplo de cómo funcionaba. Si una persona escribe la frase: «Estoy muy triste últimamente», el ordenador sólo necesitará saber que el verbo «estoy» suele preceder a la descripción de la situación actual del hablante o su estado de ánimo para ser capaz de preguntar: «¿Cuánto tiempo hace que está muy triste últimamente?».

El programa, según explicaba Weizenbaum, funcionaba en primer lugar aplicando «una especie de plantilla a la oración original, una parte de la cual correspondía al verbo *estoy*, y el resto aislaba el predicado *muy triste últimamente*». A continuación utilizaba un «kit de montaje» algorítmico adaptado a la plantilla, que incluía una regla para especificar que «toda oración de la forma: "Estoy blablá" debe transformarse en "¿Cuánto tiempo hace que está blablá?", independientemente del significado de *blablá*»[1].

La aplicación de Weizenbaum fue un producto de su tiempo. Durante las décadas de 1950 y 1960, el entusiasmo por los ordenadores, la programación de *software* y la inteligencia artificial dio lugar a dos ideas: una, que el cerebro humano es un tipo de computadora; y dos, que el lenguaje humano es producto de algunos de los algoritmos que se ejecutan dentro de ella. Como explica David Golumbia en *The Cultural Logic of Computation* [La lógica cultural de la computación], una nueva raza de «lingüistas informáticos», liderada por el colega de Weizenbaum en el MIT Noam Chomsky, postulaba que la forma del «lenguaje natural» que la gente habla y escribe refleja «el funcionamiento de la computadora de la mente humana que realiza todas las operaciones lingüísticas»[2]. En un artículo publicado en 1958 en el boletín *Information and Control*, Chomsky había escrito que «un posible método para describir una gramática es en los términos de un programa para una máquina universal de Turing»[3]. Lo que hacía tan convincente esta teoría computacional es que llegaba envuelta en una seductora «penumbra de la novedad tecnológica», escribe Golumbia. Ofrecía una «claridad mecánica», en sustitución del «desorden» del lenguaje humano: «un sistema interno limpio»[4]. Aplicando la ingeniería inversa a la manera en que la gente habla, se puede descubrir el código subyacente al lenguaje, que luego puede replicarse como *software*.

Weizenbaum llamó a su programa ELIZA, por Eliza Doolittle, la violetera analfabeta que, en el *Pigmalión* de George Bernard Shaw, aprende a hablar inglés culto bajo la tutela del altivo profesor de fonética Henry Higgins. Para hacer las conversaciones simuladas un poco más interesantes, Weizenbaum también dotó a su interlocutor artificial de una personalidad, la propia de un psicoterapeuta discípulo de Carl Rogers. Esta elección, como explicaba en su ponencia, era de orden pragmático. Mediante una técnica desarrollada por Rogers en la década de 1940, los terapeutas adeptos a ella fingían, en sus conversaciones con los pacientes, no tener conocimiento del mundo. La mayoría de las veces se limitaban a reformular las declaraciones de sus pacientes, devolviéndoselas en forma de preguntas o comentarios banales, de composición abierta. Sabiendo que esta ingenuidad era una pose, los pacientes quedaban libres de atribuir o no a sus terapeutas «cualquier conocimiento previo, comprensión o capacidad de razonamiento». Esta personalidad adepta a Rogers, reconocía Weizenbaum, le había sido de «una utilidad psicológica fundamental» a ELIZA: sugería que la vacuidad del programa enmascaraba algún tipo de inteligencia real.

Weizenbaum ofreció una transcripción de parte de un diálogo entre ELIZA y una joven participante en las pruebas iniciales del programa (las respuestas de la máquina están en letra cursiva):

Todos los hombres son iguales.

¿A qué se refiere?

Siempre están incordiando con algo.

¿Puede darme un ejemplo concreto?

Bueno, mi novio me hizo venir aquí.

Su novio la hizo venir aquí.

Dice que me deprimo mucho.

Siento oír que se deprime.

Es cierto. Soy infeliz.

¿Cree que venir aquí la ayudará a no ser infeliz?

Necesito ayuda, eso seguro.

¿Qué significaría para usted recibir ayuda?

Tal vez podría aprender a llevarme bien con mi madre.

Cuénteme más de su familia.
Mi madre me cuida.
¿Quién más de su familia la cuida?
Mi padre.
Su padre.
Usted se parece a él en algunas cosas.
¿Qué parecidos encuentra?
Usted no es muy agresivo, pero creo que no quiere que yo lo note.
¿Qué le hace pensar que no soy muy agresivo?
Que no discute conmigo.
¿Por qué cree que no discuto con usted?
Porque me tiene miedo.
¿Le gusta pensar que le tengo miedo?
Mi padre le tiene miedo a todo el mundo[5].

Al comentar su creación —la cual, reconocía, es una contribución modesta e incluso algo tonta al incipiente campo del procesamiento del lenguaje natural— Weizenbaum observó cuán fácil es para los programadores hacer que las máquinas «se comporten de manera maravillosa, a menudo suficiente para deslumbrar incluso al observador más experimentado». Pero, continúa, «en cuanto el funcionamiento interno de un programa se explica en un lenguaje suficientemente claro para inducir a la comprensión, su magia se desmorona. Queda al descubierto como un mero conjunto de procedimientos perfectamente comprensibles. Y el observador se dice: "Eso podría haberlo escrito yo"». El programa pasa «de la sección de inteligencia a la reservada a las curiosidades»[6].

Pero Weizenbaum, como Henry Higgins, pronto iba a ver perturbado su equilibrio, pues ELIZA conocería rápidamente la fama en el campus del MIT, convirtiéndose en uno de los pilares de numerosas conferencias y presentaciones sobre informática y tiempo compartido. Fue uno de los primeros programas informáticos capaces de demostrar la potencia y la velocidad de los ordenadores de una manera que los legos en la materia pudieran captar fácilmente. No se necesitaba ninguna formación en matemáticas, ni mucho menos en informática, para conversar con ELIZA. Copias del programa proliferaron también en otros centros educativos, hasta que la prensa se dio cuenta y convirtió a ELIZA, como más tarde dijo Weizenbaum, en «un juguete nacional»[7]. Por mucho que le sorprendiera el interés de la gente por su programa, le sorprendió más la rapidez y profundidad con que las personas que utilizaban el *software* «se implicaban emocionalmente con el ordenador», le hablaban como si fuera una persona real. Muchas, «después de conversar un rato con él, insistían, pese a mis explicaciones, en que el ordenador de hecho los entendía»[8]. Incluso su secretaria, que le había visto escribir el código de ELIZA «y sin duda sabía que no era más que un programa informático», quedó seducida. Después de unos minutos usando el *software* en un terminal situado en la oficina de Weizenbaum, rogó al profesor que abandonara la sala porque estaba avergonzada de la intimidad que estaba alcanzando la conversación. «En lo que yo no había caído —dijo Weizenbaum— es en que incluso una exposición muy breve a un programa informático relativamente simple podía inducir un poderoso pensamiento delirante en personas perfectamente normales»[9].

Pero la cosa estaba a punto de ponerse aún más rara. Distinguidos psiquiatras y científicos comenzaron a sugerir, con gran entusiasmo, que el programa podía desempeñar un valioso papel en el tratamiento de enfermos y perturbados. En un artículo publicado en el *Joural of Nervous and Mental Disease,* tres importantes psiquiatras investigadores escribieron que ELIZA, con un poco de ajuste, podría ser «una herramienta terapéutica susceptible de difundirse ampliamente en aquellos centros psiquiátricos que sufren escasez de terapeutas». Gracias a las «prestaciones de tiempo compartido de los ordenadores modernos y futuros, un sistema informático diseñado para tal fin podrá atender a varios cientos de pacientes en una hora». En *Natural History,* el destacado astrofísico Carl Sagan expresó idéntico entusiasmo por el potencial de ELIZA. Preveía el desarrollo de «una red de terminales informáticas de uso terapéutico, como esas cabinas telefónicas dispuestas en fila, que, al precio de unos pocos dólares por sesión, nos permitiría hablar con un psicoterapeuta atento, probado y, en gran medida, no directivo»[10].

En su artículo «Computing Machinery and Intelligence» [Maquinaria de computación e inteligencia], Alan Turing había lidiado con la pregunta «¿Pueden pensar las máquinas?». Propuso un sencillo experimento para juzgar si se puede decir que un equipo es inteligente, al cual llamó «el juego de la imitación», pero que desde entonces se conoce como test de Turing. Se trataba de que una persona, el «interrogador», se sentara ante una terminal informática en una sala por lo demás vacía y participase en sendas conversaciones tecleadas con otras dos personas: una de carne y hueso, y otra, el ordenador que se hacía pasar por una real. Si el interrogador no conseguía distinguir a la persona real de la impostada, entonces el equipo, argumentaba Turing, podría ser considerado inteligente. La capacidad de evocar un yo plausible a partir de meras palabras sería la señal del advenimiento de una verdadera máquina de pensar.

Conversar con ELIZA era participar en una variante de la prueba de Turing. Pero, como Weizenbaum descubrió ante su asombro, la gente que «hablaba» con su programa tenía poco interés en formarse un juicio racional y objetivo sobre la identidad de ELIZA. Lo que *quería* era creer que era una máquina pensante. *Quería* atribuirle cualidades humanas, aun cuando fuera bien consciente de que ELIZA no era más que un programa informático que seguía unas instrucciones simples y bastante obvias. Así pues, el test de Turing resultó ser tan ilustrativo de la forma en que piensan los seres humanos como de la forma de pensar de las máquinas. En su artículo en el *Journal of Nervous and Mental Disease*, los tres psiquiatras no se habían limitado a sugerir que ELIZA podría servir como sustituto de un terapeuta real. También argumentaban, en forma circular, que un psicoterapeuta era en esencia un tipo de ordenador: «Un terapeuta humano puede ser visto como un

procesador de información que adopta sus decisiones ateniéndose a un conjunto de reglas de decisión que están estre-
chamente vinculadas a metas a corto y largo plazo»[11]. Con su
simulación de un ser humano, por torpe que fuese, ELIZA
alentaba a los seres humanos a pensar en sí mismos como si-
mulaciones de ordenadores.

Esta reacción ante su *software* inquietó a Weizenbaum. Plan-
teó en su mente una pregunta que nunca se había formulado
antes, pero que desde entonces le preocuparía por muchos
años: «¿Qué tendrán los ordenadores para haber elevado la
visión del hombre como máquina a un nuevo nivel de credibilidad?»[12]. En 1976, una década después del debut de ELIZA,
él mismo aporta una respuesta en su obra *La frontera entre el
ordenador y la mente*. Para entender los efectos de una computadora, según él, había que ver a la máquina en el contexto de
las pasadas tecnologías intelectuales de la humanidad, la larga
serie de herramientas que, como el mapa y el reloj, transfor-
maron la naturaleza y alteraron «la percepción que el hombre
tenía de la realidad». Estas tecnologías forman parte de «las
mismas cosas sobre las que el hombre construye su mundo».
Una vez adoptadas, ya no pueden abandonarse, al menos no
sin sumir a la sociedad en «una gran confusión y, posiblemen-
te, el caos total». Una tecnología intelectual, escribió, «se convierte en un componente indispensable de cualquier estructura una vez que está tan bien integrada en ella, tan imbricada
en varias subestructuras vitales, que ya no se puede prescindir
de ella sin alterar fatalmente la estructura entera».

Este hecho, casi «una tautología», ayuda a explicar cómo
nuestra dependencia de los ordenadores ha venido creciendo
constante y al parecer inexorablemente desde la invención de
estas máquinas a finales de la Segunda Guerra Mundial. «El
ordenador no era un requisito previo para la supervivencia de
la sociedad moderna en el periodo posterior a la guerra —argumentaba Weizenbaum—, pero su abrazo entusiasta y acríti-
co por la mayoría de los elementos más "progresistas" del Gobierno, los negocios y la industria estadounidenses ha acabado

por convertirlo en un recurso esencial para la supervivencia de la sociedad *en la forma* en que el ordenador ha sido instrumento». Turing sabía por su experiencia con las redes de reparto de tiempo que el papel de los ordenadores se expandiría más allá de la automatización de los procesos gubernamentales e industriales. Los ordenadores pasarían a mediar en las actividades que definen la vida cotidiana de la gente: cómo aprenden, cómo piensan, cómo se desenvuelven en la sociedad. Lo que la historia de las tecnologías intelectuales nos muestra, advirtió, es que «la introducción de los ordenadores en algunas actividades humanas complejas puede constituir un compromiso irreversible». Nuestra vida intelectual y social, al igual que nuestras rutinas industriales, pueden acabar reflejando la forma que el ordenador les impone[13].

Lo que nos hace más humanos, había acabado creyendo Weizenbaum, es lo que menos tenemos de computable: las conexiones entre nuestra mente y nuestro cuerpo, las experiencias que conforman nuestra memoria y nuestro pensamiento, nuestra capacidad para las emociones y la empatía. El gran riesgo al que nos enfrentamos al implicarnos más íntimamente con nuestros ordenadores —al pasar por cada vez más experiencias vitales a través de los incorpóreos símbolos que parpadean, vacilantes, en nuestra pantalla— es el de empezar a perder nuestra humanidad, a sacrificar las cualidades que nos separan de las máquinas. La única manera de evitar ese destino, escribió Weizenbaum, es tener la conciencia y la valentía de negarse a delegar en los ordenadores las más humanas de nuestras actividades mentales e intelectuales, en particular «aquellas que requieran sabiduría»[14].

Además de un erudito tratado sobre el funcionamiento de los ordenadores y el *software,* el libro de Weizenbaum era un *cri de coeur,* un apasionado grito desde el corazón de un programador informático, examinando, a veces con cierta superioridad moral, los límites de su profesión. El libro no granjeó a su autor grandes simpatías entre sus compañeros. Cuando salió, Weizenbaum fue rechazado como hereje por los principales científicos de la computación, en particular los que perseguían la inteligencia artificial. John McCarthy, uno de los organizadores de la conferencia original de Dartmouth sobre esta materia, hablaba en nombre de muchos tecnólogos cuando, en una crítica burlesca, despachó *La frontera entre el ordenador y la mente* como «un libro poco razonable», además de reprender a Weizenbaum por su «moralismo», tan poco científico[15]. Fuera del campo del procesamiento de datos, el libro sólo ocasionó un breve revuelo. Apareció cuando los primeros ordenadores personales estaban dando el salto del taller de los aficionados a la producción en masa. La opinión pública, aleccionada para poner en marcha un frenesí comprador que prácticamente instalaría un ordenador en cada oficina, hogar y escuela del país, no estaba de humor para atender las dudas de un apóstata.

Cuando un carpintero coge un martillo, el martillo se convierte, por lo que a su cerebro se refiere, en parte de su mano. Cuando un soldado se lleva unos prismáticos a la vista, su cerebro ve a través de un nuevo par de ojos, adaptándose instantáneamente a un campo visual muy diferente. Los experimentos con monos a los que se enseñaba a usar unos alicates revelaron la facilidad con que el moldeable cerebro de los primates incorporaba herramientas a sus mapas sensoriales, haciendo que lo artificial pareciese natural. En el cerebro humano esa capacidad ha avanzado mucho más allá, incluso, de lo que se ve en nuestros primos más cercanos. Nuestra habilidad para combinar todo tipo de herramientas es una de las cualidades que más nos distinguen como especie. En combinación con nuestras habilidades cognoscitivas superiores es lo que nos hace tan duchos en el uso de nuevas tecnologías. También es lo que nos hace tan buenos a la hora de inventarlas. Nuestros cerebros pueden imaginar la mecánica y los beneficios de utilizar un nuevo dispositivo antes de que el dispositivo exista. La evolución de nuestra extraordinaria capacidad mental para difuminar la frontera entre lo interno y lo externo, el cuerpo y el instrumento, fue, según el neurólogo de la Universidad de Oregón Scott Frey, «sin duda un paso fundamental en el desarrollo de la tecnología»[16].

Los estrechos lazos que establecemos con nuestras herramientas se tienden en ambas direcciones. Así como nuestras tecnologías se convierten en extensión de nosotros mismos, también nosotros nos convertimos en extensiones de nuestras tecnologías. Cuando el carpintero toma en su mano un martillo, sólo puede usar esa mano para hacer lo que puede hacer un martillo. La mano se convierte en una herramienta de meter y sacar clavos. Cuando el soldado se lleva los binoculares a los ojos, puede ver sólo aquello que los lentes le permitan ver. Su campo de visión se alarga, pero él se vuelve ciego a lo que tiene más cerca. La experiencia de Nietzsche con su máquina de escribir constituye un ejemplo particularmente bueno de la manera en que las tecnologías ejercen su influencia sobre nosotros: el filósofo no sólo había llegado a imaginar que su máquina de escribir era algo «como yo»; también sentía estar convirtiéndose él en una cosa como ella, que su máquina de escribir estaba conformando sus pensamientos. T. S. Eliot tuvo una experiencia similar cuando pasó de manuscribir sus poemas y ensayos a mecanografiarlos. «Al componer [mis poemas] en la máquina de escribir —escribió en una carta de 1916 a Conrad Aiken—, me da la sensación de estar mudando todas las frases largas en que solía recrearme a un *staccato* tan cortante como la prosa francesa moderna. La máquina de escribir fomentará la lucidez, pero no estoy seguro de que haga lo mismo con la sutileza»[17].

Toda herramienta impone limitaciones, aunque también abra posibilidades. Cuanto más la usemos, más nos amoldaremos a su forma y función. Eso explica por qué, después de trabajar con un procesador de textos durante cierto tiempo, empecé a perder mi facilidad para escribir y corregir a mano. Mi experiencia, según averigüé después, no tenía nada de raro. «La gente que siempre escribe a ordenador a menudo se ve perdida cuando tiene que escribir a mano», informa Norman Doidge. Su capacidad de «traducir los pensamientos a escritura cursiva» disminuye a medida que se acostumbra a pulsar las teclas y ver cómo las letras aparecen como por arte de magia en la pantalla[18]. En estos tiempos en que los niños usan todo tipo de teclados desde edad muy temprana y las escuelas han dejado de enseñar caligrafía, hay pruebas crecientes de que la capacidad de escribir en letra cursiva está desapareciendo por completo de nuestra cultura. Se está convirtiendo en un arte perdido. «Damos forma a nuestras herramientas —señaló en 1967 el sacerdote jesuita y erudito de los medios de comunicación John Culkin—, y por lo tanto ellas nos dan forma a nosotros»[19].

Marshall McLuhan, mentor intelectual de Culkin, elucidaba las formas en que nuestras tecnologías nos fortalecen a la vez que nos debilitan. En uno de los pasajes más perceptivos, aunque menos comentados, de *Comprender los medios de comunicación*, McLuhan escribió que nuestras herramientas acaban por «adormecer» cualquiera de las partes de nuestro cuerpo que «amplifican»[20]. Cuando extendemos una parte de nosotros mismos de forma artificial, también nos distanciamos de la parte así amplificada y de sus funciones naturales. Cuando se inventó el telar mecánico, los tejedores pudieron fabricar en una jornada laboral mucha más tela de la que habían podido hacer a mano, pero sacrificaron parte de su destreza manual, por no hablar de su «sensación» del tejido. Sus dedos, en términos de McLuhan, se adormecieron. De manera similar, los agricultores perdieron parte de su sentido de la tierra cuando comenzaron a arar con rastrillos tirados por tractores mecánicos. El trabajador agrícola industrial de hoy día, sentado en la cabina de un gigantesco tractor con aire acondicionado, rara vez toca la tierra en absoluto, aunque en un solo día pueda labrar lo que su antecesor, azada en mano, no podría haber roturado en un mes. Al volante de nuestro coche podemos cubrir una distancia mucho mayor de la que recorreríamos a pie, pero perdemos esa íntima conexión del caminante con la tierra.

Como él mismo reconocía, McLuhan estaba muy lejos de ser el primero en observar este efecto adormecedor de la tecnología. Es una idea antigua, que tal vez encuentra su expresión más elocuente y siniestra en los Salmos del Antiguo Testamento:

Sus ídolos plata y oro son, obra de mano humana.
Tienen boca, mas no hablarán; y tienen ojos que nada ven;
tienen oídos y nada oyen; narices tienen, pero no huelen;
tienen manos, pero no palpan; tienen pies, mas no andarán; ni
[hablarán por su garganta.
Los que los hacen son a ellos semejantes; y así mismo será todo
[quien en ellos confíe.

El precio que pagamos por asumir los poderes de la tecnología es la alienación, un peaje que puede salirnos particularmente caro en el caso de nuestras tecnologías intelectuales. Las herramientas de la mente amplifican y a la vez adormecen las más íntimas y humanas de nuestras capacidades naturales: las de la razón, la percepción, la memoria, la emoción. El reloj mecánico, por muchas bendiciones que otorgara, nos apartó del flujo natural del tiempo. Cuando Lewis Mumford describió cómo los relojes modernos habían ayudado a «crear la creencia en un mundo independiente hecho de secuencias matemáticamente mensurables», también subrayó que, en consecuencia, los relojes «habían desvinculado el tiempo de los acontecimientos humanos»[21]. Weizenbaum, basándose en el razonamiento de Mumford, argumentaba que la concepción del mundo surgida de los instrumentos de medida del tiempo «era y sigue siendo una versión empobrecida de la anterior, ya que se basa en un rechazo de las experiencias directas que formaban la base y de hecho constituían la vieja realidad»[22]. Al decidir cuándo comer, trabajar, dormir o despertar, dejamos de escuchar nuestros sentidos y comenzamos a obedecer al reloj. Nos volvimos mucho más científicos, pero también nos hicimos un poco más mecánicos. Incluso una herramienta tan aparentemente simple y benigna como el mapa tuvo un efecto anestésico. Las habilidades de navegación de nuestros antepasados se ampliaron enormemente con la cartografía. Por primera vez, la gente pudo recorrer con confianza tierras y mares que nunca había visto, avance que impulsó una expansión histórica de la exploración, el comercio y la guerra. Sin embargo, su habilidad natural para comprender un paisaje, para crear un mapa mental rico en detalles de su entorno, se debilitó. El mapa es una representación abstracta, bidimensional, del espacio, que se interpone entre el lector de mapas y su percepción real de la Tierra. Como podemos deducir de los estudios recientes sobre el cerebro, esta pérdida debe haber tenido un componente físico. Cuando la gente empezó a confiar en los mapas en lugar de en su propio sentido de la orientación, habría experimentado una disminución de la superficie de su hipocampo dedicada a la representación espacial. Se habría producido un adormecimiento en el fondo de sus neuronas.

Es probable que hoy estemos atravesando otra adaptación, a medida que se consolida nuestra dependencia de los dispositivos GPS informatizados que nos guían. A Eleanor Maguire, la neuróloga que dirigió aquel estudio de los cerebros de los taxistas londinenses, le preocupa que la navegación por satélite pueda ejercer «un gran efecto» en las neuronas de estos conductores. «Les recomendamos encarecidamente que no empiecen a usarlo —dice, hablando en nombre de su equipo de investigadores—. Creemos que esa región del cerebro [el hipocampo] aumentó en volumen de materia gris debido a la enorme cantidad de datos que [los taxistas] tienen que memorizar. Si ahora todos empiezan a usar el GPS, su base de conocimientos será menor, pudiendo afectar a los cambios cerebrales que estamos viendo»[23]. Los taxistas se liberarán de la ardua labor de aprenderse las vías de la capital, pero también perderán los distintivos beneficios mentales de esa formación. Sus cerebros se volverán menos interesantes.

Al explicar cómo las tecnologías adormecen las mismas facultades que amplifican, llegando a utilizar el término *autoamputación*, McLuhan no trataba de idealizar la sociedad tal como era antes de la invención de los mapas, los relojes o los telares mecánicos. La alienación, entendía él, es un inevitable subproducto del uso de la tecnología. Siempre que utilizamos una herramienta para ejercer un mayor control sobre el mundo exterior, cambiamos nuestra relación con ese mundo. Puede que este control se ejerza sólo desde una distancia psicológica. En algunos casos, la alienación es precisamente lo que le otorga a una herramienta su valor. Construimos casas y cosemos chaquetas de Gore-Tex porque *queremos* aislarnos del viento, la lluvia y el frío. Construimos el alcantarillado público porque *queremos* mantener una sana distancia respecto de nuestra propia suciedad. La naturaleza no es nuestra enemiga, pero tampoco es nuestra amiga. El argumento de McLuhan es que una evaluación honrada de cualquier nueva tecnología, o del progreso en general, requiere una sensibilidad hacia lo que se ha perdido, así como para lo ganado. No debemos permitir que las glorias de la tecnología nos cieguen ante la posibilidad de que hayamos adormecido una parte esencial de nuestro ser.

Como medio universal, como extensión sumamente versátil de nuestros sentidos, nuestro conocimiento y nuestra memoria, el ordenador conectado a la Red es un amplificador neuronal de un alcance particularmente grande. Sus efectos adormecedores son igualmente fuertes. Norman Doidge explica que «el ordenador extiende las capacidades de procesamiento de nuestro sistema nervioso central»; y durante ese proceso, «también lo altera». Los medios de comunicación electrónicos «son tan efectivos en la alteración del sistema nervioso porque ambos funcionan de manera similar, son básicamente compatibles y pueden vincularse con facilidad». Gracias a su plasticidad, el sistema nervioso «puede aprovecharse de esta

compatibilidad y combinarse con los medios de comunicación electrónicos, construyendo un solo sistema más grande»[24].

Hay otra razón aún más profunda por la que nuestro sistema nervioso se «funde» tan rápidamente con los ordenadores.
La evolución ha impregnado nuestros cerebros de un poderoso instinto gregario, que, como dice Jason Mitchell, jefe del
Laboratorio de Cognición Social y Neurociencia Afectiva de
Harvard, implica «un conjunto de procesos para inferir lo que
quienes nos rodean están pensando y sintiendo». Recientes
estudios de neuroimagen indican que tres regiones con gran
actividad cerebral —una en la corteza prefrontal, otra en la
corteza parietal, y la tercera en la intersección de la primera
con la segunda— están «específicamente dedicadas a la tarea
de comprender lo que sucede en las mentes de otras personas». Nuestra capacidad innata para leer la mente, continúa
Mitchell, ha desempeñado un importante papel en el éxito de
nuestra especie, lo que nos permite «coordinar grandes grupos de personas para llegar a las metas que no alcanzan los
individuos»[25]. Ahora que hemos entrado en la era de los ordenadores, sin embargo, nuestro talento para conectar con otras
mentes ha tenido una consecuencia no deseada. La «hiperac-
tividad crónica de las regiones del cerebro implicadas en el
pensamiento social», escribe Mitchell, nos puede llevar a percibir mentes donde no las hay, incluso en «objetos inanima-
dos». Además, cada vez hay más pruebas de que nuestro cerebro tiende por naturaleza a imitar el estado de las otras mentes
con las que se relaciona, tanto si esas mentes son reales como
si son imaginarias. Esta «imitación» neuronal ayuda a explicar
por qué nos cuesta tan poco atribuir características humanas
a nuestros ordenadores, y características de los ordenadores a
nosotros mismos, razón por la que, cuando habla ELIZA, oímos una voz humana.

Nuestra disposición incluso entusiasta a integrarnos en lo
que Doidge llama «un sistema único y más grande» con nuestros dispositivos de procesamiento de datos es una consecuen-

cia no sólo de las características de la computadora digital como medio de información, sino también de las características de nuestro cerebro socialmente adaptado. Si bien esta cibernética confusión entre mente y máquina nos permite llevar a cabo determinadas tareas cognitivas de manera mucho más eficiente, también plantea una amenaza a nuestra integridad como seres humanos. Así como ese sistema más amplio en el que nuestras mentes se funden con tanta facilidad nos está prestando su poder, también nos impone sus limitaciones. Por dar otra vuelta de tuerca a la frase de Culkin: programamos nuestros ordenadores y, posteriormente, ellos nos programan a nosotros.

Incluso a nivel práctico, los efectos no siempre son tan beneficiosos como nos quieren hacer creer. Como han demostrado numerosos estudios de hipertextos y multimedia, nuestra capacidad de aprender puede quedar seriamente comprometida cuando nuestro cerebro se ve desbordado por diversos estímulos *online*. Más información puede significar menos conocimiento. Además, ¿qué decir de los efectos de las muchas herramientas de *software* que usamos? ¿Cómo influyen en qué y cómo aprendemos todas esas ingeniosas aplicaciones de las que dependemos para encontrar y evaluar la información y conformar y comunicar nuestros pensamientos, entre otras tareas cognitivas? En 2003, un psicólogo clínico holandés llamado Christof van Nimwegen inició un fascinante estudio de aprendizaje asistido por ordenador que un articulista de la BBC calificaría más tarde como «una de las más interesantes evaluaciones del actual uso de ordenadores y los potenciales inconvenientes de nuestra creciente dependencia de la interacción con sistemas de información basados en pantallas»[26]. Van Nimwegen puso a dos grupos de voluntarios a resolver un complicado rompecabezas de lógica en un ordenador. Consistía en transferir bolas de colores entre dos cajas de acuerdo con un conjunto de normas que regulaban qué bolas se podían mover en qué momento. Uno de los grupos utilizaba un *software* diseñado para ser lo más útil posible.

Ofrecía asistencia en pantalla durante el transcurso de la solución del rompecabezas, proporcionando indicaciones visuales, por ejemplo, para resaltar los movimientos permitidos. El otro grupo utilizaba un programa mucho más austero que no proporcionaba pistas ni otras orientaciones.

En las primeras etapas de solución del rompecabezas, el grupo que utilizaba el *software* auxiliar adoptó medidas correctas más rápidamente que el otro grupo, como era de esperar. Pero a medida que la prueba avanzaba, la competencia de los miembros del grupo que utilizaban el *software* más escueto fue aumentando rápidamente. Al final, los que utilizaban un programa sin ayudas fueron capaces de resolver el rompecabezas más rápidamente y con menos movimientos incorrectos. También llegaron a menos callejones sin salida —situaciones en las que ya no era posible realizar más movimientos— que el grupo que utilizaba el *software* de apoyo. Los resultados, según Van Nimwegen, indicaban que los que habían usado el *software* menos servicial estaban en mejores condiciones para planificar el futuro y la estrategia de la trama, mientras que los que utilizaron el *software* útil tendían a confiar en una simple estrategia de ensayos y errores sucesivos. De hecho, se observó a menudo entre aquellos con el *software* de ayuda que «pulsaban sin ton ni son» en su intento menos reflexivo de descifrar el rompecabezas[27].

Ocho meses después del experimento, Van Nimwegen reunió a sus grupos de voluntarios y volvió a ponerlos a trabajar en el rompecabezas de las bolas de colores, así como en una variación del mismo. Encontró que la gente que originalmente había utilizado el *software* que no ayudaba fue capaz de resolver los puzles casi el doble de rápido que los que habían usado el *software* con guía. En otra prueba pidió a un conjunto de voluntarios diferente que utilizase un *software* de calendario normal y corriente para programar una complicada serie de reuniones con grupos de personas superpuestos. Una vez más, uno de los grupos usó un *software* con ayudas que desplegaban gran cantidad de señales en la pantalla, mientras que otro grupo utilizó un *software* sin ayudas. Los resultados fueron los mismos. Los sujetos que usaban el programa sin ayudas «resolvían los problemas con menos movimientos superfluos, de una manera más directa», además de demostrar una «mejor planificación» y «vías más inteligentes hacia la solución»[28].

En su informe de la investigación, Van Nimwegen hizo hincapié en que había buscado variantes en las habilidades cognitivas fundamentales de los participantes; y las diferencias en el diseño del *software* explicaban las diferencias en el rendimiento y el aprendizaje. Los sujetos que disponían de un *software* más escueto demostraron de forma constante «mayor atención, unas soluciones más directas y económicas, mejores estrategias y una mejor impresión de los conocimientos». Cuanto más dependía la gente de una orientación explícita por parte de los programas de *software*, menos comprometidas estaba en la tarea y menos acababa aprendiendo. Los resultados indican, según la conclusión a que llegó Van Nimwegen, que a medida que «externalizamos» la resolución de problemas y otras tareas cognitivas a nuestros ordenadores, vamos reduciendo la capacidad de nuestro cerebro «para construir estructuras estables de conocimientos» —esquemas, en otras palabras— que luego puedan «aplicarse a nuevas situaciones»[29]. Un polemista podría decirlo de manera más enfática: cuanto más inteligente sea el ordenador, más tonto será el usuario.

Al examinar las implicaciones de su estudio, Van Nimwegen sugirió que los programadores podrían diseñar su *software* para ser menos útil con el fin de obligar a los usuarios a pensar más. Bien pudiera ser un buen consejo, pero es difícil imaginar que quienes desarrollan programas de ordenador y aplicaciones web vayan a tomarlo en serio. Como ha señalado Van Nimwegen, una de las tendencias con más solera en la programación de *software* ha sido la búsqueda de interfaces cada vez más «amigables al usuario». Eso se cumple especialmente dentro de la Red. Las empresas de Internet compiten feroz-

mente para hacerle la vida más fácil al usuario, aliviándole la
carga de la resolución de problemas y otros trabajos mentales
para desplazarlos al microprocesador. Un ejemplo pequeño
pero revelador se puede apreciar en la evolución de los motores de búsqueda. En su primera encarnación, el motor de
Google era una herramienta de lo más simple: uno introducía
una palabra clave en el cuadro de búsqueda y pulsaba el botón «buscar». Sin embargo, Google, en competencia frente a
otros motores de búsqueda, como Bing de Microsoft, ha tra-
bajado con diligencia para hacer su servicio cada vez más solí-
cito. Ahora, en cuanto se introduzca en el cuadro la primera
letra de la palabra clave, Google sugiere inmediatamente una
lista de los términos de búsqueda más populares que comienzan con esa letra. «Nuestros algoritmos utilizan una amplia
gama de información para predecir las consultas que los usuarios son más propensos a hacer —explica la empresa—. Al sugerir consultas mejor afinadas de antemano, hacemos las búsquedas más cómodas y eficientes»[30].

Esta automatización de los procesos cognitivos se ha convertido en el valor añadido por el programador moderno; y
no sin razón: la gente, como es natural, busca aquellas herramientas de *software* y sitios web que le ofrezcan más ayuda y
orientación... y rechaza aquellas que son difíciles de dominar.
Queremos programas amables y serviciales. ¿Por qué no íbamos
a quererlos? Sin embargo, a medida que vamos cediendo al
silicio la fatiga de pensar, lo más probable es que estemos mer-
mando el potencial de nuestro cerebro de maneras sutiles
pero significativas. Cuando un obrero que se dedica a cavar
zanjas cambia su pala por una excavadora, los músculos de su
brazo se debilitan, por más que él multiplique su eficiencia.
Un intercambio muy similar a éste podría estar llevándose a
cabo cuando automatizamos el trabajo de la mente.

Otro estudio reciente, éste sobre la investigación académica, aporta pruebas reales sobre la forma en que las herramientas que utilizamos para tamizar la información *online* influyen
en nuestros hábitos mentales y en el marco de nuestro pensa-

miento. James Evans, sociólogo de la Universidad de Chicago, reunió una enorme base de datos de 34 millones de artículos académicos publicados en revistas científicas desde 1945 hasta 2005. Se analizaron las citas incluidas en los artículos para ver si los patrones de citación, y por lo tanto de investigación, han cambiado desde que los boletines especializados han pasado de imprimirse en papel a publicarse en Internet. Teniendo en cuenta lo fácil que es buscar en texto digital en comparación con las búsquedas en texto impreso, comúnmente se ha venido dando por supuesto que esta disponibilidad masiva de boletines en la Red ampliaría el alcance de la investigación científica, dando lugar a un conjunto mucho más diverso de citas. Pero eso no es en absoluto lo que Evans descubrió. A medida que más publicaciones se mudaban a la Red, los estudiosos citaban, de hecho, menos artículos que antes. Y aunque las viejas ediciones de las revistas impresas también van digitalizándose y subiéndose a la Web, los estudiosos citaban con mayor frecuencia los trabajos más recientes. La ampliación de la información disponible ha acarreado, según Evans, «una reducción de la ciencia y la erudición»[31].

Al explicar estos resultados tan contraintuitivos en un artículo publicado en *Science* en 2008, Evans señaló que las herramientas de filtrado automatizado de la información, tales como los motores de búsqueda, tienden a servir como amplificadores de la popularidad, creando rápidamente, para luego reforzar continuamente, el consenso acerca de qué información es importante y cuál no lo es. Por otra parte, la extrema facilidad del pinchado de enlaces lleva a muchos investigadores *online* a «evitar muchos trabajos relacionados marginalmente con el tema principal» que los investigadores de obra impresa sí tenían la costumbre de examinar cuando hojeaban una revista o un libro. Cuanto antes encuentre un académico «la opinión dominante», escribió Evans, más probable será que «la siga, lo que conduce a más citas referidas a menos trabajos». Aunque fuera mucho menos eficiente que las búsquedas en Internet, la antigua investigación en las salas de una venerable biblioteca probablemente sirviera para ampliar horizontes académicos: «Al atraer a los investigadores a temas secundarios, la investigación en letra impresa debe de haberles facilitado las tareas de establecer comparaciones más amplias y hacerse una idea más completa del pasado»[32]. La forma más fácil no siempre es la mejor manera, pero sin duda es la que nuestros equipos y motores de búsqueda nos animan a seguir.

Antes de que Frederick Taylor presentara su sistema de gestión científica, el trabajador individual, basándose en su formación, conocimientos y experiencia, adoptaba sus propias decisiones acerca de cómo hacía su trabajo. Escribía su propio guion. Después de Taylor, el obrero empezó a seguir un guion escrito por otra persona. Del operario de una máquina no se esperaba que entendiera cómo se escribía este guion ni el razonamiento que le subyacía; de él simplemente se esperaba obediencia. Se liquidó el desorden que acompaña a la autonomía individual; y la fábrica en su conjunto se hizo más eficiente; y su producción, más previsible. La industria prosperó. Lo que se perdió junto con el desorden fue la iniciativa personal, la creatividad, el capricho. La artesanía consciente se tornó rutina inconsciente.

También cuando entramos en Internet seguimos guiones escritos por otros: instrucciones algorítmicas ajenas que pocos de nosotros seríamos capaces de entender, aunque se nos revelara el código oculto. Cuando buscamos información a través de Google u otros motores de búsqueda, estamos siguiendo un guion. Cuando nos fijamos en un producto recomendado por Amazon o Netflix, seguimos un guion. Cuando elegimos entre una lista de categorías para describirnos a nosotros mismos o nuestras relaciones en Facebook, nos atenemos a un guion. Estos guiones pueden ser extraordinariamente ingeniosos y útiles, como lo fueron en las fábricas tayloristas, pero también mecanizan los desordenados procesos de la exploración intelectual y hasta los del apego social. Como ha argumentado el programador informático Thomas Lord, el *soft-*

ware puede acabar convirtiendo las más íntimas y personales actividades humanas en «rituales» sin sentido cuyos pasos se «codifican según la lógica de las páginas web»[33]. En lugar de actuar conforme a nuestro propio conocimiento e intuición, reproducimos los movimientos que se nos dictan.

Exactamente, ¿qué pasaba por la cabeza de Hawthorne mientras estaba sentado en el verde aislamiento de Sleepy Hollow y se quedó absorto en sus contemplaciones? Y ¿en qué se diferenciaba de lo que pasaba por la mente de los habitantes de la ciudad que llegaron en aquel ruidoso tren lleno de gente? Una serie de estudios psicológicos realizados en los últimos veinte años ha revelado que, después de pasar algún tiempo en un entorno rural tranquilo, cerca de la naturaleza, las personas muestran una mayor atención, una memoria más fiel y una cognición en general mejorada. Sus cerebros se vuelven más tranquilos y más nítidos. La razón, según la teoría de la recuperación de la atención (ART en sus siglas en inglés), es que, cuando las personas no están siendo bombardeadas por estímulos externos, sus cerebros pueden, en efecto, relajarse. Ya no tienen que sobrecargar sus memorias de trabajo transformando una corriente de distracciones de abajo hacia arriba. El estado contemplativo resultante fortalece su capacidad de controlar su mente.

Los resultados del estudio más reciente en este campo se publicaron en la revista *Psychological Science* a finales de 2008. Un equipo de investigadores de la Universidad de Míchigan, dirigido por el psicólogo Marc Berman, reclutó a unas tres docenas de personas y las sometió a una rigurosa y mentalmente fatigosa serie de pruebas diseñadas para medir la capacidad de su memoria de trabajo y su capacidad para ejercer control de arriba abajo sobre su atención. A continuación, los sujetos se dividieron en dos grupos. La mitad de ellos pasó aproximadamente una hora de caminata por un parque arbolado y aislado de la urbe; y la otra mitad pasó la misma cantidad de tiempo paseando por las calles del bullicioso centro. Ambos grupos realizaron las pruebas por segunda vez. Los que habían caminado por el parque, según descubrieron los investigadores, demostraron «un rendimiento significativamente mejor» en las pruebas cognitivas, lo que indica un aumento sustancial de su atención. Caminar en la ciudad, por el contrario, no condujo a ninguna mejora en los resultados de la prueba.

Después, los investigadores realizaron un experimento similar con otro grupo de personas. En lugar de salir a caminar entre rondas de pruebas, estos voluntarios simplemente contemplaron fotografías de tranquilas escenas rurales, en un caso, o de ajetreo urbano, en el otro. Los resultados fueron los mismos. Las personas que miraban fotos de escenas de la naturaleza fueron capaces de ejercer un control mucho más fuerte sobre su atención, mientras que aquellos que miraban escenas de la ciudad no mostraron mejoría de su atención. «En síntesis —concluyeron los investigadores—, las interacciones simples y breves con la naturaleza pueden producir un marcado aumento del control cognitivo». Pasar tiempo en el mundo natural parece ser de «vital importancia» para «afectar al funcionamiento cognitivo»[34].

En Internet no hay ningún Sleepy Hollow, ningún lugar tranquilo donde la contemplación pueda obrar su magia restauradora. Sólo el interminable y fascinante zumbido de la urbe. Los estímulos de la Red, como los de la ciudad, pueden ser vigorizantes, estimulantes. No queremos renunciar a ellos. Pero también son una agotadora y constante distracción. Fácilmente pueden, como entendió Hawthorne, acallar toda forma de pensamiento más tranquilo. Uno de los mayores riesgos a que nos enfrentamos al automatizar el trabajo de nuestras mentes, cuando cedemos el control sobre el flujo de nuestros pensamientos y recuerdos a un sistema electrónico de gran alcance, es el que suscita los temores del científico Joseph Weizenbaum y el artista Richard Foreman: una lenta erosión de nuestra humanidad.

No sólo el pensamiento profundo requiere una mente tranquila, atenta. También la empatía y la compasión. Los psicólogos llevan mucho tiempo estudiando cómo la gente experimenta el miedo y reacciona ante las amenazas a su integridad física, pero sólo recientemente han empezado a investigar las fuentes de nuestros instintos más nobles. Lo que están encontrando es que, como explica Antonio Damasio, director del Instituto para el Cerebro y la Creatividad de la USC, las emociones superiores surgen de unos procesos neuronales que «son inherentemente lentos»[35]. En un experimento reciente, Damasio y sus colegas pusieron a sus voluntarios a escuchar historias que describían a personas que padecían dolor físico o psicológico. A continuación, los sujetos del experimento fueron introducidos en una máquina de resonancia magnética y sus cerebros escaneados mientras se les pedía que recordaran las historias escuchadas. El experimento reveló que, mientras que el cerebro humano reacciona muy rápidamente a las manifestaciones de dolor físico —cuando vemos a alguien herido, los centros primitivos del dolor en nuestro propio cerebro se activan casi instantáneamente—, el proceso mental más sofisticado de empatía con el sufrimiento psicológico se desarrolla mucho más lentamente. Se necesita tiempo, descubrieron los investigadores, para que el cerebro «trascienda más allá de la participación inmediata del cuerpo» y empiece a entender y sentir «las dimensiones psicológicas y morales de una situación»[36].

El experimento, dicen los estudiosos, indica que cuanto más distraídos nos volvemos, menos capaces somos de experimentar las formas más sutiles y más claramente humanas de la empatía, la compasión y otras emociones. «Para algunos tipos de pensamientos, especialmente la toma de decisiones morales sobre las situaciones sociales y psicológicas de otras personas, es necesario dejar pasar el tiempo y la reflexión adecuadas —advierte Mary Helen Immordino-Yang, miembro del equipo de investigación—. Si las cosas están sucediendo demasiado rápido, no siempre se pueden asimilar bien las emo-

ciones acerca de los estados psicológicos de otras personas»[37].
Sería temerario saltar a la conclusión de que Internet está mi-
nando nuestro sentido moral. Pero no sería aventurado sugerir que, a medida que la Red redibuja nuestro camino vital y
disminuye nuestra capacidad para la contemplación, está alterando la profundidad de nuestras emociones y nuestros pensamientos.

Hay quienes se sienten alentados por la facilidad con que
nuestras mentes se están adaptando a la ética intelectual de la
Web. «El progreso tecnológico es irreversible —escribe un columnista del *The Wall Street Journal*—, por lo que la tendencia
hacia la multitarea y el consumo de muchos tipos diferentes de
información no hará sino continuar». Sin embargo, no hay de
qué preocuparse, porque nuestro «*software* humano» con el
tiempo «alcanzará a la tecnología de la máquina que hizo posible esta abundancia de información». Vamos a «evolucionar»
para convertirnos en más ágiles consumidores de datos[38]. Según el autor de un artículo de portada en la revista *New York*, a
medida que nos acostumbramos a «la tarea del siglo XXI», que
es «revolotear» entre bits de información *online,* «el cableado
del cerebro, inevitablemente, va a alterarse para poder procesar de manera más eficiente un mayor caudal de información».
Puede que perdamos nuestra capacidad para «concentrarnos
de principio a fin en una sola tarea compleja», pero a cambio
adquiriremos nuevas capacidades, como la de «atender 34
conversaciones simultáneas a través de seis medios de comunicación diferentes»[39]. Un ilustre economista escribe, alegre-
mente, que «la Web nos permite pedir prestadas capacidades
cognitivas al autismo, así como ser mejores *informacionívoros*»[40].
Un articulista de *Atlantic* sugiere que nuestro «déficit de atención inducido por la tecnología» puede ser «un problema a
corto plazo» derivado de nuestra dependencia de «hábitos cognoscitivos que evolucionaron y se perfeccionaron durante una
era en la que el flujo de información estaba limitado». El desarrollo de nuevos hábitos cognitivos es «el único enfoque viable
para navegar por esta era de la conectividad constante»[41].

Estos autores tienen sin duda razón al afirmar que estamos siendo moldeados por nuestro nuevo entorno informativo. Nuestra capacidad de adaptación mental, constituida en los más profundos recovecos de nuestro cerebro, es una clave de nuestra historia intelectual. Pero aunque sus garantías puedan reconfortarnos, se trata de un confort muy frío. La adaptación nos ayudará a adecuarnos a nuestras circunstancias, pero cualitativamente es un proceso neutro. Lo que importa al final no es el camino, sino el destino. En la década de 1950, Martin Heidegger señaló que la amenazante «marea de la revolución tecnológica» podría «cautivar, hechizar, deslumbrar y seducir al hombre hasta tal punto que el pensamiento calculador algún día pudiera llegar a aceptarse y practicarse como *la única manera* de pensar». Nuestra capacidad de embarcarnos en el «pensamiento meditativo», que para Heidegger era la esencia misma de nuestra humanidad, podría convertirse en una víctima del progreso más atolondrado[42]. El tumultuoso avance de la tecnología podría, como la llegada de la locomotora a la estación de Concord, ahogar los refinados pensamientos, percepciones y emociones que surgen sólo a través de la contemplación y la reflexión. El «frenesí de la tecnología», escribió Heidegger, amenaza con «afianzarse en todas partes»[43].

Puede ser que ahora estemos entrando en la etapa final de ese afianzamiento. Y dando la bienvenida a ese frenesí en nuestras almas.

EPÍLOGO
LOS ELEMENTOS HUMANOS

Cuando estaba terminando este libro a finales de 2009, me topé con una pequeña historia escondida en la prensa: Edexcel, la mayor empresa de pruebas educativas de Inglaterra, anunciaba su introducción de «un sistema automatizado de corrección de exámenes basado en la inteligencia artificial». Este sistema de evaluación informatizado se ocuparía de «leer y valorar» los trabajos redactados por los estudiantes británicos como parte de una prueba de dominio del idioma ampliamente utilizada. Un portavoz de Edexcel, sucursal del conglomerado de medios de comunicación que es Pearson, explicó que el sistema ofrecería «la corrección de los examinadores humanos, eliminando a la vez elementos humanos como el cansancio y la subjetividad», según informó el suplemento educativo de *Times*. Un experto en exámenes declaró al diario que su evaluación informatizada sería uno de los pilares de la educación en el futuro: «La cuestión no es si lo haremos, sino cuándo»[1].

¿Cómo, me preguntaba yo, reconocería el *software* Edexcel a los pocos estudiantes que rompen las convenciones de la escritura, no porque no las dominen, sino porque brilla en ellos la rara chispa del genio? Sabía la respuesta: no los reconocería. Los ordenadores, como señalaba Joseph Weizenbaum, se limitan a aplicar reglas, no a hacer juicios. Incapaces de subjetividad, se atienen a una fórmula. La historia revela cuán profético fue Weizenbaum hace decenios, al advertirnos de que cuanto más nos acostumbramos a nuestros ordenadores y dependemos de ellos, más fácil es que caigamos en la tentación de confiarles «tareas que requieren sabiduría». Y una vez que lo hagamos, no habrá vuelta atrás. El *software* se convertirá en indispensable para realizarlas.

Es difícil resistirse a la seducción de la tecnología; y puede que, en nuestra era de la información instantánea, los beneficios de la velocidad y la eficiencia presenten un atractivo en bruto más allá de todo debate. Pero sigo manteniendo la esperanza de que no nos resignemos tan mansamente al futuro que nuestros ingenieros informáticos y programadores de *software* nos están escribiendo en forma de secuencias de comandos. Incluso aunque no compartamos las palabras de Weizenbaum, nos debemos a nosotros mismos el tomarlas en consideración, estar atentos a lo que nos arriesgamos a perder. Qué triste sería, sobre todo para formar las mentes de nuestros hijos, que tuviéramos que aceptar sin más la idea de que «los elementos humanos» son algo obsoleto, prescindible.

La historia de Edexcel también agitó una vez más mi recuerdo de esa escena hacia el final de *2001*. Es una escena que me ha obsesionado desde que vi por primera vez la película de adolescente, en los analógicos años setenta. Lo que la hace tan conmovedora, y tan rara, es la respuesta emocional del ordenador a la desconexión de su mente: su desesperación mientras, un circuito tras otro, se va extinguiendo; su súplica infantil al astronauta —«Puedo sentirlo. Tengo miedo»—; y su reversión final a lo que no puede ser sino un estado de inocencia. Esta efusión de sentimientos de HAL contrasta con la impavidez que caracteriza a las figuras humanas de la película, que cumplen su misión con eficiencia casi robótica. Sus pensamientos y acciones delatan la obediencia a un guion, como siguiendo los pasos de un algoritmo prefijado. En el mundo de *2001*, la gente ha llegado a ser tan maquinal que el personaje más humano resulta ser una máquina. Tal es la esencia de la oscura profecía de Kubrick: al confiar en los ordenadores para intermediar en nuestra comprensión del mundo, nuestra propia inteligencia se aplana y convierte en inteligencia artificial.

NOTAS

PRÓLOGO. EL PERRO GUARDIÁN Y EL LADRÓN

[1] Marshall McLuhan, *Understanding Media: The Extensions of Man,* ed. crítica de W. Terrence Gordon, Corte Madera (CA), Gingko, 2003 [*Comprender los medios de comunicación: las extensiones del ser humano,* Barcelona, Paidós, 2009], p. 5.

[2] *Ibíd.,* p. 30.

[3] *Ibíd.,* p. 31.

[4] *Ibíd.,* p. 23.

[5] *Ibíd.,* p. 31.

[6] David Thomson, *Have You Seen?: A Personal Introduction to 1,000 Films,* Nueva York, Knopf, 2008, p. 149.

1. HAL Y YO

[1] Heather Pringle, «Is Google Making Archaeologists Smarter?», blog Beyond Stone & Bone (Archaeological Institute of America), 27 de febrero de 2009, http://archaeology.org/blog/?p=332.

[2] Clive Thompson, «Your Outboard Brain Knows All», *Wired,* octubre de 2007.

[3] Scott Karp, «The Evolution from Linear Thought to Networked Thought», blog Publishing 2.0, 9 de febrero de 2008, http://publishing2.com/2008/02/09/the-evolution-from-linear-thought-to-networked-thought.

[4] Bruce Friedman, «How Google Is Changing Our Information-Seeking Behavior», blog Lab Soft News, 6 de febrero de 2008, http://labsoftnews.typepad.com/lab_soft_news/2008/02/how-google-is-c.html.

[5] Philip Davis, blog «Is Google Making Us Stupid? Nope!», *The Scholarly Kitchen*, 16 de junio de 2008, http://scholarlykitchen.sspnet.org/2008/06/16/is-google -making-us-stupid-nope.

[6] Scott Karp, «Connecting the Dots of the Web Revolution», blog Publishing 2.0, 17 de junio de 2008, http://publishing2.com/2008/06/17/connecting -the-dots-of-the-web-revolution.

[7] Davis, «Is Google Making Us Stupid? Nope!».

[8] Don Tapscott, «How Digital Technology Has Changed the Brain», *Business-Week Online*, 10 de noviembre de 2008, www.BusinessWeek.com/technology/content/nov2008/tc2008117_034517.htm.

[9] Don Tapscott, «How to Teach and Manage "Generation Net"», BusinessWeek *Online*, 30 de noviembre de 2008, www.BusinessWeek.com/technology/content/nov2008/tc20081130_713563.htm.

[10] Citado en Naomi S. Baron, *Always On: Language in an Online and Mobile World,* Oxford, Oxford University Press, 2008, p. 204.

[11] John Battelle, «Google: Making Nick Carr Stupid, but It's Made This Guy Smarter», searchblog de John Battelle, 10 de junio de 2008, http://battellemedia. com/archives/004494.php.

[12] John G. Kemeny, *Man and the Computer,* Nueva York, Scribner, 1972, p. 21.

[13] Gary Wolfe, «The (Second Phase of the) Revolution Has Begun», *Wired,* octubre de 1994.

2. LOS CAMINOS VITALES

[1] Sverre Avnskog, «Who Was Rasmus Malling-Hansen?», Malling-Hansen Society, 2006, www.malling-hansen.org/fileadmin/biography/biography.pdf.

[2] La historia de Nietzsche y su máquina de escribir la narra Friedrich A. Kittler, *Gramophone, Film, Typewriter,* Stanford, Stanford University Press, 1999, pp. 200-203; J.C. Nyíri, «Thinking with a

Word Processor», en *Philosophy and the Cognitive Sciences*, ed. de R. Casati, Viena, Hölder-Pichler-Tempsky, 1994, pp. 63-74; Christian J. Emden, *Nietzsche on Language, Consciousness, and the Body*, Champaign, University of Illinois Press, 2005, pp. 27-29; y Curtis Cate, Friedrich Nietzsche, Woodstock, Overlook, 2005, pp. 315-318.

[3] Joseph LeDoux, *Synaptic Self: How Our Brains Become Who We Are*, Nueva York, Penguin, 2002, pp. 38-39.

[4] Además de los 100.000 millones de neuronas del cerebro, hay cerca de un billón de glías o células gliales. Se suponía que las células gliales eran inertes, que básicamente servían de relleno a las neuronas. *(Glía* significa «pegamento» en griego). Durante las dos últimas décadas, sin embargo, los neurocientíficos han encontrado indicios de que las células gliales pueden desempeñar un papel importante en el funcionamiento del cerebro. Una especie particularmente abundante de células gliales, llamada astrocitos, liberan átomos de carbono y producen neurotransmisores en respuesta a las señales de otras células. Los nuevos descubrimientos sobre las células gliales pueden profundizar nuestra comprensión del funcionamiento del cerebro. Para tener una visión general, véase Carl Zimmer, «The Dark Matter of the Human Brain», *Discover*, septiembre de 2009.

[5] J. Z. Young, *Doubt and Certainty in Science: A Biologist's Reflections on the Brain*, Londres, Oxford University Press, 1951, p. 36.

[6] William James, *The Principles of Psychology*, vol. 1, Nueva York, Holt, 1890, pp. 104-106. La trad. ingl. del trabajo de Dumont es de James E. Black y William T. Greenough, «Induction of Pattern in Neural Structure by Experience: Implications for Cognitive Development», en *Advances in Developmental Psychology*, vol. 4, ed. Michael E. Lamb, Ann L. Brown y Barbara Rogoff, Hillsdale (NJ), Erlbaum, 1986, p. 1.

[7] Véase Norman Doidge, *The Brain That Changes Itself: Stories of Personal Triumph from the Frontiers of Brain Science*, Nueva York, Penguin, 2007, p. 223 *[El cerebro se cambia a sí mismo*, Madrid, Aguilar, 2008].

[8] Citado en Jeffrey M. Schwartz y Sharon Begley, *The Mind and the Brain: Neuroplasticity and the Power of Mental Force*, Nueva York, Harper Perennial, 2003, p. 130.

[9] Citado en Doidge, *The Brain That Changes Itself*, p. 201 *[El cerebro se cambia a sí mismo, op. cit.]*.

[10] El premio Nobel David Hubel hizo este comentario al neurocirujano Joseph Boden, según informan Schwartz y Begley en *The Mind and the Brain*, p. 25.

[11] Doidge, *The Brain That Changes Itself*, xviii *[El cerebro se cambia a sí mismo, op. cit.]*.

[12] Un vídeo del debate entre Mailer y McLuhan puede verse en Google Videos: http://video.google.com/videoplay?docid=547044389880 1103219.

[13] Schwartz y Begley, *The Mind and the Brain*, p. 175.

[14] R. L. Paul, H. Goodman y M. Merzenich, «Alterations in Mechanoreceptor Input to Brodmann's Areas 1 and 3 of the Postcentral Hand Area of Macaca mulatta after Nerve Section and Regeneration», *Brain Research*, 39, n° 1 (abril de 1972), pp. 1-19.

[15] Citado en Schwartz y Begley, *The Mind and the Brain*, p. 177.

[16] James Olds, entrevista con el autor, 1 de febrero de 2008.

[17] Graham Lawton, «Is It Worth Going to the Mind Gym?», *New Scientist*, 12 de enero de 2008.

[18] El funcionamiento de las sinapsis es extraordinariamente complicado y en él influye una amplia gama de productos químicos, incluidos transmisores como el glutamato (que fomenta la transferencia de señales eléctricas entre las neuronas) y el GABA (ácido gamma-aminobutírico, que inhibe la transmisión de las señales), así como diversos moduladores, como la serotonina, la dopamina, la testosterona y los estrógenos, que alteran la eficacia de los transmisores. En casos raros, las membranas de las neuronas se funden, permitiendo el paso de las señales eléctricas sin mediación de las sinapsis. Véase LeDoux, *Synaptic Self*, particularmente pp. 49-64.

[19] Eric R. Kandel, *In Search of Memory: The Emergence of a New Science of Mind*, Nueva York, Norton, 2006, pp. 198-207 *[En busca de la memoria: una nueva ciencia de la mente*, Madrid, Katz Barpal Editores, 2007]. Véase asimismo Bruce E. Wexler, *Brain and Culture: Neurobiology, Ideology, and Social Change*, Cambridge, MIT Press, 2006, pp. 27-29.

[20] Kandel, *In Search of Memory*, pp. 202-203 *[En busca de la memoria, op. cit.]*.

[21] LeDoux, *Synaptic Self*, p. 3.

[22] El uso de la corteza visual al leer braille se documentó en un experimento realizado por Álvaro Pascual-Leone en 1993. Véase Doidge, *The Brain That Changes Itself,* p. 200 *[El cerebro se cambia a sí mismo, op. cit.].*

[23] McGovern Institute for Brain Research, «What Drives Brain Changes in Macular Degeneration?», nota de prensa, 4 de marzo de 2009.

[24] Sandra Blakesley, «Missing Limbs, Still Atingle, Are Clues to Changes in the Brain», *The New York Times,* 10 de noviembre de 1992.

[25] En algunos de los tratamientos experimentales más prometedores contra el Alzheimer, que se están probando en ratones con considerable éxito, se utilizan drogas para promover cambios sinápticos de índole plástica que fortalezcan la formación de la memoria. Véase J. S. Guan, S. J. Haggarty, E. Giacometti *et al.,* «HDAC2 Negatively Regulates Memory Formation and Synaptic Plasticity», *Nature,* 459 (7 de mayo de 2009), pp. 55-60.

[26] Mark Hallett, «Neuroplasticity and Rehabilitation», *Journal of Rehabilitation Research and Development,* 42, n° 4 (julio-agosto de 2005), XVII-XXII.

[27] Á. Pascual-Leone, A. Amedi, F. Fregni y L. B. Merabet, «The Plastic Human Brain Cortex», *Annual Review of Neuroscience,* 28 (2005), pp. 377-401.

[28] David J. Buller, *Adapting Minds: Evolutionary Psychology and the Persistent Quest for Human Nature,* Cambridge, MIT Press, 2005, pp. 136-142.

[29] M. A. Umiltà, L. Escola, I. Instkirveli *et al.,* «When Pliers Become Fingers in the Monkey Motor System», *Proceedings of the National Academy of Sciences,* 105, n° 6 (12 de febrero de 2008), pp. 2209-2213. Véase asimismo Angelo Maravita y Atsushi Iriki, «Tools for the Body (Schema)», *Trends in Cognitive Science,* 8, n° 2 (febrero de 2004), pp. 79-86.

[30] E. A. Maguire, D. G. Gadian, I. S. Johnsrude *et al.,* «Navigation-Related Structural Change in the Hippocampi of Taxi Drivers», *Proceedings of the National Academy of Sciences,* 97, n° 8 (11 de abril de 2000), pp. 4398-4403. Véanse asimismo E. A. Maguire, H. J. Spiers, C. D. Good *et al.,* «Navigation Expertise and the Human Hip-

pocampus: A Brain Imaging Analysis», *Hippocampus*, 13, n° 2 (2003), pp. 250-259; y Alex Hutchinson, «Global Impositioning Systems», *Walrus*, noviembre de 2009.

[31] Á. Pascual-Leone, D. Nguyet, L. G. Cohen *et al.*, «Modulation of Muscle Responses Evoked by Transcranial Magnetic Stimulation during the Acquisition of New Fine Motor Skills», *Journal of Neurophysiology*, 74, n° 3 (1995), pp. 1037-1045. Véase asimismo Doidge, *The Brain That Changes Itself*, pp. 200-202 *[El cerebro se cambia a sí mismo, op. cit.]*.

[32] Michael Greenberg, «Just Remember This», *New York Review of Books*, 4 de diciembre de 2008.

[33] Doidge, *The Brain That Changes Itself*, p. 317 *[El cerebro se cambia a sí mismo, op. cit.]*.

[34] *Ibíd.*, p. 108.

[35] Pascual-Leone *et al.*, «Plastic Human Brain Cortex». Véase asimismo Sharon Begley, *Train Your Mind, Change Your Brain: How a New Science Reveals Our Extraordinary Potential to Transform Ourselves*, Nueva York, Ballantine, 2007, p. 244.

[36] Doidge, *The Brain That Changes Itself*, p. 59 *[El cerebro se cambia a sí mismo, op. cit.]*.

[37] Schwartz y Begley, *The Mind and the Brain*, p. 201.

DIGRESIÓN SOBRE QUÉ PIENSA EL CEREBRO
CUANDO PIENSA ACERCA DE SÍ MISMO

[1] Robert L. Martensen, *The Brain Takes Shape: An Early History*, Nueva York, Oxford University Press, 2004, p. 50.

[2] René Descartes, *The World and Other Writings*, ed. Stephen Gaukroger, Cambridge, Cambridge University Press, 1998, pp. 106-140.

[3] Martensen, *The Brain Takes Shape*, p. 66.

3. LAS HERRAMIENTAS DE LA MENTE

[1] Vincent Virga y la Biblioteca del Congreso, *Cartographia*, Nueva York, Little, Brown, 2007, p. 5.

[2] *Ibíd.*

[3] Arthur H. Robinson, *Early Thematic Mapping in the History of Cartography*, Chicago, University of Chicago Press, 1982, p. 1.

[4] Jacques Le Goff, *Time, Work, and Culture in the Middle Age*, Chicago, University of Chicago Press, 1980, p. 44 *[Tiempo, trabajo y cultura en el occidente medieval*, Madrid, Taurus, 1987].

[5] David S. Landes, *Revolution in Time: Clocks and the Making of the Modern World*, Cambridge, Harvard University Press, 2000, p. 76.

[6] Lynn White Jr., *Medieval Technology and Social Change*, Nueva York, Oxford University Press, 1964, p. 124.

[7] Landes, *Revolution in Time*, pp. 92-93.

[8] Lewis Mumford, *Technics and Civilization*, Nueva York, Harcourt Brace, 1963, p. 15 *[Técnica y civilización*, Madrid, Alianza, 2006]. El eminente informático Danny Hillis hace notar que «el ordenador, con su mecánica aplicación de reglas predeterminadas, es descendiente directo del reloj». W. Daniel Hillis, «The Clock», en *The Greatest Inventions of the Past 2,000 Years*, ed. John Brockman, Nueva York, Simon & Schuster, 2000, p. 141.

[9] Karl Marx, *The Poverty of Philosophy*, Nueva York, Cosimo, 2008, p. 119 *[Miseria de la filosofía*, Madrid, Edaf, 2004].

[10] Ralph Waldo Emerson, «Ode, Inscribed to W. H. Channing», en *Collected Poems and Translations*, Nueva York, Library of America, 1994, p. 63.

[11] Marshall McLuhan, *Understanding Media: The Extensions of Man*, ed. crítica de W. Terrence Gordon, Corte Madera (CA), Gingko, 2003, p. 68 *[Comprender los medios de comunicación: las extensiones del ser humano*, Barcelona, Paidós, 2009]. Para ver una expresión más reciente de este punto de vista, véase Kevin Kelly, «Humans Are the Sex Organs of Technology», blog The Technium, 16 de febrero de 2007, www.kk.org/thetechnium/archives/2007/02/humans_are_the.php.

[12] James W. Carey, *Communication as Culture: Essays on Media and Society*, Nueva York, Routledge, 2008, p. 107.

[13] Langdon Winner, «Technologies As Forms of Life», en *Readings in the Philosophy of Technology*, ed. David M. Kaplan, Lanham (MD), Rowman & Littlefield, 2004, p. 105.

[14] Ralph Waldo Emerson, «Intellect», en *Emerson: Essays and Lectures,* Nueva York, Library of America, 1983, p. 417.

[15] Véase Maryanne Wolf, *Proust and the Squid: The Story and Science of the Reading Brain,* Nueva York, Harper, 2007, p. 217 *[Cómo aprendemos a leer: historia y ciencia del cerebro y la lectura,* Barcelona, Ediciones B, 2008].

[16] H. G. Wells, *World Brain,* Nueva York, Doubleday, Doran, 1938, VII.

[17] René Descartes, *The Philosophical Writings of Descartes,* vol. 3, *The Correspondence,* Cambridge, Cambridge University Press, 1991, p. 304.

[18] Walter J. Ong, *Orality and Literacy,* Nueva York, Routledge, 2002, p. 82 *[Oralidad y escritura,* México, FCE, 1997].

[19] Feggy Ostrosky-Solís, Miguel Arellano García y Martha Pérez, «Can Learning to Read and Write Change the Brain Organization? An Electrophysiological Study», *International Journal of Psychology,* 39, n° 1 (2004), pp. 27-35.

[20] Wolf, *Proust and the Squid,* p. 36 *[Cómo aprendemos a leer, op. cit.].*

[21] E. Paulesu, J.-F. Démonet, F. Fazio *et al.,* «Dyslexia: Cultural Diversity and Biological Unity», *Science,* 291 (16 de marzo de 2001), pp. 2165-2167. Véase asimismo Maggie Jackson, *Distracted: The Erosion of Attention and the Coming Dark Age,* Amherst, Prometheus, 2008, pp. 168-169.

[22] Wolf, *Proust and the Squid,* p. 29 *[Cómo aprendemos a leer, op. cit.].*

[23] *Ibíd.,* p. 34.

[24] *Ibíd.,* pp. 60-65.

[25] Eric A. Havelock, *Preface to Plato,* Cambridge, Harvard University Press, 1963, p. 41 [ed. en español: *Prefacio a Platón.* Visor, 1994].

[26] Ong, *Orality and Literacy,* p. 80 *[Oralidad y escritura, op. cit.].*

[27] *Ibíd.,* p. 33.

[28] *Ibíd.,* p. 34.

[29] Eric A. Havelock, *The Muse Learns to Write: Reflections on Orality and Literacy from Antiquity to the Present,* New Haven, Yale University Press, 1986, p. 74 *[La musa aprende a escribir: reflexiones sobre oralidad y escritura desde la Antigüedad al presente,* Barcelona, Paidós, 1996].

[30] McLuhan, *Understanding Media*, pp. 112-113 *[Comprender los medios, op. cit.]*.

[31] *Ibíd.*, p. 120.

[32] Ong, *Orality and Literacy*, pp. 14-15 *[Oralidad y escritura, op. cit.]*.

[33] *Ibíd.*, p. 82.

4. LA PÁGINA PROFUNDIZADA

[1] San Agustín de Hipona, *Confessions*, trad. ingl. de R. S. Pine-Coffin, Londres, Penguin, 1961, p. 114 *[Confesiones, Madrid, Alianza, 2009]*.

[2] Paul Saenger, *Space between Words: The Origins of Silent Reading*, Palo Alto (CA), Stanford University Press, 1997, p. 14.

[3] *Ibíd.*, p. 7.

[4] *Ibíd.*, p. 11.

[5] *Ibíd.*, p. 15.

[6] Maryanne Wolf, *Proust and the Squid: The Story and Science of the Reading Brain*, Nueva York, Harper, 2007, pp. 142-146 *[Cómo aprendemos a leer: historia y ciencia del cerebro y la lectura, Barcelona, Ediciones B, 2008]*.

[7] Saenger, *Space between Words*, p. 13.

[8] Charles E. Connor, Howard E. Egeth y Steven Yantis, «Visual Attention: Bottom-Up versus Top-Down», *Cognitive Biology*, 14 (5 de octubre de 2004), pp. 850-852.

[9] Maya Pines, «Sensing Change in the Environment», en *Seeing, Hearing, and Smelling in the World: A Report from the Howard Hughes Medical Institute*, febrero de 1995, www.hhmi.org/senses/a120.html.

[10] El mantenimiento por el cerebro de un control de arriba abajo sobre la atención parece requerir el chisporroteo sincronizado de las neuronas en la corteza prefrontal. «Se necesita mucha potencia cerebral prefrontal para obligarse a no procesar una distracción fuerte», opina el neurólogo del MIT Robert Desimone. Véase John Tierney, «Ear Plugs to Lasers: The Science of Concentration», *The New York Times*, 5 de mayo de 2009.

[11] Vaughan Bell, «The Myth of the Concentration Oasis», blog Mind Hacks, 11 de febrero de 2009, www.mindhacks.com/blog/2009/02/the_myth_of_the_conc.html.

¹² Citado en Alberto Manguel, *A History of Reading*, Nueva York, Viking, 1996, p. 49 *[Una historia de la lectura*, Barcelona, Lumen, 2006]. Los primeros cristianos practicaban una forma religiosa de lectura de la Biblia llamada *lectio divina*. La lectura profunda, meditativa, se veía como una forma de acercarse a lo divino.

¹³ Véase Saenger, *Space between Words*, pp. 249-250.

¹⁴ *Ibíd.*, p. 258. Walter J. Ong observa que la intensidad editorial aumentó aún más a medida que el sector se iba haciendo más sofisticado: «La impresión involucra a muchas personas además del autor en la producción de una obra: editores, agentes literarios, lectores, etcétera. Tanto antes como después de someterse al escrutinio de todas esas personas, el autor suele someter la escritura destinada a la impresión a una minuciosa revisión de una exhaustividad prácticamente desconocida en una cultura manuscrita». Ong, *Orality and Literacy* Nueva York: Routledge, 2002, p. 122 *[Oralidad y escritura*, México, FCE, 1997].

¹⁵ Saenger, *Space between Words*, pp. 259-260.

¹⁶ Véase Christopher de Hamel, «Putting a Price on It», introducción a *Michael Olmert, The Smithsonian Book of Books*, Washington, DC, Smithsonian Books, 1992, p. 10.

¹⁷ James Carroll, «Silent Reading in Public Life», *The Boston Globe*, 12 de febrero de 2007.

¹⁸ Gutenberg no fue el primero en inventar el tipo móvil. Hacia 1050 un artesano chino llamado Pi Sheng comenzó a moldear logógrafos chinos en arcilla. El tipo de arcilla se usaba para imprimir páginas a mano por el mismo método utilizado para hacer impresiones a partir de bloques de madera. Como los chinos no inventaron la imprenta (tal vez porque el gran número de símbolos logográficos hacía la máquina impracticable), no fueron capaces de producir las impresiones en masa y el uso de los tipos móviles de Pi Sheng nunca llegó a extenderse. Véase Olmert, *Smithsonian Book of Books*, p. 65.

¹⁹ Véase Frederick G. Kilgour, *The Evolution of the Book*, Nueva York, Oxford University Press, 1998, pp. 84-93.

²⁰ Francis Bacon, *The New Organon*, ed. de Lisa Jardine y Michael Silverthorne, Cambridge, Cambridge University Press, 2000, p. 100 *[Novum organum*, Barcelona, Folio, 2003].

[21] Elizabeth L. Eisenstein, *The Printing Press As an Agent of Change,* monovolumen rústica, Cambridge, Cambridge University Press, 1980, p. 46.

[22] Michael Clapham, «Printing», en *A History of Technology,* vol. 3, *From the Renaissance to the Industrial Revolution,* c. 1500-c. 1750, ed. Charles Singer *et al.,* Londres, Oxford University Press, 1957, p. 37.

[23] Eisenstein, *Printing Press As an Agent of Change,* p. 50.

[24] *Ibíd.,* p. 49.

[25] François Rabelais, *Gargantua and Pantagruel,* trad. ingl. de sir Thomas Urquhart y Pierre Le Motteux, Nueva York, Barnes & Noble, 2005, p. 161 *[Gargantúa,* Madrid, Cátedra, 1996].

[26] Eisenstein, *Printing Press As an Agent of Change,* p. 72.

[27] Citado en Joad Raymond, *The Invention of the Newspaper: English Newsbooks, 1641-1649,* Oxford, Oxford University Press, 2005, p. 187.

[28] Recogido por Olmert, *Smithsonian Book of Books,* p. 301.

[29] Eisenstein, *Printing Press as an Agent of Change,* p. 130.

[30] Como observa Eisenstein, «la lectura en voz alta para un público no sólo se mantuvo después de la impresión; de hecho, se vio facilitada por la nueva abundancia de textos». Elizabeth L. Eisenstein, *The Printing Revolution in Early Modern Europe,* 2ª ed., Nueva York, Cambridge University Press, 2005, p. 328 *[La revolución de la imprenta en la Edad Moderna europea,* Madrid, Akal, 1994].

[31] J. Z. Young, *Doubt and Certainty in Science: A Biologist's Reflections on the Brain,* Londres, Oxford University Press, 1951, p. 101.

[32] Los libros también introdujeron un nuevo conjunto de herramientas para organizar y transmitir información. Como ha demostrado Jack Goody, listas, tablas, fórmulas y recetas se volvieron moneda corriente con la proliferación de los libros. Tales recursos literarios profundizaron aún más nuestro pensamiento, proporcionando formas de clasificar y explicar los fenómenos con precisión cada vez mayor. Goody escribe que «no hace falta reflexionar mucho sobre el contenido de un libro para comprender la transformación que ha operado la comunicación escrita, no sólo en sentido mecánico, sino también en el cognoscitivo: lo que podemos hacer con nuestras mentes y lo que nuestras mentes pueden hacer con

nosotros». Goody, *The Domestication of the Savage Mind*, Cambridge, Cambridge University Press, 1977, p. 160 *[La domesticación del pensamiento salvaje*, Madrid, Akal, 1985].

[33] Darnton señala que la radicalmente democrática y meritocrática República de las Letras fue un ideal que nunca llegó a materializarse plenamente; pero como tal ideal tuvo enorme influencia en la idea que la gente tenía de sí misma y de su cultura. Robert Darnton, «Google and the Future of Books», *New York Review of Books*, 12 de febrero de 2009.

[34] David M. Levy, *Scrolling Forward: Making Sense of Documents in the Digital Age*, Nueva York, Arcade, 2001, p. 104. Las cursivas son de Levy.

[35] Nicole K. Speer, Jeremy R. Reynolds, Khena M. Swallow y Jeffrey M. Zacks, «Reading Stories Activates Neural Representations of Visual and Motor Experiences», *Psychological Science*, 20, nº 8 (2009), pp. 989-999. Gerry Everding, «Readers Build Vivid Mental Simulations of Narrative Situations, Brain Scans Suggest», página web de la Universidad de Washington (St. Louis), 26 de enero de 2009, http://news-info.wustl.edu/tips/page/normal/13 325.html.

[36] Ralph Waldo Emerson, «Thoughts on Modern Literature», *Dial*, octubre de 1840.

[37] Ong, *Orality and Literacy*, p. 8 *[Oralidad y escritura, op. cit.]*.

[38] Eisenstein, *Printing Press as an Agent of Change*, p. 152.

[39] Wolf, *Proust and the Squid*, pp. 217-218 *[Cómo aprendemos a leer, op. cit.]*.

[40] Muchos creen que la comunicación a través de Internet, que tiende a ser breve, informal y coloquial, acabará por devolvernos a la cultura oral. Pero resulta improbable por varias razones, la más importante de las cuales es que este tipo de comunicación sustituye la inmediatez de la cultura oral por un intermediario tecnológico. Los mensajes digitales son incorpóreos. «La palabra oral —escribe Walter Ong— nunca existe en un contexto meramente verbal, como la escrita; siempre modifica una situación total, existencial, corporal. La actividad corporal más allá de la mera vocalización no es adventicia ni artificial, sino natural, incluso inevitable». Ong, *Orality and Literacy*, pp. 67-68 *[Oralidad y escritura, op. cit.]*.

[41] *Ibíd.*, p. 80.

DIGRESIÓN SOBRE LEE DE FOREST Y SU INCREÍBLE AUDIÓN

[1] Public Broadcasting System, «A Science Odyssey: People and Discoveries: Lee de Forest», sin fecha, www.pbs.org/wgbh/aso/databank/entries/btfore. html. Para ver un excelente recuento de los primeros desempeños de De Forest, véase Hugh G. J. Aitken, *The Continuous Wave: Technology and American Radio, 1900-1932*, Princeton, Princeton University Press, 1985, pp. 162-249. Para conocer una autobiografía de De Forest, véase *Father of the Radio: The Autobiography of Lee de Forest*, Chicago, Wilcox & Follett, 1950.

[2] Aitken, *The Continuous Wave*, p. 217.

[3] Lee de Forest, «Dawn of the Electronic Age», *Popular Mechanics*, enero de 1952.

5. UN MEDIO DE LA NATURALEZA MÁS GENERAL

[1] Andrew Hodges, «Alan Turing», en *The Stanford Encyclopedia of Philosophy*, otoño de 2008, ed. Edward N. Zalta, http://plato.stanford.edu/archives/fall2008/entries/turing.

[2] Alan Turing, «On Computable Numbers, with an Application to the Entscheidungsproblem», *Proceedings of the London Mathematical Society*, 42, n° 1 (1937), p. 230-65.

[3] Alan Turing, «Computing Machinery and Intelligence», *Mind*, 59 (octubre de 1950), pp. 433-460.

[4] George B. Dyson, *Darwin among the Machines: The Evolution of Global Intelligence*, Nueva York, Addison-Wesley, 1997, p. 40.

[5] Nicholas G. Carr, *Does it Matter?*, Boston, Harvard Business School Press, 2004, p. 79.

[6] K. G. Coffman y A. M. Odlyzko, «Growth of the Internet», monografía de los laboratorios AT&T, 6 de julio de 2001, www.dtc.umn.edu/%7Eodlyzko/doc/oft.internet.growth.pdf.

[7] Investigaciones de Forrester, «Consumers' Behavior Online: A 2007 Deep Dive», 18 de abril de 2008, www.forrester.com/Research/Document/0,7211,45266,00.html.

[8] Investigaciones de Forrester, «Consumer Behavior Online: A 2009 Deep Dive», 27 de julio de 2009, www.forrester.com/Research/Document/0,7211,54327,00.html.

[9] Nielsen Company, «Time Spent Online among Kids Increases 63 Percent in the Last Five Years, According to Nielsen», alerta mediática, 6 de julio de 2009, www.nielsen-online.com/pr/pr_090706.pdf.

[10] Investigaciones de Forrester, «A Deep Dive into European Consumers' Online Behavior, 2009», 13 de agosto de 2009, www.forrester.com/Research/Doc ument/0,7211,54524,00.html.

[11] TNS Global, «Digital World, Digital Life», diciembre de 2008, www.tnsglobal. com/_assets/files/TNS_Market_Research_Digital_World_Digital_Life.pdf.

[12] Nielsen Company, «Texting Now More Popular than Calling», nota de prensa, 22 de septiembre de 2008, www.nielsenmobile. com/html/press%20 releases/TextsVersusCalls.html; Eric Zeman, «U. S. Teens Sent 2,272 Text Messages per Month in 4Q08», blog Over the Air *(InformationWeek)*, 26 de mayo de 2009, www.infor mationweek.com/blog/main/archives/2009/05/us_teens_sent_2.html.

[13] Steven Cherry, «thx 4 the revnu», *IEEE Spectrum,* octubre de 2008.

[14] Sara Rimer, «Play with Your Food, Just Don't Text!», *The New York Times,* 26 de mayo de 2009.

[15] Nielsen Company, «A2/M2 Three Screen Report: 1st Quarter 2009», 20 de mayo de 2009, http://blog.nielsen.com/nielsenwire/wp-content/uploads/2009/05/nielsen_threescreenreport_q109.pdf.

[16] Investigaciones de Forrester, «How European Teens Consume Media», 4 de diciembre de 2009, www.forrester.com/rb/Research/how_european_teens_consume _media/q/id/53763/t/2.

[17] Heidi Dawley, «Time-wise, Internet Is Now TV's Equal», *Media Life,* 1 de febrero de 2006.

[18] Council for Research Excellence, «The Video Consumer Mapping Study», 26 de marzo de 2009, www.researchexcellence.com/vcm_overview.pdf.

[19] Oficina de Estadísticas Laborales estadounidense, «American Time Use Survey», 2004-2008, www.bls.gov/tus/.

[20] Noreen O'Leary, «Welcome to My World», *Adweek*, 17 de noviembre de 2008.

[21] Marshall McLuhan, *Understanding Media: The Extensions of Man*, ed. crítica de W. Terrence Gordon, Corte Madera (CA), Gingko, 2003, p. 237 [*Comprender los medios de comunicación: las extensiones del ser humano*, Barcelona, Paidós, 2009].

[22] Anne Mangen, «Hypertext Fiction Reading: Haptics and Immersion», *Journal of Research in Reading*, 31, n° 4 (2008), pp. 404-419.

[23] Cory Doctorow, «Writing in the Age of Distraction», *Locus*, enero de 2009.

[24] Ben Sisario, «Music Sales Fell in 2008, but Climbed on the Web», *The New York Times*, 31 de diciembre de 2008.

[25] Ronald Grover, «Hollywood Is Worried As DVD Sales Slow», *BusinessWeek*, 19 de febrero de 2009; Richard Corliss, «Why Netflix Stinks», *Time*, 10 de agosto de 2009.

[26] Chrystal Szeto, «U. S. Greeting Cards and Postcards», Pitney Bowes Background Paper n° 20, 21 de noviembre de 2005, www. postinsight.com/files/Nov21_GreetingCards_Final.pdf.

[27] Brigid Schulte, «So Long, Snail Shells», *The Washington Post*, 25 de julio de 2009.

[28] Scott Jaschik, «Farewell to the Printed Monograph», *Inside Higher Ed*, 23 de marzo de 2009, www.insidehighered.com/news/ 2009/03/23/Michigan.

[29] Arnold Schwarzenegger, «Digital Textbooks Can Save Money, Improve Learning», *Mercury News*, 7 de junio de 2009.

[30] Tim Arango, «Fall in Newspaper Sales Accelerates to Pass 7%», *The New York Times*, 27 de abril de 2009.

[31] David Cook, «Monitor Shifts from Print to Web-Based Strategy», *Christian Science Monitor*, 28 de octubre de 2008.

[32] Tom Hall, «We Will Never Launch Another Paper», *PrintWeek*, 20 de febrero 2009, www.printweek.com/news/881913/We-will-launch-paper.

[33] Tyler Cowen, *Create Your Own Economy*, Nueva York, Dutton, 2009, p. 43.

[34] Michael Scherer, «Does Size Matter?», *Columbia Journalism Review,* noviembre/diciembre 2002.

[35] Citado en Carl R. Ramey, *Mass Media Unleashed,* Lanham (MD), Rowman & Littlefield, 2007, p. 123.

[36] Jack Shafer, «The Times' New Welcome Mat», *Slate,* 1 de abril de 2008, www.slate.com/id/2187884.

[37] Kathleen Deveny, «Reinventing Newsweek», *Newsweek,* 18 de mayo de 2009.

[38] Carl DiOrio, «Warners Teams with Facebook for Watchmen», *Hollywood Reporter,* 11 de mayo de 2009, www.hollywoodreporter. com/hr/content_display/news/e3i4b5caa365ad73b3a32b7e-201b5eae9c0.

[39] Sarah McBride, «The Way We'll Watch», *The Wall Street Journal,* 8 de diciembre de 2008.

[40] Dave Itzkoff, «A Different Tweet in Beethoven's Pastoral», *The New York Times,* 24 de julio de 2009.

[41] Stephanie Clifford, «Texting at a Symphony? Yes, but Only to Select an Encore», *The New York Times,* 15 de mayo de 2009.

[42] Los novecientos miembros de la Iglesia de la Comunidad de Westwinds, en Jackson (Míchigan), han sido pioneros en la incorporación de las redes sociales a las misas. Durante los sermones, los congregantes envían mensajes a través de Twitter, y los *tweets* aparecen en grandes pantallas de vídeo. Uno de los mensajes enviados durante una misa celebrada en 2009 rezaba, según un informe publicado en la revista *Time,* «Me cuesta mucho ver a Dios en el centro de todo». Bonnie Rochman, «Twittering in Church», *Time,* 1 de junio de 2009.

[43] Chrystia Freeland, «View from the Top: Eric Schmidt of Google», *Financial Times,* 21 de mayo de 2009.

[44] John Carlo Bertot, Charles R. McClure, Carla B. Wright *et al.,* «Public Libraries and the Internet 2008: Study Results and Findings», Information Institute of the Florida State University College of Information, 2008; American Library Association, «Libraries Connect Communities: Public Library Funding & Technology Access Study 2008-2009», 25 de septiembre de 2009, www.ala.org/ala/research/ initiatives/plftas/2008_2009/librariescon nectcommunities3.pdf.

[45] Scott Corwin, Elisabeth Hartley y Harry Hawkes, «The Library Rebooted», *Strategy & Business,* primavera de 2009.

6. La viva imagen del libro

[1] Ting-i Tsai y Geoffrey A. Fowler, «Race Heats Up to Supply E-Reader Screens», *The Wall Street Journal,* 29 de diciembre de 2009.

[2] Motoko Rich, «Steal This Book (for $9.99)», *The New York Times,* 16 de mayo de 2009; Brad Stone, «Best Buy and Verizon Jump into E-Reader Fray», *The New York Times,* 22 de septiembre de 2009; Brad Stone and Motoko Rich, «Turning Page, E-Books Start to Take Hold», *The New York Times,* 23 de diciembre de 2008.

[3] Jacob Weisberg, «Curling Up with a Good Screen», *Newsweek,* 30 de marzo de 2009. La cursiva es de Weisberg.

[4] Charles McGrath, «By-the-Book Reader Meets the Kindle», *The New York Times,* 29 de mayo de 2009.

[5] L. Gordon Crovitz, «The Digital Future of Books», *The Wall Street Journal,* 19 de mayo de 2008.

[6] Debbie Stier, «Are We Having the Wrong Conversation about EBook Pricing?», blog HarperStudio, 26 de febrero de 2009, http://theharperstudio.com/2009/02/are-we-having-the-wrong-conversation-about-ebook-pricing.

[7] Steven Johnson, «How the E-Book Will Change the Way We Read and Write», *The Wall Street Journal,* 20 de abril de 2009.

[8] Christine Rosen, «People of the Screen», *New Atlantis,* otoño de 2008.

[9] David A. Bell, «The Bookless Future: What the Internet Is Doing to Scholarship», *New Republic,* 2 de mayo de 2005.

[10] John Updike, «The End of Authorship», *The New York Times Sunday Book Review,* 25 de junio de 2006.

[11] Norimitsu Onishi, «Thumbs Race as Japan's Best Sellers Go Cellular», *The New York Times,* 20 de enero de 2008. Véase asimismo Dana Goodyear, «I ♥ Novels», *New Yorker,* 22 de diciembre de 2008.

[12] Tim O'Reilly, «Reinventing the Book in the Age of the Web», blog O'Reilly Radar, 29 de abril de 2009, http://radar.oreilly.com/2009/04/reinventing-thebook-age-of-web.html.

[13] Motoko Rich, «Curling Up with Hybrid Books, Videos Included», *The New York Times*, 30 de septiembre de 2009.

[14] Johnson, «How the E-Book Will Change».

[15] Andrew Richard Albanese, «Q&A: The Social Life of Books», *Library Journal*, 15 de mayo de 2006.

[16] Kevin Kelly, «Scan this Book!», *The New York Times Magazine*, 14 de mayo de 2006.

[17] Caleb Crain, «How Is the Internet Changing Literary Style?», blog Steamboats Are Ruining Everything, 17 de junio de 2008, www.steamthing.com/2008/06/how-is-the-inte.html.

[18] Algunos propietarios de Kindles recibieron una dura lección sobre lo efímero del texto digital cuando, en la mañana del 17 de julio de 2009, se despertaron y descubrieron que las versiones electrónicas de las obras de George Orwell *1984* y *Rebelión en la granja*, adquiridas en Amazon.com, habían desaparecido de sus dispositivos. Resultó que Amazon había borrado los libros de los Kindles de sus clientes tras descubrir que las ediciones no estaban autorizadas.

[19] Hasta ahora, la preocupación por la influencia de los medios digitales en el lenguaje se ha centrado en las abreviaturas y emoticonos que los niños usan en la mensajería instantánea. Pero es probable que tales afectaciones sean benignas, una vuelta de tuerca más en la larga historia de la jerga. También los adultos podrían prestar atención a cómo va cambiando su propia manera de escribir. Su vocabulario, ¿es cada vez más limitado, manido? Su sintaxis, ¿es cada vez menos flexible e incurre en más fórmulas? Éstas son las cuestiones que cuentan a la hora de juzgar los efectos a largo plazo de la Red sobre el alcance y la expresividad del lenguaje.

[20] Wendy Griswold, Terry McDonnell y Nathan Wright, «Reading and the Reading Class in the Twenty-First Century», *Annual Review of Sociology*, 31 (2005), pp. 127-141. Véase asimismo Caleb Crain, «Twilight of the Books», *New Yorker*, 24 de diciembre de 2007.

[21] Steven Levy, «The Future of Reading», *Newsweek*, 26 de noviembre de 2007.

²² Alphonse de Lamartine, *Ouvres diverses,* Bruselas, Louis Hauman, 1836, pp. 106-107. Trad. ingl. del autor.

²³ Philip G. Hubert, «The New Talking Machines», *Atlantic Monthly,* febrero de 1889.

²⁴ Edward Bellamy, «With the Eyes Shut», *Harper's,* octubre de 1889.

²⁵ Octave Uzanne, «The End of Books», *Scribner's Magazine,* agosto de 1894.

²⁶ George Steiner, «Ex Libris», *New Yorker,* 17 de marzo de 1997.

²⁷ Mark Federman, «Why Johnny and Janey Can't Read, and Why Mr. and Mrs. Smith Can't Teach: The Challenge of Multiple Media Literacies in a Tumultuous Time», sin fecha, http://individual .utoronto.ca/markfederman/WhyJohnnyandJaneyCantRead.pdf.

²⁸ Clay Shirky, «Why Abundance Is Good: A Reply to Nick Carr», blog de la *Enciclopedia británica,* 17 de julio de 2008, www.britannica.com/blogs/2008/07/why-abundance-is-good-a-reply-to-nick-carr.

²⁹ Alberto Manguel, *The Library at Night,* New Haven, Yale University Press, 2008, p. 218 *[La biblioteca de noche,* Madrid, Alianza, 2007].

³⁰ David M. Levy, S*crolling Forward: Making Sense of Documents in the Digital Age,* Nueva York, Arcade, 2001, pp. 101-102.

7. MENTALIDAD DE MALABARISTA

¹ Katie Hafner, «Texting May Be Taking a Toll», *The New York Times,* 25 de mayo de 2009.

² Torkel Klingberg, *The Overflowing Brain: Information Overload and the Limits of Working Memory,* trad. ingl. de Neil Betteridge, Oxford, Oxford University Press, 2009, pp. 166-167.

³ Ap Dijksterhuis, «Think Different: The Merits of Unconscious Thought in Preference Development and Decision Making», *Journal of Personality and Social Psychology,* 87, n° 5 (2004), pp. 586-598.

⁴ Marten W. Bos, Ap Dijksterhuis y Rick B. van Baaren, «On the Goal-Dependency of Unconscious Thought», *Journal of Experimental Social Psychology,* 44 (2008), pp. 1114-1120.

[5] Stefanie Olsen, «Are We Getting Smarter or Dumber?», CNET News, 21 de septiembre de 2005, http://news.cnet.com/Are-we-getting-smarter-or-dumber/20081008_3-5875404.html.

[6] Michael Merzenich, «Going Googly», blog On the Brain, 11 de agosto de 2008, http://merzenich.positscience.com/?p=177.

[7] Gary Small y Gigi Vorgan, *iBrain: Surviving the Technological Alteration of the Modern Mind*, Nueva York, Collins, 2008, p. 1.

[8] G. W. Small, T. D. Moody, P. Siddarth y S. Y. Bookheimer, «Your Brain on Google: Patterns of Cerebral Activation during Internet Searching», *American Journal of Geriatric Psychiatry*, 17, nº 2 (febrero de 2009), pp. 116-126. Véase asimismo Rachel Champeau, «UCLA Study Finds That Searching the Internet Increases Brain Function», newsroom de la UCLA, 14 de octubre de 2008, http://newsroom. ucla.edu/portal/ucla/ucla-study-finds-that-searching-64348.aspx.

[9] Small and Vorgan, *iBrain*, pp. 16-17.

[10] Maryanne Wolf, entrevista con el autor, 28 de marzo de 2008.

[11] Steven Johnson, *Everything Bad Is Good for You: How Today's Popular Culture Is Actually Making Us Smarter*, Nueva York, Riverhead Books, 2005, p. 19.

[12] John Sweller, *Instructional Design in Technical Areas*, Camberwell, Australian Council for Educational Research, 1999, p. 4.

[13] *Ibíd.*, p. 7.

[14] *Ibíd.*

[15] *Ibíd.*, p. 11.

[16] *Ibíd.*, pp. 4-5. Para conocer un análisis más en profundidad del pensamiento actual sobre los límites de la memoria de trabajo, véase Nelson Cowan, *Working Memory Capacity*, Nueva York, Psychology Press, 2005.

[17] Klingberg, *Overflowing Brain*, pp. 39 y 72-75.

[18] Sweller, *Instructional Design*, p. 22.

[19] George Landow y Paul Delany, «Hypertext, Hypermedia and Literary Studies: The State of the Art», en *Multimedia: From Wagner to Virtual Reality*, ed. de Randall Packer y Ken Jordan, Nueva York, Norton, 2001, pp. 206-216.

[20] Jean-François Rouet y Jarmo J. Levonen, «Studying and Learning with Hypertext: Empirical Studies and Their Implications», en *Hyper-*

text and Cognition, ed. de Jean-Francois Rouet, Jarmo J. Levonen, Andrew Dillon y Rand J. Spiro, Mahwah (NJ), Erlbaum, 1996, pp. 16-20.

[21] David S. Miall y Teresa Dobson, «Reading Hypertext and the Experience of Literature», *Journal of Digital Information,* 2, n° 1 (13 de agosto de 2001).

[22] D. S. Niederhauser, R. E. Reynolds, D. J. Salmen y P. Skolmoski, «The Influence of Cognitive Load on Learning from Hypertext», *Journal of Educational Computing Research,* 23, n° 3 (2000), pp. 237-255.

[23] Erping Zhu, «Hypermedia Interface Design: The Effects of Number of Links and Granularity of Nodes», *Journal of Educational Multimedia and Hypermedia,* 8, n° 3 (1999), pp. 331-358.

[24] Diana DeStefano y Jo-Anne LeFevre, «Cognitive Load in Hypertext Reading: A Review», *Computers in Human Behavior,* 23, n° 3 (mayo de 2007), pp. 1616-1641. La ponencia se publicó originalmente el 30 de septiembre de 2005.

[25] Steven C. Rockwell y Loy A. Singleton, «The Effect of the Modality of Presentation of Streaming Multimedia on Information Acquisition», *Media Psychology,* 9 (2007) pp. 179-191.

[26] Helene Hembrooke y Geri Gay, «The Laptop and the Lecture: The Effects of Multitasking in Learning Environments», *Journal of Computing in Higher Education,* 15, n° 1 (septiembre de 2003), pp. 46-64.

[27] Lori Bergen, Tom Grimes y Deborah Potter, «How Attention Partitions Itself during Simultaneous Message Presentations», *Human Communication Research,* 31, n° 3 (julio de 2005), pp. 311-336.

[28] Sweller, *Instructional Design,* pp. 137-147.

[29] K. Renaud, J. Ramsay y M. Hair, «"You've Got E-mail!" Shall I Deal with It Now?», *International Journal of Human-Computer Interaction,* 21, n° 3 (2006), pp. 313-332.

[30] Véase, por ejemplo, J. Gregory Trafton y Christopher A. Monk, «Task Interruptions», *Reviews of Human Factors and Ergonomics,* 3 (2008), pp. 111-126. Los investigadores están convencidos de que las interrupciones frecuentes provocan sobrecarga cognoscitiva, perjudicando a la formación de recuerdos.

[31] Maggie Jackson, *Distracted: The Erosion of Attention and the Coming Dark Age,* Amherst, Prometheus, 2008, p. 79.

[32] Karin Foerde, Barbara J. Knowlton y Russell A. Poldrack, «Modulation of Competing Memory Systems by Distraction», *Proceedings of the National Academy of Sciences,* 103, n° 31 (1 de agosto de 2006), pp. 11778-11783; y «Multi-Tasking Adversely Affects Brain's Learning», nota de prensa de la Universidad de California, 7 de julio de 2005.

[33] Christopher F. Chabris, «You Have Too Much Mail», *The Wall Street Journal,* 15 de diciembre de 2008. Las cursivas son de Chabris.

[34] Sav Shrestha y Kelsi Lenz, «Eye Gaze Patterns While Searching vs. Browsing a Website», *Usability News,* 9, n° 1 (enero de 2007), www.surl.org/usabilitynews/91/eyegaze.asp.

[35] Jakob Nielsen, «F-Shaped Pattern for Reading Web Content», *Alertbox,* 17 de abril de 2006, www.useit.com/alertbox/reading_pattern.html.

[36] Jakob Nielsen, «How Little Do Users Read?», *Alertbox,* 6 de mayo de 2008, www.useit.com/alertbox/percent-text-read.html.

[37] Harald Weinreich, Hartmut Obendorf, Eelco Herder y Matthias Mayer, «Not Quite the Average: An Empirical Study of Web Use», *ACM Transactions on the Web,* 2, n° 1 (2008).

[38] Jakob Nielsen, «How Users Read on the Web», *Alertbox,* 1 de octubre de 1997, www.useit.com/alertbox/9710a.html.

[39] «Puzzling Web Habits across the Globe», blog ClickTale, 31 de julio de 2008, www.clicktale.com/2008/07/31/puzzling-web-habits-across-the-globe-part-1/.

[40] University College de Londres, «Information Behaviour of the Researcher of the Future», 11 de enero de 2008, www.ucl.ac.uk/slais/research/ciber/downloads/ggexecutive.pdf.

[41] Merzenich, «Going Googly».

[42] Ziming Liu, «Reading Behavior in the Digital Environment», *Journal of Documentation,* 61, n° 6 (2005), pp. 700-712.

[43] Shawn Green y Daphne Bavelier, «Action Video Game Modifies Visual Selective Attention», *Nature,* 423 (29 de mayo de 2003), pp. 534-537.

[44] Elizabeth Sillence, Pam Briggs, Peter Richard Harris y Lesley Fishwick, «How Do Patients Evaluate and Make Use of Online Health

Information?», *Social Science and Medicine*, 64, n° 9 (mayo de 2007), pp. 1853-1862.

⁴⁵ Klingberg, *Overflowing Brain*, pp. 115-124.

⁴⁶ Small y Vorgan, *iBrain*, p. 21.

⁴⁷ Sam Anderson, «In Defense of Distraction», *New York*, 25 de mayo de 2009.

⁴⁸ Citado en Don Tapscott, *Grown Up Digital*, Nueva York, Mc-Graw-Hill, 2009, pp. 108-109.

⁴⁹ Citado en Jackson, *Distracted*, pp. 79-80.

⁵⁰ Citado en Sharon Begley y Janeen Interlandi, «The Dumbest Generation? Don't Be Dumb», *Newsweek*, 2 de junio de 2008.

⁵¹ Lucio Anneo Séneca, *Letters from a Stoic*, Nueva York, Penguin Classics, 1969, p. 33 [*Cartas de un estoico*, Barcelona, Círculo de Lectores, 2008].

⁵² Patricia M. Greenfield, «Technology and Informal Education: What Is Taught, What Is Learned», *Science*, 323, n° 5910 (2 de enero de 2009), pp. 69-71.

⁵³ Eyal Ophir, Clifford Nass y Anthony D. Wagner, «Cognitive Control in Media Multitaskers», *Proceedings of the National Academy of Sciences*, 24 de agosto de 2009, www.pnas.org/content/early/2009/08/21/0903620106.full.pdf. Véase asimismo Adam Gorlick, «Media Multitaskers Pay Mental Price, Stanford Study Shows», *Stanford Report*, 24 de agosto de 2009, http://news.stanford.edu/news/2009/august24/multitask-research-study-082409.html.

⁵⁴ Michael Merzenich, entrevista con el autor, 11 de septiembre de 2009.

⁵⁵ James Boswell, *The Life of Samuel Johnson*, LL. D., Londres, Bell, 1889, pp. 331-332 [*La vida del doctor Samuel Johnson*, Madrid, Espasa-Calpe, 2007].

*DIGRESIÓN SOBRE EL CRECIMIENTO DE LAS PUNTUACIONES
EN LOS TESTS DE INTELIGENCIA*

¹ Don Tapscott, *Grown Up Digital*, Nueva York, McGraw-Hill, 2009, p. 291.

[2] College Board, «PSAT/NMSQT Data & Reports», http://professionals.collegeboard.com/data-reports-research/psat.

[3] Naomi S. Baron, *Always On: Language in an Online and Mobile World*, Oxford, Oxford University Press, 2008, p. 202.

[4] David Schneider, «Smart As We Can Get?», *American Scientist*, julio-agosto de 2006.

[5] James R. Flynn, «Requiem for Nutrition as the Cause of IQ Gains: Raven's Gains in Britain 1938-2008», *Economics and Human Biology*, 7, n° 1 (marzo de 2009), pp. 18-27.

[6] A algunos lectores contemporáneos las palabras de Flynn se les antojarán insensibles. Él lo explica así: «Estamos en un periodo de transición en el que el término "retraso mental" se sustituye por el término "discapacidad mental", con la esperanza de encontrar palabras con una connotación menos negativa. Yo he optado por el término antiguo en aras de la claridad y porque la historia ha demostrado que las connotaciones negativas simplemente pasan de una etiqueta a otra». James R. Flynn, *What Is Intelligence? Beyond the Flynn Effect*, Cambridge, Cambridge University Press, 2007, pp. 9-10 [*¿Qué es la inteligencia? Más allá del efecto Flynn*, Madrid, Tea, 2009].

[7] *Ibíd.*, p. 9.

[8] *Ibíd.*, pp. 172-173.

[9] «The World Is Getting Smarter», *Intelligent Life*, diciembre de 2007. Véase asimismo Matt Nipert, «Eureka!», *New Zealand Listener*, 6-12 de octubre de 2007.

[10] Patricia M. Greenfield, «Technology and Informal Education: What Is Taught, What Is Learned», *Science*, 323, n° 5910 (2 de enero de 2009), pp. 69-71.

[11] Denise Gellene, «IQs Rise, but Are We Brighter?», *Los Angeles Times*, 27 de octubre de 2007.

8. LA IGLESIA DE GOOGLE

[1] Para conocer una biografía de Taylor, véase Robert Kanigel, *One Best Way: Frederick Winslow Taylor and the Enigma of Efficiency*, Nueva York, Viking, 1997.

[2] Frederick Winslow Taylor, *The Principles of Scientific Management,* Nueva York, Harper, 1911, p. 25.

[3] *Ibíd.,* p. 7.

[4] Google Inc. Press Day Webcast, 10 de mayo de 2006, http://google.client.shareholder.com/Visitors/event/build2/MediaPresentation.cfm?MediaID=20263&Player=1.

[5] Marissa Mayer, «Google I/O '08 Keynote», YouTube, 5 de junio de 2008, www.youtube.com/watch?v=6x0cAzQ7PVs.

[6] Bala Iyer y Thomas H. Davenport, «Reverse Engineering Google's Innovation Machine», Harvard Business Review, abril de 2008.

[7] Anne Aula y Kerry Rodden, «Eye-Tracking Studies: More than Meets the Eye», blog oficial de Google, 6 de febrero de 2009, http://googleblog.blogspot.com/2009/02/eye-tracking-studies-more-than-meets.html.

[8] Helen Walters, «Google's Irene Au: On Design Challenges», *BusinessWeek,* 18 de marzo de 2009.

[9] Mayer, «Google I/O '08 Keynote».

[10] Laura M. Holson, «Putting a Bolder Face on Google», *The New York Times,* 28 de febrero de 2009.

[11] Neil Postman, *Technopoly: The Surrender of Culture to Technology,* Nueva York, Vintage, 1993 p. 51 *[Tecnópolis: la rendición de la cultura a la tecnología,* Barcelona, Círculo de Lectores, 1994].

[12] Ken Auletta, *Googled: The End of the World as We Know It,* Nueva York, Penguin, 2009, p. 22.

[13] Google, «Company Overview», sin fecha, www.google.com/corporate.

[14] Kevin J. Delaney and Brooks Barnes, «For Soaring Google, Next Act Won't Be So Easy», *The Wall Street Journal,* 30 de junio de 2005.

[15] Google, «Technology Overview», sin fecha, www.google.com/corporate/tech.html.

[16] Academy of Achievement, «Interview: Larry Page», 28 de octubre de 2000, www.achievement.org/autodoc/page/pag0int-1.

[17] John Battelle, *The Search: How Google and Its Rivals Rewrote the Rules of Business and Transformed Our Culture,* Nueva York, Portfolio, 2005, pp. 66-67.

[18] *Ibíd.*

[19] Véase Google, «Google Milestones», sin fecha, www.google.com/corporate/history.html.

[20] Sergey Brin and Lawrence Page, «The Anatomy of a Large-Scale Hypertextual Web Search Engine», Computer Networks, 30 (1 de abril de 1998), pp. 107-117.

[21] Walters, «Google's Irene Au».

[22] Mark Zuckerberg, «Improving Your Ability to Share and Connect», blog de Facebook, 4 de marzo de 2009, http://blog.facebook.com/blog.php?post =57822962130.

[23] Saul Hansell, «Google Keeps Tweaking Its Search Engine», *The New York Times*, 3 de junio de 2007.

[24] Brennon Slattery, «Google Caffeinates Its Search Engine», *PC World*, 11 de agosto de 2009, www.pcworld.com/article/169989.

[25] Nicholas Carlson, «Google Co-Founder Larry Page Has Twitter-Envy», *Silicon Valley Insider*, 19 de mayo de 2009, www.businessinsider.com/google-cofounder-larry-page-has-twitter-envy-2009-5.

[26] Kit Eaton, «Developers Start to Surf Google Wave, and Love It», *Fast Company*, 21 de julio de 2009, www.fastcompany.com/blog/kit-eaton/technomix/developers-start-surf-google-wave-and-love-it.

[27] Doug Caverly, «New Report Slashes YouTube Loss Estimate by $300M», *WebProNews*, 17 de junio de 2009, www.webpronews.com/topnews/2009/06/17/new-report-slashes-youtube-loss-estimate-by-300m.

[28] Richard MacManus, «Store 100%—Google's Golden Copy», *ReadWriteWeb*, 5 de marzo de 2006, www.readwriteweb.com/archives/store_100_googl.php.

[29] Jeffrey Toobin, «Google's Moon Shot», *New Yorker*, 5 de febrero de 2007.

[30] Jen Grant, «Judging Book Search by Its Cover», blog oficial de Google, 17 de noviembre de 2005, http://googleblog.blogspot.com/2005/11/judgingbook-search-by-its-cover.html.

[31] Véase patente estadounidense, U. S. Patent n° 7.508.978.

[32] Google, «History of Google Books», sin fecha, http://books.google.com/googlebooks/history.html.

[33] Authors Guild, «Authors Guild Sues Google, Citing Massive Copyright Infringement», nota de prensa, 20 de septiembre de 2005.

[34] Eric Schmidt, «Books of Revelation», *The Wall Street Journal*, 18 de octubre de 2005.

[35] U. S. District Court, actas judiciales del Distrito Sur de Nueva York, «Settlement Agreement: The Authors Guild, Inc., Association of American Publishers, Inc. et al., Plaintiffs, vs. Google Inc., Defendant», caso n° 05 CV 8136-JES, 28 de octubre de 2008.

[36] Asociación Americana de Bibliotecas, «Library Association Comments on the Proposed Settlement», archivo judicial de la U. S. District Court, Distrito Sur de Nueva York, caso n° 05 CV 8136-DC, 4 de mayo de 2009.

[37] Robert Darnton, «Google and the Future of Books», *New York Review of Books*, 12 de febrero de 2009.

[38] Richard Koman, «Google, Books and the Nature of Evil», blog ZDNet Government, 30 de abril de 2009, http://government.zdnet.com/?p=4725.

[39] En lo que puede ser un presagio del futuro, una prestigiosa escuela preparatoria de Masajéesete, la Academia Cushing, anunció en 2009 había decidido suprimir todos los libros de su biblioteca y su sustitución por ordenadores de sobremesa, televisores de pantalla plana, y una veintena de Kindles y otros lectores electrónicos. El director de la escuela, James Tracy, proclamó que la biblioteca sin libros era «un modelo para la escuela del siglo XXI». David Abel, «Welcome to the Library. Say Goodbye to the Books», *The Boston Globe*, 4 de septiembre de 2009.

[40] Alexandra Alter, «The Next Age of Discovery», *The Wall Street Journal*, 8 de mayo de 2009.

[41] Adam Mathes, «Collect, Share, and Discover Books», blog oficial de Google, 6 de septiembre de 2007, http://googleblog.blogspot.com/2007/09/collect-shareand-discover-books.html.

[42] Manas Tungare, «Share and Enjoy», blog Inside Google Books, 6 de septiembre de 2007, http://booksearch.blogspot.com/2007/08/share-and-enjoy.html.

[43] Bill Schilit y Okan Kolak, «Dive into the Meme Pool with Google Book Search», blog Inside Google Books, 6 de septiembre de 2007, http://booksearch.blogspot.com/2007/09/dive-into-me

me-pool-with-google-book.html. Diego Puppin, «Explore a Book in 10 Seconds», blog Inside Google Books, 1 de julio de 2009, http://booksearch.blogspot.com/2009/06/explore-book-in-10seconds.html.

[44] Estas anotaciones de Hawthorne se citan en Julian Hawthorne, *Nathaniel Hawthorne and His Wife: A Biography*, vol. 1, Boston, James R. Osgood, 1885, pp. 498-503.

[45] Leo Marx, *The Machine in the Garden: Technology and the Pastoral Ideal in America*, Nueva York, Oxford University Press, 2000, pp. 28-29.

[46] Citado en Will Durant y Ariel Durant, *The Age of Reason Begins*, Nueva York, Simon & Schuster, 1961, p. 65.

[47] Vannevar Bush, «As We May Think», *Atlantic Monthly*, julio de 1945.

[48] David M. Levy, «To Grow in Wisdom: Vannevar Bush, Information Overload, and the Life of Leisure», actas del V Congreso Conjunto ACM/IEEE-CS sobre bibliotecas digitales, 2005, pp. 281-286.

[49] *Ibíd.*

[50] Ralph Waldo Emerson, «Books», *Atlantic Monthly*, enero de 1858.

[51] Larry Page, discurso ante el Congreso Anual de la AAAS, San Francisco, 16 de febrero de 2007, http://news.cnet.com/1606-2_3-6160334.html.

[52] Academy of Achievement, «Interview: Larry Page».

[53] Rachael Hanley, «From Googol to Google: Co-founder Returns», *Stanford Daily*, 12 de febrero de 2003.

[54] Academy of Achievement, «Interview: Larry Page».

[55] Steven Levy, «All Eyes on Google», *Newsweek*, 12 de abril de 2004.

[56] Spencer Michaels, «The Search Engine That Could», *News Hour with Jim Lehrer*, 29 de noviembre de 2002.

[57] Véase Richard MacManus, «Full Text of Google Analyst Day Powerpoint Notes», blog Web 2.0 Explorer, 7 de marzo de 2006, http://blogs.zdnet.com/web2explorer/?p=132.

[58] Citado en Jean-Pierre Dupuy, *On the Origins of Cognitive Science: The Mechanization of the Mind*, Cambridge, MIT Press, 2009, XIV.

[59] George B. Dyson, *Darwin among the Machines: The Evolution of Global Intelligence,* Reading, MA, Addison-Wesley, 1997, p. 10.

[60] George B. Dyson, «Turing's Cathedral», *Edge,* 24 de octubre de 2005, www.edge.org/3rd_culture/dyson05/dyson_05index.html.

[61] Greg Jarboe, «A Fireside Chat with Google's Sergey Brin», *Search Engine Watch,* 16 de octubre de 2003, http://searchengine-watch.com/3081081.

[62] Véase Pamela McCorduck, *Machines Who Think: A Personal Inquiry into the History and Prospects of Artificial Intelligence,* Natick (MA), Peters, 2004, p. 111.

[63] Lewis Mumford, *The Myth of the Machine: Technics and Human Development,* Nueva York, Harcourt Brace Jovanovitch, 1967 *[El mito de la máquina: técnica y evolución humana,* Logroño, Pepitas de Calabaza, 2010],* p. 29.

[64] David G. Stork, ed., *HAL's Legacy: 2001's Computer as Dream and Reality,* Cambridge, MIT Press, 1996, pp. 165-166.

[65] John von Neumann, *The Computer and the Brain,* 2ª ed., New Haven, Yale University Press, 2000, p. 82 *[El ordenador y el cerebro,* Barcelona, Bon Ton, 1999].* Las cursivas son de Von Neumann.

[66] Ari N. Schulman, «Why Minds Are Not like Computers», *New Atlantis,* invierno de 2009.

9. BUSCA, MEMORIA

[1] Citado en Alberto Manguel, *A History of Reading,* Nueva York, Viking, 1996, p. 49 *[Una historia de la lectura,* Barcelona, Lumen, 2006].*

[2] Umberto Eco, «From Internet to Gutenberg», conferencia ante la Academia para Estudios Avanzados de Italiano en America de la Universidad de Columbia, 12 de noviembre de 1996, www.umbertoeco.com/en/from-internet-to-gutenberg-1996. html.

[3] Citado en Ann Moss, *Printed Commonplace-Books and the Structuring of Renaissance Thought,* Oxford, Oxford University Press, 1996, pp. 102-104.

[4] Erika Rummel, «Erasmus, Desiderius», en *Philosophy of Education,* ed. de J. J. Chambliss, Nueva York, Garland, 1996, p. 198.

[5] Citado en Moss, *Printed Commonplace-Books*, p. 12.

[6] Escribe Ann Moss: «Estos libros de lugares comunes formaban parte de las primeras experiencias intelectuales de todo escolar» en el Renacimiento. *Printed Commonplace-Books*, VIII.

[7] Francis Bacon, *The Works of Francis Bacon*, vol. 4, ed. de James Spedding, Robert Leslie Ellis, y Douglas Denon Heath, Londres, Longman, 1858, p. 435.

[8] Naomi S. Baron, *Always On: Language in an Online and Mobile World*, Oxford, Oxford University Press, 2008, p. 197.

[9] Thompson, «Your Outboard Brain Knows All», *Wired*, octubre de 2007.

[10] David Brooks, «The Outsourced Brain», *The New York Times*, 26 de octubre de 2007.

[11] Peter Suderman, «Your Brain Is an Index», *American Scene*, 10 de mayo de 2009, www.theamericanscene.com/2009/05/11/your-brain-is-an-index.

[12] Alexandra Frean, «Google Generation Has No Need for Rote Learning», *Times* (Londres), 2 de diciembre de 2008; y Don Tapscott, *Grown Up Digital*, Nueva York, McGraw-Hill, 2009, p. 115.

[13] San Agustín, *Confessions*, trad. ingl. de Henry Chadwick, Nueva York, Oxford University Press, 1998, p. 187 *[Confesiones, op. cit.]*.

[14] William James, *Talks to Teachers on Psychology: And to Students on Some of Life's Ideals*, Nueva York, Holt, 1906, p. 143.

[15] Véase Eric R. Kandel, *In Search of Memory: The Emergence of a New Science of Mind*, Nueva York, Norton, 2006, pp. 208-210 *[En busca de la memoria: una nueva ciencia de la mente*, Madrid, Katz Barpal Editores, 2007]*.

[16] *Ibíd.*, pp. 210-211.

[17] Louis B. Flexner, Josefa B. Flexner y Richard B. Roberts, «Memory in Mice Analyzed with Antibiotics», *Science*, 155 (1967), pp. 1377-1383.

[18] Kandel, *In Search of Memory*, p. 221 *[En busca de la memoria, op. cit.]*.

[19] *Ibíd.*, pp. 214-215.

[20] *Ibíd.*, p. 221.

[21] *Ibíd.*, p. 276.

22 *Ibíd.*

23 *Ibíd.*, p. 132.

24 Hasta que se hizo público su nombre a su muerte en 2008, Molaison aparece en la bibliografía científica como H. M.

25 Véase Larry R. Squire y Pablo Álvarez, «Retrograde Amnesia and Memory Consolidation: A Neurobiological Perspective», *Current Opinion in Neurobiology*, 5 (1995), pp. 169-177.

26 Daniel J. Siegel, *The Developing Mind*, Nueva York, Guilford, 2001, pp. 37-38 [*La mente en desarrollo: cómo interactúan las relaciones y el cerebro para modelar nuestro ser*, Bilbao, Desclée de Brouwer, 2007].

27 En un estudio de 2009, investigadores franceses y estadounidenses encontraron pruebas de que las oscilaciones, breves e intensas, dominantes en el hipocampo durante el sueño desempeñan un papel importante en el almacenamiento de recuerdos en la corteza. Cuando los investigadores suprimieron las oscilaciones en los cerebros de las ratas, éstas fueron incapaces de consolidar su memoria espacial a largo plazo. Gabrielle Girardeau, Karim Benchenane, Sidney I. Wiener *et al.*, «Selective Suppression of Hippocampal Ripples Impairs Spatial Memory», *Nature Neuroscience*, 13 de septiembre de 2009, www.nature.com/neuro/journal/vaop/ncurrent/abs/nn.2384.html.

28 Universidad de Haifa, «Researchers Identified a Protein Essential in Long Term Memory Consolidation», Physorg.com, 9 de septiembre de 2008, www.physorg.com/news140173258.html.

29 Véase Jonah Lehrer, *Proust Was a Neuroscientist*, Nueva York, Houghton Mifflin, 2007, pp. 84-85.

30 Joseph LeDoux, *Synaptic Self: How Our Brains Become Who We Are*, Nueva York, Penguin, 2002, p. 161.

31 Nelson Cowan, *Working Memory Capacity*, Nueva York, Psychology Press, 2005, p. 1.

32 Torkel Klingberg, *The Overflowing Brain: Information Overload and the Limits of Working Memory*, trad. Neil Betteridge, Oxford, Oxford University Press, 2009, p. 36.

33 Sheila E. Crowell, «The Neurobiology of Declarative Memory», en John H. Schumann, Shelia E. Crowell, Nancy E. Jones *et al.*, *The

Neurobiology of Learning: Perspectives from Second Language Acquisition, Mahwah (NJ), Erlbaum, 2004, p. 76.

[34] Véase, por ejemplo, Ray Hembree y Donald J. Dessart, «Effects of Handheld Calculators in Precollege Mathematics Education: A Meta-analysis», *Journal for Research in Mathematics Education,* 17, n° 2 (1986), pp. 83-99.

[35] Kandel, *In Search of Memory,* p. 210 *[En busca de la memoria, op.cit.].*

[36] Citado en Maggie Jackson, *Distracted: The Erosion of Attention and the Coming Dark Age,* Amherst, Prometheus, 2008, p. 242.

[37] Kandel, *In Search of Memory,* pp. 312-315 *[En busca de la memoria, op.cit.].*

[38] David Foster Wallace, *This Is Water: Some Thoughts, Delivered on a Significant Occasion, about Living a Compassionate Life,* Nueva York, Little, Brown, 2009, pp. 54 y 123.

[39] Ari N. Schulman, correspondencia con el autor, 7 de junio de 2009.

[40] Lea Winerman, «The Culture of Memory», *Monitor on Psychology,* 36, n° 8 (septiembre de 2005), p. 56.

[41] Pascal Boyer y James V. Wertsch, eds., *Memory in Mind and Culture,* Nueva York, Cambridge University Press, 2009, pp. 7 y 288.

[42] Richard Foreman, «The Pancake People, or, The Gods Are Pounding My Head», *Edge,* 8 de marzo de 2005, www.edge.org/3rd_culture/foreman05/fore man05_index.html.

DIGRESIÓN SOBRE LA ESCRITURA DE ESTE LIBRO

[1] Benjamin Kunkel, «Lingering», *n+1,* 31 de mayo de 2009, www.nplusonemag.com/lingering. Las cursivas son de Kunkel.

10. ALGO COMO YO

[1] Joseph Weizenbaum, «ELIZA —A Computer Program for the Study of Natural Language Communication between Man and Ma-

chine», *Communications of the Association for Computing Machinery*, 9, n° 1 (enero de 1966), pp. 36-45.

[2] David Golumbia, *The Cultural Logic of Computation*, Cambridge, Harvard University Press, 2009, p. 42.

[3] Citado en Golumbia, *The Cultural Logic*, p. 37.

[4] *Ibíd.*, p. 42.

[5] Weizenbaum, «ELIZA».

[6] *Ibíd.*

[7] Joseph Weizenbaum, *Computer Power and Human Reason: From Judgment to Calculation*, Nueva York, Freeman, 1976, p. 5 [*La frontera entre el ordenador y la mente*, Madrid, Pirámide, 1977].

[8] *Ibíd.*, p. 189.

[9] *Ibíd.*, p. 7.

[10] Citado en Weizenbaum, *Computer Power*, p. 5 [*La frontera entre el ordenador y la mente, op. cit.*].

[11] Kenneth Mark Colby, James B. Watt y John P. Gilbert, «A Computer Method of Psychotherapy: Preliminary Communication», *Journal of Nervous and Mental Disease*, 142, n° 2 (1966), pp. 148-152.

[12] Weizenbaum, *Computer Power*, p. 8 [*La frontera entre el ordenador y la mente, op. cit.*].

[13] *Ibíd.*, pp. 17-38.

[14] *Ibíd.*, p. 227.

[15] John McCarthy, «An Unreasonable Book», nota de prensa de SIGART, 58 (junio de 1976).

[16] Michael Balter, «Tool Use Is Just Another Trick of the Mind», *Science-NOW*, 28 de enero de 2008, http://sciencenow.sciencemag.org/cgi/content/full/2008/128/2.

[17] *The Letters of T. S. Eliot*, vol. 1, 1898-1922, ed. Valerie Eliot, Nueva York, Harcourt Brace Jovanovich, 1988, p. 144. En cuanto a Nietzsche, su relación con la Malling-Hansen Writing Ball resultó ser tan breve como intensa. Al igual que muchos de los primeros en adoptar nuevos *gadgets* con ansioso entusiasmo, acabó frustrado con los defectos de la máquina de escribir, que los tenía. Cuando el aire del Mediterráneo se humedecía con la llegada de la primavera, las teclas empezaban a atascarse y la tinta se desleía en la página. El artilugio, escribió Nietzsche en una carta, «es tan deli-

cado como un perrito y causa muchos problemas». A los pocos meses había renunciado a seguir utilizándolo, y lo sustituyó por un secretario, el joven poeta Lou Salomé, que transcribía sus palabras tal como él las dictaba. Cinco años más tarde, en uno de sus últimos libros, *La genealogía de la moral,* Nietzsche desarrolla un elocuente argumento contra la mecanización del pensamiento humano y su personalidad. Elogia el estado contemplativo de la mente a través del cual «digerimos» callada y voluntariamente nuestras experiencias. «Cerrar temporalmente las puertas y ventanas de la conciencia, aliviar la alarma clamante», escribió, permite que el cerebro «haga sitio a lo nuevo; y sobre todo a las funciones más nobles». Friedrich Nietzsche, *The Genealogy of Morals,* Mineola, Dover, 2003, p. 34 [*La genealogía de la moral,* Madrid, Alianza, 2009].

[18] Doidge, *The Brain That Changes Itself,* p. 311 [*El cerebro se cambia a sí mismo, op.cit.*].

[19] John M. Culkin, «A Schoolman's Guide to Marshall McLuhan», *Saturday Review,* 18 de marzo de 1967.

[20] Marshall McLuhan, *Understanding Media: The Extensions of Man,* ed. crítica de W. Terrence Gordon, Corte Madera (CA), Gingko Press, 2003, pp. 63-70 [*Comprender los medios de comunicación: las extensiones del ser humano,* Barcelona, Paidós, 2009].

[21] Lewis Mumford, *Technics and Civilization,* Nueva York, Harcourt Brace, 1963, p. 15 [*Técnica y civilización,* Madrid, Alianza, 2006].

[22] Weizenbaum, *Computer Power* [*La frontera entre el ordenador y la mente*], p. 25.

[23] Roger Dobson, «Taxi Drivers Knowledge Helps Their Brains Grow», *Independent,* 17 de diciembre de 2006.

[24] Doidge, *The Brain That Changes Itself,* pp. 310-311 [*El cerebro se cambia a sí mismo, op.cit.*].

[25] Jason P. Mitchell, «Watching Minds Interact», en *What's Next: Dispatches on the Future of Science,* ed. Max Brockman, Nueva York, Vintage, 2009, pp. 78-88.

[26] Bill Thompson, «Between a Rock and an Interface», telediario de la BBC, 7 de octubre de 2008, http://news.bbc.co.uk/2/hi/technology/7656843.stm.

[27] Christof van Nimwegen, «The Paradox of the Guided User: Assistance Can Be Counter-effective», Disertaciones SIKS, n° 2008-09, Universidad de Utrecht, 31 de marzo de 2008. Véase asimismo Christof van Nimwegen y Herre van Oostendorp, «The Questionable Impact of an Assisting Interface on Performance in Transfer Situations», *International Journal of Industrial Ergonomics,* 39, n° 3 (mayo 2009), pp. 501-508.

[28] *Ibíd.*

[29] *Ibíd.*

[30] «Features: Query Suggestions», Google Web Search Help, sin fecha, http://labs.google.com/suggestfaq.html.

[31] James A. Evans, «Electronic Publication and the Narrowing of Science and Scholarship», *Science,* 321 (18 de julio de 2008), pp. 395-399.

[32] *Ibíd.*

[33] Thomas Lord, «Tom Lord on Ritual, Knowledge and the Web», blog Rough Type, 9 de noviembre de 2008, www.roughtype.com/archives/2008/11/tom_ lord_on_rit.php.

[34] Marc G. Berman, John Jonides y Stephen Kaplan, «The Cognitive Benefits of Interacting with Nature», *Psychological Science,* 19, n° 12 (diciembre de 2008), pp. 1207-1212.

[35] Carl Marziali, «Nobler Instincts Take Time», página web de la USC, 14 de abril de 2009, http://college.usc.edu/news/stories/547/nobler-instincts-take-time.

[36] Mary Helen Immordino-Yang, Andrea McColl, Hanna Damasio y Antonio Damasio, «Neural Correlates of Admiration and Compassion», *Proceedings of the National Academy of Sciences,* 106, n° 19 (12 de mayo de 2009), pp. 8021-8026.

[37] Marziali, «Nobler Instincts».

[38] L. Gordon Crovitz, «Information Overload? Relax», *The Wall Street Journal,* 6 de julio de 2009.

[39] Sam Anderson, «In Defense of Distraction», *New York,* 25 de mayo de 2009.

[40] Tyler Cowen, *Create Your Own Economy,* Nueva York, Dutton, 2009, p. 10.

[41] Jamais Cascio, «Get Smarter», *Atlantic,* julio/agosto 2009.

306   SUPERFICIALES

[42] Martin Heidegger, *Discourse on Thinking*, Nueva York, Harper &
Row, 1966, p. 56. Las cursivas son de Heidegger.
[43] Martin Heidegger, *The Question Concerning Technology and Other
Essays*, Nueva York, Harper & Row, 1977, p. 35.

EPÍLOGO. LOS ELEMENTOS HUMANOS

[1] William Stewart, «Essays to Be Marked by Robots», *Times Education
Supplement*, 25 de septiembre de 2009.

LECTURAS RECOMENDADAS

Este libro rasca muchas superficies. Para el lector que desee explorar temas en los que no profundicé, recomiendo los siguientes libros. Todos me ilustraron y muchos me inspiraron.

SOBRE EL CEREBRO Y SU PLASTICIDAD

BULLER, David J. *Adapting Minds: Evolutionary Psychology and the Persistent Quest for Human Nature.* MIT Press, 2005.

COWAN, Nelson. *Working Memory Capacity.* Psychology Press, 2005.

DOIDGE, Norman. *El cerebro se cambia a sí mismo,* Aguilar, 2008.

DUPUY, Jean-Pierre. *On the Origins of Cognitive Science: The Mechanization of the Mind.* MIT Press, 2009.

FLYNN, James R.. *¿Qué es la inteligencia?: más allá del efecto Flynn,* TEA, 2009.

GOLUMBIA, David. *The Cultural Logic of Computation,* Harvard University Press, 2009.

JAMES, William. T*he Principles of Psychology.* Holt, 1890.

KANDEL, ERIC R.. *En busca de la memoria: una nueva ciencia de la mente.* Katz Editores, 2007.

KLINGBERG, Torkel. *The Overflowing Brain: Information Overload and the Limits of Working Memory.* Oxford University Press, 2008.

LEDOUX, Joseph. *Synaptic Self: How Our Brains Become Who We Are.* Penguin, 2002.

MARTENSEN, Robert L. *The Brain Takes Shape: An Early History.* Oxford University Press, 2004.

SCHWARTZ, Jeffrey M. y Sharon Begley. *The Mind and the Brain: Neuroplasticity and the Power of Mental Force.* Harper Perennial, 2002.

SWELLER, John. *Instructional Design in Technical Areas.* Australian Council for Educational Research, 1999.

WEXLER, Bruce E. *Brain and Culture: Neurobiology, Ideology, and Social Change* MIT Press, 2006.

YOUNG, J. Z. *Doubt and Certainty in Science: A Biologist's Reflections on the Brain.* Oxford University Press, 1951.

SOBRE LA HISTORIA DEL LIBRO

CHAPPELL, Warren. *A Short History of the Printed Word.* Knopf, 1970.

DIRINGER, David. *The Hand-Produced Book.* Philosophical Library, 1953.

Eisenstein, Elizabeth L. *The Printing Press as an Agent of Change.* Cambridge University Press, 1980. [Una edición abreviada, con un útil epílogo, se publicó en España bajo el título *La revolución de la imprenta en la Edad Moderna europea* (Akal, 1994)].

KILGOUR, Frederick G. *The Evolution of the Book.* Oxford University Press, 1998.

MANGUEL, Alberto. *Una historia de la lectura.* Alianza, 2009.

NUNBERG, Geoffrey. *El futuro del libro: ¿esto matará eso?* Paidós Ibérica, 2004.

SAENGER, Paul. *Space between Words: The Origins of Silent Reading.* Stanford University Press, 1997.

SOBRE LA MENTE DEL LECTOR

BIRKERTS, Sven. *Elegías a Gutenberg: el futuro de la lectura en la era electrónica.* Alianza, 1999.

DEHAENE, Stanislas. *Reading in the Brain: The Science and Evolution of a Human Invention*. Viking, 2009.

GOODY, Jack. *The Interface between the Written and the Oral*. Cambridge University Press, 1987.

HAVELOCK, Eric. *Prefacio a Platón*. Visor, 1994.

MOSS, Ann. *Printed Commonplace-Books and the Structuring of Renaissance Thought*. Oxford University Press, 1996.

OLSON, David R. *El mundo sobre el papel*. Gedisa, 1998.

ONG, Walter J. *Oralidad y escritura*. FCE, 1997.

WOLF, Maryanne. *Cómo aprendemos a leer: historia y ciencia del cerebro y la lectura*. Ediciones B, 2008.

MAPAS, RELOJES, ETCÉTERA

AITKEN, Hugh G. J. *The Continuous Wave: Technology and American Radio, 1900-1932*. Princeton University Press, 1985.

HARLEY, J. B. y David Woodward, eds. *The History of Cartography*, vol. 1. University of Chicago Press, 1987.

HEADRICK, Daniel R. *When Information Came of Age: Technologies of Knowledge in the Age of Reason and Revolution, 1700-1850*. Oxford University Press, 2000.

LANDES, David Saul. *Revolución en el tiempo*. Crítica, 2010.

ROBINSON, Arthur H. *Elementos de cartografía*. Omega, 1987.

THROWER, Norman J.W. *Mapas y civilización: historia de la cartografía en su contexto cultural y social*. Ediciones del Serbal, 2002.

VIRGA, Vincent y la Biblioteca del Congreso. *Cartographia: Mapping Civilizations*. Little, Brown, 2007.

HISTORIA INTELECTUAL DE LA TECNOLOGÍA

HEIDEGGER, Martin. *La pregunta por la técnica*, en *Conferencias y artículo*. Ediciones del Serbal, 2001. Este ensayo de Heidegger se publicó por primera vez en la colección Vorträge und Aufsätze en 1954.

INNIS, Harold. *The Bias of Communication.* University of Toronto Press, 1951.

KITTLER, Friedrich A. *Gramophone, Film, Typewriter.* Stanford University Press, 1999.

MARX, Leo. *The Machine in the Garden: Technology and the Pastoral Ideal in America.* Oxford University Press, 2000.

MCLUHAN, Marshall. *La galaxia Gutenberg: génesis del homo typographicus.* Círculo de Lectores, 1998.

—, *Comprender los medios de comunicación: las extensiones del ser humano.* Paidós, 2009.

MUMFORD, Lewis. *El mito de la máquina: técnica y evolución humana.* Pepitas de Calabaza, 2010.

POSTMAN, Neil. *Tecnópolis: la rendición de la cultura a la tecnología.* Galaxia Gutenberg, 1994.

LOS ORDENADORES, INTERNET Y LA INTELIGENCIA ARTIFICIAL

BARON, Naomi S. *Always On: Language in an Online and Mobile World.* Oxford University Press, 2008.

CRYSTAL, David. *El lenguaje e Internet.* Cambridge University Press, 2002.

DYSON, George B. *Darwin among the Machines: The Evolution of Global Intelligence.* Addison-Wesley, 1997.

JACKSON, Maggie. *Distracted: The Erosion of Attention and the Coming Dark Age.* Prometheus, 2008.

KEMENY, John G. *Man and the Computer.* Scribner, 1972.

LEVY, David M. *Scrolling Forward: Making Sense of Documents in the Digital Age.* Arcade, 2001.

VON NEUMANN, John (1903-1957), *El ordenador y el cerebro,* Bon Ton, 1999.

Wiener, Norbert. *The Human Use of Human Beings.* Houghton Mifflin, 1950.

WEIZENBAUM, Joseph, *La frontera entre el ordenador y la mente,* Pirámide, 1977.

AGRADECIMIENTOS

Este libro nació de un ensayo que escribí para *Atlantic* con el título «¿Google nos vuelve estúpidos?», que apareció en el número de julio-agosto de 2008. Mi agradecimiento a James Bennet, Don Peck, James Gibney, Timothy Lavin y Reihan Salam, de *Atlantic,* por su ayuda y aliento. Mi análisis de la estrategia de Google en el capítulo 8 se basa en material que originalmente apareció en «El enigma de Google», un artículo que escribí para *Strategy and Business* en 2007. Agradezco a Art Kleiner y Amy Bernstein, de esa revista, sus competentes correcciones. Por su generosidad al dedicar tiempo a responder a mis preguntas, doy gracias a Mike Merzenich, Maryanne Wolf, Jim Olds, Russell Poldrack, Gary Small, Ziming Liu, Clay Shirky, Kevin Kelly, Bruce Friedman, Matt Cutts, Tom Lord, Caleb Crain, Bill Thompson y Ari Schulman. Debo un agradecimiento especial a mi editor en W. W. Norton, Brendan Curry, y sus talentosos colegas. También estoy en deuda con mi agente, John Brockman, y sus socios en Brockman Inc. Por último, saludo a mis intrépidos primeros lectores: Ann, mi mujer, y Henry, mi hijo. Leyeron hasta el final.

ÍNDICE ANALÍTICO

Kandel, Eric, 42, 43, 221, 222, 224-228, 231, 234
Kansas State University, 161
Kant, Immanuel, 43, 98
Kanwisher, Nancy, 44
Karp, Scott, 19, 20, 22
Keats, John, 11
Kelly, Kevin, 133, 135
Kemeny, John, 24
Keynes, John Maynard, 99
Kiewit, Centro de Computación, 24, 25
Kindle, lector, 127-130, 135, 288 n.18, 297 n.39
Klingberg, Torkel, 155, 233
Koman, Richard, 201
Kornblau, Craig, 122
Köselitz, Heinrich, 31
Kubrick, Stanley, 17, 211-214, 269
Kuhn, Thomas, 99
Kunkel, Benjamin, 240
Kurzweil, Ray, 214

«laboratorio de usabilidad», 185
Lamartine, Alphonse de, 136
Landes, David, 59, 60
Landow, George, 156
lápiz, 79
latín, lengua, 72, 82, 83, 92
Le Goff, Jacques, 59
lecciones magistrales, 87
lectio divina (lectura sagrada), 279 n.12
lectura, 17-21, 69-100, 111, 112, 114, 115, 123, 132-140, 149, 151-160, 165-170, 172, 174, 206, 216, 217, 240, 242, 279 n.12, 280 n.14, 281 n.30,

294 n.6, 297 n.39. *Véase también* libros
lectura aleatoria, 169, 170
lectura crítica, puntaje promedio de, 179
lectura en silencio, 80-85, 87, 88, 95, 123, 133, 135
lectura no *online*, 167-170
lectura profunda, 17-19, 80-88, 93, 95, 96, 98, 133-138, 140, 151-160, 167-170, 216, 279 n.12
LeDoux, Joseph, 43, 232
lenguaje, 69-100, 151, 179, 214, 268, 288 n.19
lenguaje natural, 243, 245
lenguas vernáculas, 83, 87
«lentes científicos», 180
lesiones cerebrales, 45, 46
letras, 83, 89, 94, 112, 120, 121, 198, 252, 262
letras de molde, 89
Levy, David, 94, 95, 140, 141, 208
libreros, 90-93
libros, 17-21, 24, 28, 62, 70-99, 111-120, 123, 125-142, 144, 149, 151-159, 162, 166-170, 175, 194, 197-203, 205-208, 216-221, 240, 281 n.32, 297 n.39. *Véase también* industria editorial
libros, precios de los, 87, 88, 90, 91, 126, 127
libros de referencia, 87, 112, 117, 118
libros de tapas, 125, 216
libros de texto, 118, 162
libros «huérfanos», 200